생활 속 환경리스크를 검증한다

생활 속 환경리스크를 검증한다

김윤석 · 김종호 · 최재원 · 김건중 · 류재용 · 이부귀 역

전남대학교출판부

머리말

최근에 일본사회에서는 「리스크」란 단어가 자주 쓰이고 있다. 그 중 대부분은 금융 리스크와 기업경영 리스크이지만, 그 가운데서도 식품에 의한 리스크와 환경영향 리스크에 관한 것들이 자주 거론되고 있다. 특히, 다이옥신에 의한 리스크, 메틸수은에 의한 리스크와 다랑어의 관계, 야생동물 존속 리스크 등은 최근 화제가 된 환경 리스크에 관한 문제이다.

환경에 주는 영향이 안전한가 위험한가가 아니고, 리스크란 단어로 표현하게 된 데에는 두 가지의 배경이 있다. 첫 번째는, 안전과 위험 사이의 애매한 영역(크레이존)을 어떻게 제어할 것인가 하는 문제이고, 두 번째는, 지금 당장은 아니지만 미래 일어날 수 있는 일이나 발생빈도가 적은 일 또는 현상도 다루어져야 하는 점이다. 그리고 많은 사람들은 명확한 예측과 확률 세계에 관심을 가지고 있다.

하지만 리스크란 단어가 자주 쓰이고 있음에도 불구하고, 환경리스크를 계산하는 방법에 대한 연구보고와 출판물은 별로 없으며, 실제로 계산된 리스크 수치가 논의 대상이 되는 일도 많지 않다. 이 책은 이과와 문과를 불문하고 보통 대학생 정도의 지식으로 환경리스크를 스스로 계산하는 방법을 일러주기 위해 집필되었다.

이 책은 대표저자인 나카니시교수가 요코하마국립대학 대학원 환경정보연구원의 「환경리스크 매니지먼트」강의를 토대로 집필되었다. 1988년도에 설강된 이 강의의 내용을 인터넷에 공개했는데, 그 내용을 본 사람들로부터 강의 내용을 더 자세히 알고 싶다, 계산 프로세스를 알고 싶다, 참고서를 소개해 주면 좋겠다 등의 의견이 제시되었고 문과를 포함한 환경학 대학 교수들이 그런 요청을 해왔다. 환경리스크론을 가르치고 싶은데, 계산결과 밖에 볼 기회가 없고, 자신있게 가르칠 수 없다고 호소해왔다. 하지만 소개해 줄 만한 교과서다운 교재도 없었다. 영어로 쓰여진 책이 몇 권 있지만, 내용이 개략적이고, 완전히 이해하려면 광범위한 기초 지식이 필요하여, 일개 교수 한사람이 가지고 있는 지식으로는 턱없이 부족했다.

이전부터, 나는 대학이나 대학원에서 좀 더 체계화된 환경과학 강의가 이루어져야 된다고 생각하고 있었다. 근래 30년 정도 사이에, 환경문제를 해명하기 위한 지식이 많이 축적되어 왔음에도 불구하고, 그 체계화 작업이 늦어져, 학생들에게는 단편적인 정보만 전달되어져 왔다. 필자가 다루고 있는 리스크 평가라는 과학은 환경과학을 평가라는 도입부분에서부터 시작하여 체계화하려고 한다. 물론 이제 막 시작한지라 완성되기까지는 한참 멀었지만, 그나마 일정한 체계가 겨우 갖추어졌다. 이것을 전국의 학생들에게 가르쳐 주고 싶다고 생각하던 참에, 여기저기서 많은 편지를 받게 되어, 한시라드 빨리 환경리스크 평가 순서를 가르쳐줄 수 있는 책을 만들어 독자가 스스로 리스크 평가를 계산하게 될 수 있도록 책을 출판하기로 결심한 것이다. 그래서 환경리스크 연구에서 많은 실적을 쌓은 학자들에게 도움을 부탁하게 되었다.

이 책의 목적은 위에서 말했듯이 독자 스스로가 리스크 평가를 할 수 있도록 도와주는 것이다. 여기서 쓰인 모든 재료는 일본의 문제를 삼았다. 지금까지 일본에서 몇 권의 환경리스크, 건강평가에 관한 서적들이 출판되었으나, 모두 미국에서 출판된 책을 번역했거나, 미국에서의 계산 사례를 소개하고 있다. 그러나 이 책에서는 일본이 안고 있는 가장 중요한 환경리스크 문제를 사례로 다루고 있다.

제0장에서는 환경리스크 평가에 필요한 기초지식을 정리했다. 제1장 「리스크 계산의 기초」에서는 벤젠을 예로 들어 기준치와 리스크 크기의 관계 및 우리가 사는 지역의 벤젠에 의한 건강리스크(백혈병 확률)를 대략

적으로 추정하는 방법에 대해서 다루었다.

제2장에서는 화학물질의 배출량통계(PRTR 데이터)를 기초로 대기농도추계소프트(무료로 누구나 입수가능)를 이용해서 일본 전 지역의 각종 화학물질의 대기농도를 추정하는 방법을 다루고 있다. 이 소프트를 이용하면 리스크를 받는 사람의 인구분포를 알 수가 있어서 고등학교나 대학교재에 적합한 내용이 될 것이다. 제3장에서는 수돗물의 감염질환 리스크와 소독시 부산물질로 인한 발암리스크를 계산해서, 서로 상반되는 양쪽의 리스크에 대해서 어느 곳에서 균형을 잡아야 할 것인가를 생각해 보고자 하였다.

제4장에서는 어패류에서 섭취되는 메틸수은에 의한 미나마타병 리스크의 계산 방법을 보여주었다. 이와 같은 리스크는 일반적으로 안전한가 위험한가의 판단 밖에 할 수 없는 평가법으로 여겨지고 있으나 이 장에서는 이러한 리스크를 확률로 평가하는 방법을 보여주고 있다. 이 수법은 유럽이나 미국을 통틀어 그 어떤 리스크 평가에 관한 출판물에서도 소개된 적이 없다. 제5장에서는 4장에서와 마찬가지로 메틸수은이 태아에 미치는 리스크를 산정하는 방법을 보여주었다. 아마존강 유역의 수은에 의한 리스크 계산에도 제시하였다.

제6장과 제7장에서는 다이옥신을 대상으로 삼았다. 제6장에서는 토양 중 다이옥신 농도에 의해 과거부터 현재까지 대기 중의 다이옥신 농도를 추정해서, 대기경유의 다이옥신에 의한 리스크를 추정하는 방법을 제시했다. 제7장에서는 주성분분석과 중회귀분석을 이용해서, 일본의 다이옥신 발생원을 추정하는 순서를 상술했다. 역사적으로 보면 일본의 다이옥신 발생원은 주로 농약 중에 들어있는 불순물이었다는 사실을 발견하게 된 것도 이 방법에 의해 명확해졌다. 여기서 제시된 데이터와 방법을 이용하면, 일본의 다른 지역에서도 다이옥신 발생원의 기여율을 구할 수 있게 된다.

제7장까지가 인간의 건강리스크에 관한 고찰이라고 한다면 제8~10장은 생태리스크에 관한 해설과 계산이라 할 수 있다. 제9장에서는 곤들매기를

예로 절멸리스크의 계산 방법을 보여주었다. 또한 제10장에서는 댐건설에 의한 절멸리스크에 미치는 영향의 계산예를 보여주었다. 여기서 사용된 파라미터(변수)는 홋카이도의 많은 사방댐이 미치는 영향 조사를 통해 얻어진 것이다. 다시 앞으로 돌아와 제8장에서는 반대로 댐의 효용과 댐의 필요 용량을 계산하는 방법을 제시하였다. 댐에 의한 생태계 영향을 어떻게 줄일 것인가는 커다란 과제이지만 다른 한편으로 댐이 이수와 치수에 필요하다는 점을 간과해서도 안되기 때문에, 제8장에서는 댐의 효용을, 제10장에서는 리스크를 산정했다.

제11장에서는 라이프사이클해석(LCA)의 한 예를 제시하였다. 라이프사이클에서 원료사용, 에너지사용, 환경영향을 통합적으로 평가함으로써 사용후의 페트병을 리사이클 하는 경우와 매립하는 경우를 비교한 예를 제시했다. LCA를 생각하는 방법은 리스크 평가에 있어서도 필요하지만 동시에 리스크 평가의 수법 도입은 앞으로의 LCA에도 필수적이다.

마지막으로 제12장에서는 다른 종류의 리스크를 비교해서, 리스크 삭감대책의 효율 비교에 쓸 수 있는 예를 될 수 있는 한 많이 제시하였다. 이 장을 공부하면서 계산해 보면 리스크 평가가 열어가게 될 길이 얼마나 넓은지, 미래에 얼마나 가능성이 많은지를 실감하게 될 것이다.

이 책은 환경관련 분야를 공부하는 학생이 스스로 계산할 수 있도록 하는 것을 목표로 하고 있다. 공부함으로써 환경리스크란 어떤 개념이고, 어떤 식으로 산출하는가를 이해하면 되는데, 지시에 따라 표계산 소프트를 사용하면 보통은 아주 복잡한 계산도 간단히 할 수 있게 된다. 그다지 예비지식이 없더라도 대부분의 계산이 가능하여, 환경과학이라는 분야에 쉽게 접근할 수 있다. 계산의 일부는 Microsoft사의 표계산 소프트 EXCEL을 사용해 계산해 가도록 설명되어 있다. 특정기업에서 만든 소프트를 표준으로 삼는 것어 다소 거부감이 있었으나 다른 회사 소프트를 사용할 경우 설명을 첨가하면 페이지수가 엄청나게 늘어나 결국 이런 형태를 취하게 되었다. 표계산 소프트에 익숙하지 않는 사람들도 이 책을 공부하면서 표계산 소프트에 다시 한 번 도전해 보는 것도 좋을 것 같다. 표계산 소프트는 아무리 어려운 식이라도 덧셈, 뺄셈, 곱셈, 나눗셈의 사칙연산으로 풀어 주는 소프트이다. 수식에 어두운 사람일수록 표계산 소프트는 강력한 무기가 되어줄 것이므로 이번 기회에 한번 사용해 보도록 권장하고 싶다.

이과와 문과를 불문하고 많은 학생들이 이 과제에 도전했으면 좋겠다.

또한, 기업이나 행정기관에서 환경문제에 흥미가 있는 사람들도 향후 리스크 평가가 환경문제를 생각하는데 있어서 나침반이 된다는 것을 인식해서 이 기회에 이들 수법을 완전히 이해했으면 좋겠다.

이 책에 필요한 사이트를 나카니시의 개인 홈페이지에 올렸기 때문에, 많이 활용해주길 바란다(http://homepage3.nifty.com/ junko-nakanishi/중에서 「연습 환경리스크를 계산한다」). 여기 들어가면 이 책의 집필자의 각 사이트에 접속할 수 있다. 집필자 사이트에는 정오표나 더욱 자세한 설명, 백데이터, 참고문헌 등이 게재되어 있다. 또한 제9장, 제10장의 계산 일부는 집필자 마쓰다 히로유키의 사이트에 접속하지 않으면 계산할 수 없으므로, 그 사이트에 꼭 접속해야만 한다. 독자와 집필자가, 책과 인터넷에서 보다 긴밀하게 연결되는 새로운 관계를 모색하고 싶다.

이 책을 기획해서 완성하기까지 5년 반이 걸렸다. 나카니시 본인의 사정 때문에 다른 집필자에게 본의 아니게 많은 폐를 끼쳤고 결국 원고를 두 번이나 쓰게 되었다. 이 자리를 빌려 사죄의 말씀을 올린다.

당초 이 기획을 생각해 주셨던 분은 이와나미서점 편집부의 기시모또씨였으나, 도중에 요시다씨에게 인계되었다. 오랫동안 애써주신 두 분께 감사드린다.

2003년 11월

편집대표 나카니시 준코

또한, 각장의 집필자는 다음과 같다.

제0, 1장	나카니시 준코
제2장	히가시노 하루유키
제3, 4, 5장	나카니시 준코
제6장	요시다 기쿠오
제7, 8장	마스나가 시게키
제9, 10장	마쓰다 히로유키, 모리타 겐타로
제11장	이시카와 마사노부
제12장	나카니시 준코

목차

제6장 토양 중의 다이옥신류 해석

제7장 다이옥신류의 발생원 탐색

제8장 댐의 효용을 계산한다

제9장 생물의 환경리스크

제10장 댐은 없애야 할까

제11장 리사이클과 LCA

제12장 리스크를 비교하자

제0장 리스크 계산을 시작하기 전에

0-1 환경리스크란

여기에서는 이 책을 공부하는데 필요한 예비지식을 정리해 두겠다. 먼저 환경리스크를 정의하는 데서부터 시작하자. 환경리스크란 「환경에 좋지 않은 일」, 다시 말해서 「환경보전을 위해 피하고 싶은 일」이 일어날 확률이다.

평가에 사용하는 「좋지 않은 일」을 전문용어로 엔드포인트(End Point)라 한다. 이 용어를 써서 정의하자면 엔드포인트가 일어날 확률이 리스크이다. 이 책에서도 자주 발암리스크의 계산이라는 과제를 다루겠지만 그것은 암에 걸린 즉, 발암을 엔드포인트로 했을 경우의 확률이다.

리스크 평가 및 리스크 관리(리스크 매니지먼트)에 관한 미국 대통령 의회자문 위원회 보고서(1997)[1)]는 「리스크는 물질 또는 상황이 일정 조건하에서 해를 초래할 가능성」으로, ① 좋지 않은 일이 일어날 가능성, ② 그 좋지 않은 일의 중대함, 이 두 가지 요소를 합한 것으로 정의하고 있다. ②의 좋지 않은 일의 중대함을 쉽게 얻을 수 있다면, 이렇게 정의하는 편이 더 편리할 것이다. 그러나 리스크 종류가 서로 다를 경우, 영향의 중대함을 수치로 표현하기 위해서는 어떤 공통의 척도로 평가할 것인가 하는 또 하나의 과제가 발생하게 된다. 그 방법을 명확히 정의하지 않으면, 중대함의 평가는 생각하기에 따라 달라지기 때문에 리스크를 수치로 표현하는 이점을 잃어버리게 된다. 이 책에서도 엔드포인트의 중대함을 어떻게 평가할까 여러 가지로 시도해 보고 있다. 그러나 그것은 리스크의 일반적인 정의와는 별개의 문제이다. 이 책에서는 이전부터 정의해온 것처럼[2] 리스크란 평가에 쓰인 엔드포인트의 발생확률로 정의하여 그 엔드포인트의 의미와 중대함은 별도로 생각하기로 하겠다.

보통 환경리스크는 인간의 건강에 대한 리스크와 생태계에 대한 리스크, 이 두 가지로 분류해서 생각할 수 있다. 인간 건강리스크 연구는 1980년대 이후, 특히 미국에서 활발하게 진행되어, 환경정책과 식품관리, 위생관리 정책의 과학적 기초가 되었다. 일본에서 리스크 개념이 처음으로 규제에 도입된 것은 1992년 수도 수질 기준치가 개정된 때인데, 그것도 리스크 값을 명시적으로 나타내지 않고, 세계보건기구(WHO)의 지침치를 답습하는 형태였다. 명시적으로 리스크 개념이 규제에 도입된 것은 벤젠의 대기환경 기준치를 결정할 때였다(1997년).

일본에서는 공적인 의사 결정을 할 때에 리스크 수법을 이용하는 면에서도 늦었지만, 연구면에서도 늦었다. 그러나 이 책에서 전개되어진 리스크 평가 수법은 세계 레벨에 비교해서 뒤떨어지지도 않으며 오히려 독자적으로 개발되어 유럽과 미국에서는 볼 수 없는 새로운 점도 있다. 실제로, 생태리스크 연구는 미국에서도 이제 막 시작되었다 할 수 있다. 이 책에서도 주된 내용은 인간의 건강리스크 평가이지만 댐에 따른 생태리스크 평가도 다루었다. 미국에서는 연어가 강으로 거슬러 올라오는 것을 방해한다는 이유로 일부 댐을 허물고 있지만 조사해 본 결과 댐에 의한 생태계 리스크에 대한 연구는 그다지 이루어지지 않았다. 여기서 보여준 예는 어쩌면 미국에도 없는 시험적인 내용이라고 생각된다.

리스크 평가의 일반적인 프로세스를 간단히 그림 0-1에 나타냈다. 구체적으로는 ① 해저드 설정, ② 엔드포인트 결정, ③ 노출해석, ④ 용량반응 관계, ⑤ 리스크 산정, ⑥ 불확실성 해석 등이다.

해저드(hazard)의 설정이란 리스크의 원인을 특정 짓는 것으로 본 책에서 다루고 있는 예제를 들어 말하자면, 1장에서는 벤젠, 3장에서는 수돗물 중의 원충과 염소 소독부산물, 4장에서는 메틸수은, 10장에서는 댐이 각각의 해저드이다.

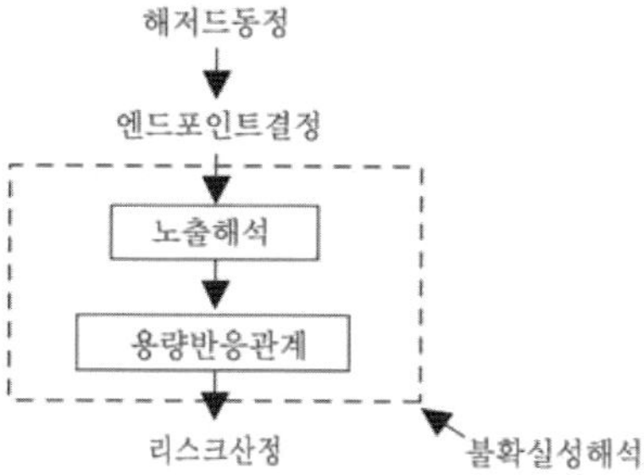

그림 0-1. 리스크 평가의 프로세스

엔드포인트란 평가의 대상으로 하는 좋지 않은 현상인데, 1장에서는 백혈병(혈액계 암의 일종), 3장에서는 장염과 암, 4장에서는 미나마타병, 9장, 10장에서는 송어와 곤들매기의 절멸이다.

노출해석에 대해서는 좀 더 자세히 설명해야만 하므로 지금부터 자세히 설명하겠다.

0-2 노출해석

이 절에서는 화학물질에 따른 인간의 건강리스크 평가를 규정하는 용어를 설명하겠다. 다른 경우에 대해서도 유추해서 충분히 이해할 수 있으리라 생각한다.

노출해석이란 인간이나 생물이 위험에 노출된 경로와 양을 밝히는 것을 말한다. 노출량은 대상으로 삼는 화학물질이 어느 기간 내에 집단, 개인 또는 기관이나 조직에 도달하는 양을 말한다. 노출량이란 약간 섬찟한 단어이기도 하지만 대다수의 경우 섭취량, 용량과 동일한 의미이다. 그러나 경구 섭취 뿐만 아니라 흡입, 경피 흡수 그리고 각 기관으로의 물질 도달량을 달하는 경우도 있으므로, 섭취라든가 용량만 가지고 대체할 수 없는 경우도 많아서, 전체를 표현하는 단어로 노출량이라는 단어가 사용되고 있다.

노출해석의 첫걸음은 노출경로의 해석에 있다. 즉, 어떠한 환경매체로 그런 화학물질에 노출되는가를 추정하는 것이다. 인간이나 생물이 접하는 환경을 수역이나 대기역처럼 몇 개의 영역으로 나누어 생각하는 것이 일반적인데 이 영역을 환경매체(환경미디어)라고 한다. 생물이나 어패류 등도 하나의 환경매체로 간주한다. 대기 중의 벤젠이 문제가 되어 있으면 그것은 대기에서 호흡을 통해 인체에 들어가는 것을 바로 상상할 수 있지만, 사실은 노출경로를 추정하기 어려운 경우도 많다. 예를 들면 다이옥신은 현 상태에서는 주로 소각로에서 대기 중에 배출되고 있지만, 일본인의 경우 대기로부터 노출량은 적고, 오히려 식물 섭취에 의한 것이 95%를 차지한다. 그 중에서도 어패류 섭취에 따른 비율이 높다. 수돗물 중의 화학물질은 음용에 의한 경구 섭취뿐이라고 생각하기 쉽지만 현실적으로는 샤워나 세탁 등의 과정에서 분산 확산되면서 실내공기가 오염되어 그것의 흡입으로 인한 기여가 경구에 의한 기여보다 더 높은 물질도 있다.

노출량 추정을 하려면 매체 속에서의 화학물질의 농도를 알아야만 하는데, 복수의 경로에서의 노출량을 추정하려면 어느 특정한 매체에서 화학물질의 농도뿐만 아니라 여러 매체에서의 농도가 필요해진다. 그래서 매체간의 물질 이동도 고려한 화학물질의 농도 추계모델도 만들어져 있다.

노출량은 일반적으로 「환경매체 내의 화학물질 농도」와 「노출계수」 그리고 「흡수율」을 가지고 구할 수 있다. 노출계수란 매체의 섭취량(섭취속도), 노출빈도, 노출기간 등 노출에 관한 조건이다.

노출계수에 대해서는 성인 남자의 일상적 활동 시 호흡량이 15 m^3/일, 음료수는 2 L/일, 일본인의 어패류 섭취량은 100 g/일이라는 데폴트 값(표준적인 것으로 가정하여 설정된 값)이 있다. 단, 상황에 따라서 변경할 필요가 생긴다. 다양한 활동에 따른 데폴트의 노출계수치는 미국 환경보호국(U.S.EPA)이 내놓은 핸드북[3)]에 수록되어 있지만, 일본의 독자적인 데폴트 노출계수치는 독립행정법인 산업기술종합연구소 화학물질리스크 관리연구센터가 작성한 Risk Learning(요시다기쿠오 작성)이라는 소프트에 수록되어 있다. 현 단계에서는 일본의 데이터로는 Risk Learning 밖에 없다.

앞에서 말했던 노출경로 해석을 하기 위해서는 어디에서 그 화학물질이 환경에 배출되고 있는가, 다시 말해 발생원을 아는 일이 중요하다. 과거에 배출이 많은 비중을 차지하는 경우나 다수의 발생원이 있는 경우, 부생성물로 배출되고 있는 경우는 발생원을 규명하는 것이 굉장히 어렵다. 이 책에서는 제7장에서 이 과제를 다루었다.

0-3 용량반응 관계

일반적으로 화학물질은 그 노출량이 적은 영역에서는 유해한 영향을 발생하지 않으나 노출량이 증가하면서 영향이 발생할 확률이 증대한다. 노출량(용량)과 반응률(유해영향의 출현률)의 관계는 리스크 평가의 핵심인데, 다양한 독성 발현기구가 작용하고 있기 때문에 그 복잡함이 절정에 달하고 있다. 무엇보다도 먼저 결정하지 않으면 안 되는 것은 그 용량반응 관계에 역치가 있는지, 역치(閾値)가 있는지 없는지를 구별하는 것

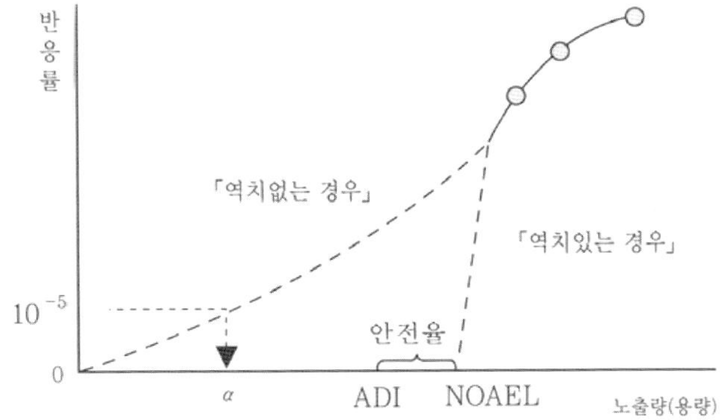

그림 0-2. 「역치있는 경우」과 「역치없는 경우」의 용량반응 관계

이다. 역치란 그 용량 이하에서는 반응률이 제로인 용량이다.

그림 0-2에 「역치있는 경우」과 「역치없는 경우」의 용량반응 관계의 개념도를 표시했다. 전자에서는 무독성량(NOAEL: no observed adverse effect level)을 정의할 수 있지만, 후자에서는 무독성량을 정의할 수 없고 아무리 노출량이 적어도 그 나름대로 리스크가 남음을 알 수 있다. 예를 들면, 이 그림에서 「역치없는 경우」에서는 α용량에서의 반응률(리스크)이 10^{-5}(10만분의 1)이다.

각 물질에 대해서, 어느 쪽 용량반응 관계를 적용할 것인가는 그 증거에 따라 결정된다. 다시 말해서 실증이나 이론에서 「역치있음」이나 「역치없음」으로 증명할 수 있으면, 그것에 따른다. 그러나 특별한 증거가 없는 경우에는 다음과 같이 한다.

(1) 유전자 손상성이 있는 발암성 물질에 대해서는 역치없는 모델

(2) 유전자 손상성이 없는 발암성 물질과 암 이외의 독성에 대해서는 역치있는 모델

여기서, 판단 기준이 되고 있는 유전자 손상성에 대해서 조금 설명해 두고 싶다. 화학물질이 세포를 공격하여 유전자(DNA)를 손상시키는 일이

발단이 되어 암이 발생할 경우가 있다. 유전자 손상성 있음이란 이 같은 메커니즘으로 암을 유발하는 물질(이니시에터)이라는 의미이다. 한편, 암을 유발하지 않지만 암세포의 성장을 촉진시키는 화학물질도 있어, 그러한 발암성 물질을 유전자 손상성이 없는 발암성 물질로 정의하고 있다.

(a) 역치있는 모델

역치있는 모델을 이용하는 경우에는 동물실험이나 역학조사에서 얻은 용량(노출량)과 반응률의 관계에서 무독성량(NOAEL)을 구해서 그것을 일정한 안전률로 나누어 일일허용용량(ADI: Acceptable Daily Intake)을 산출한다. 그리고 위험비(HQ: hazard Quotient)를 (일일용량) ÷ (일일허용용량)으로 정의(Box 참조)하여, 위험비가 1 이하이면「리스크 없음」, 위험비가 1 이상이면「리스크 있음」이라고 판단한다.

여기서, 용량은 노출량 또는 섭취량과 같다. 최근에는 일일허용용량(ADI)이 아니라, 같은 의미의 용어로 일일내용용량(TDI: Tolerable daily Intake)이 쓰이는 경우도 많다.

불확실성 계수는 안전율이나 안전계수와 같은 의미로, 용량을 정하는 방법에서 개인차나 동물실험 데이터를 인간에게 적용하는 것처럼 불확실성을 미리 계산하는 것이다. 안전율이 애매모호한 개념인 데에 반해, 불확실성 계수는 어떤 경우에 어떤 값을 사용할 것인지가 조금 명확해졌다.

불확실성 계수는 국가나 기관에 따라 조금 다르지만, 적정한 데폴트 값이 제안되고 있다. 예를 들어, 동물실험에서 얻은 무독성량(체중 당 화학물질의 양을 표시한 값)을 이용해서 인간에게 미치는 영향을 추정하는 경우에는 데폴트 값으로 100이란 불확실성 계수가 제안되고 있다. 이것은 쥐를 가지고 한 실험 데이터를 사람한테 적용하는 것처럼 종간(種間)

BOX 역치있는 경우의 리스크

일일허용용량(ADI: Acceptable Daily Intake)과 위험비(HQ: Hazard Quotient)를 다음과 같이 정의하고, 이를 기초로 리스크의 유무를 판단한다.

$$일일허용용량(ADI) = \frac{무독성량(NOAEL)}{불확실성계수}$$

$$위험비(HQ) = \frac{일일용량}{일일허용용량(ADI)}$$

판단: HQ ≧ 1 리스크 있음

HQ ≦ 1 리스크 없음

일일허용용량 = 일일허용노출량 = 일일허용섭취량

일일용량 = 일일노출량 = 일일섭취량

불확실성계수 = 안전율 = 안전계수

추정의 불확실성을 보완하기 위해서 10, 또한 사람의 집단 속에서의 개체의 차이 10을 고려하여 100이라는 생각에 기초하고 있다. 불확실성 계수에 대해서는 별도의 책에 자세히 설명되어 있다[4].

불확실성 계수는 안전을 확보한다는 의미에서는 필요하지만, 그 값이

표 0-1. WHO에 의한 수도수질 지침치와 불확실성 계수[5]

물질명	NOAEL 무독성량 mg/kg bw/일	TDI 일일내용용량 mg/kg bw/일	불확실성 계수 UF	수도 수질지침치 mg/L
포름알데히드	15	0.15	100	0.9
브롬포름	17.9	0.0179	1000	0.1
포수클로랄	16(단, LOAEL)	0.0016	10000	0.01
카보프란	0.05	0.0017	30	0.05

TDI = LOAEL / 불확실성 계수, bw: 체중

커지거나 물질에 따라 제각각이면, 위험비의 크기를 가지고 리스크 정도를 추정하는 일이 불가능해진다.

표 0-1은 1993년 세계보건기구(WHO)가 내놓은 수도수질 지침치에서, 불확실성 계수가 많이 다른 예를 보여주고 있다[5]. 여기서 포름알데히드, 브롬포름, 크로랄수화물, 이 세 가지는 무독성량(NOAEL)이 거의 비슷해서 선택했다. 특히 세 번째의 크로랄수화물은 무독성량이 구해지지 않아서, 최소독성량(LOAEL: lowest observed adverse effect level)으로 대용하고 있다

세 가지 물질의 무독성량과 최소독성량 값은 거의 같지만 일일내용용량(TDI)은 100배나 다르다. 이것은 사용하고 있는 불확실성 계수 값이 포름알데히드에는 100, 브롬포름에 대해서는 1000, 크로랄수화물에는 실제로 10,000이라는 엄청난 값이 사용되고 있기 때문이다. 데이터에 불확실한 면이 있기 때문에 큰 값이 채택되고 있는 이유는 안전성을 보증하기 위해선 어쩔 수 없는 조치이겠지만, 이 TDI를 기초로 세 가지 물질의 리스크를 비교할 수 없다. 예를 들면, 크로랄수화물의 농도가 지침치를 조금 넘는 음용수와, 포름알데이드 농도가 지침치 내에 있지만 기준 값에 매우 가까운 농도의 음용수가 있다고 가정하자. 크로랄수화물이 지침치를 조금 초과했다고 해서, 포름알데히드 농도가 지침치에 아주 근사한 물, 다시 말해, 농도가 100배 가까운 물로 바꾸는 편이 보다 더 리스크가 적은 음용수라고 하기는 어렵다고 생각하면 된다.

표 0-1의 마지막 줄에 표시된 카보프란은 농약으로 앞의 세 가지 물질과 비교했을 때 독성이 매우 강하다. 그것은 무독성량을 보면 알 수 있다. 그러나 그 TDI 수치는 크로랄수화물의 수치와 거의 비슷하다. 카보프란에 대해서는 인간에게의 영향도 조사되어져 있고, 불확실성 계수는 30 정도로 낮기 때문이다. 불확실성 계수에는 이와 같은 문제가 있음을 알아두는게 필요하다. 이 책에서는 무턱대고 데폴드 값의 불확실성 계수를 쌓아올린 것이 아니고 그것의 의미를 되돌아 봐서, 개체간에 편차가 있

다면 그 값을 분포로 해서 산출하여 그것을 사용해 리스크 평가를 하는 방법을 제시했다.

이와 관련하여, 표 0-1의 수도수질 지침치는 위의 세 가지 물질에 대해서는 TDI × 60(kg 체중) × 0.2 ÷ 2(L)로, 마지막의 카보프란의 경우는 TDI × 60(kg 체중) × 0.1 ÷ 2(L)으로 계산되어 있다. 0.2이라든지 0.1은 수돗물에서의 섭취기여 비율, 마지막 2는 일일 평균 2 L의 수돗물을 섭취한다는 가정에 기초하고 있기 때문이다.

여기서 수도수질 지침치라고 적었는데 본래의 의미는 가이드라인 값이다. WHO가 제안하는 대부분의 값은 가이드라인 값이다. 또한 미국 환경보호국이 제안하는 대기환경과 수질에 관한 값은 크라이테리어(Criteria)이다. 두 가지 모두 기준치로 번역되지만, 법적 구속력은 없다. WHO가 제안한 가이드라인 값은 각국이 참고로 내놓은 것이고, 미국에서는 법적 구속력을 갖는 법률을 제정할 수 있는 것은 주(州)이지 연방이 아니므로 (공민권의 경우는 다르지만), 미국 환경보호국이 제안하는 크라이테리어를 참고로 주가 법률을 만들고 있다. 이 경우, 크라이테리어가 나와도, 주는 기준치를 책정하지 않는 경우도 있고 크라이테리어 보다 엄격하기도 하고, 또는 보다 관대한 기준치를 책정할 수도 있다. 일본에서는 기준치가 법적 구속력을 가지고 있다. 이 책에서는 가이드라인 값을 지침치, 크라이테리어를 표준치, 즉 수질 크라이테리어의 경우는 수질 표준치라고 해석하였다.

(b) 집단의 NOAEL과 개인의 NOAEL

위험비(HQ)를 가지고 구하는 한, 1 이상은 리스크가 있고 1 이하는 리스크가 없다는 판정 밖에 할 수 없는데 이 정도 가지고는 리스크 관리에 사용할 수 없다. 또 거기에 너무 큰 불확실성 계수가 포함되어 있다면 리스크 있음, 없음이라는 판정의 의미마저도 명확하지 않다.

이 책에서는 역치있는 모델의 경우에도, 리스크 값의 확률로 구하는 방법을 제시하였다. 역치있는 모델의 경우는 무독성량(NOAEL)을 구하고, 그것을 토대로 리스크 판정을 하는데 그 무독성량이란 집단에 대한 값이다. 그러나 자세히 보면, 개개인에 무독성량이 있고, 그 결과 집단의 무독성량이 있는 것이다.

화학물질에 의한 독성은 노출량 그 자체보다도 체내농도(혈중농도처럼 노출량에 기인하지만)에 보다 밀접하게 관련하고 있다고 생각된다. 그래서 체내농도가 그 사람의 무독성량을 초과했을 때 사람이 병에 걸린다. 그렇다면, 집단 내에서 「체내농도가 그 사람의 무독성량을 초과한 사람」의 비율을 구한다면 집단리스크를 구할 수 있을 것이다.

(c) 대수정규분포

개인의 무독성량치의 분포, 즉, 감수성의 개인차는 어느 관수에 근사한다. 한편, 개인의 노출량 및 그 결과로서의 체내농도에도 개인차가 있어

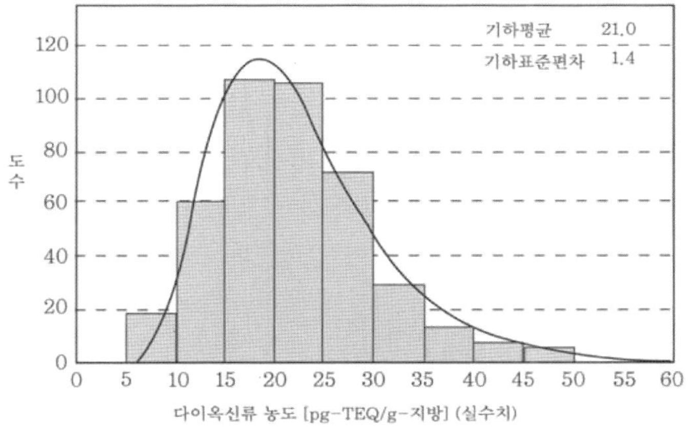

그림 0-3. 대수정규분포곡선: 1988년 모유 중 다이옥신류농도(TEQ)의 도수분포 (실제수치). 25~34세의 출산부, 전국 415명. 후생성 아동가정국 (1999). 후생과학연구 [모유 중의 다이옥신류에 관한 조사] 결과.

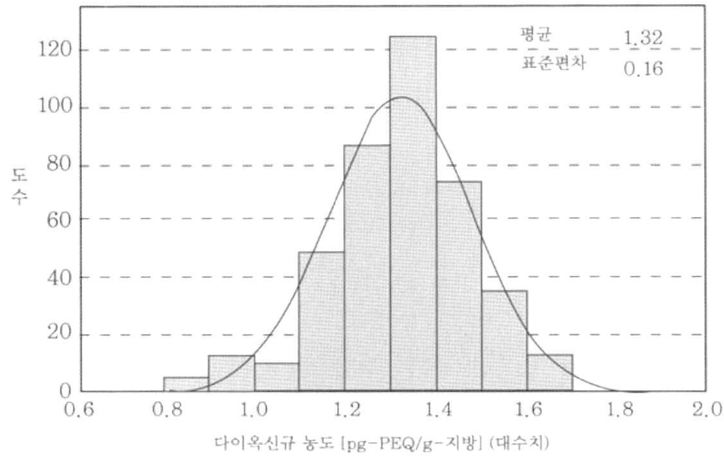

그림 0-4. 정규분포곡선(변수를 대수로 취한 경우): 1988년 모유 중 다이옥신류 농도(TEQ)의 도수분포 (대수치). (그림 0-3의 데이터와 같음)

서, 그 분포형도 또한 일정의 관수로 근사하는 경우가 많다. 분포형의 관수에는 여러 가지가 제안되고 있는데 가장 많이 사용되고 있는 것이 대수정규분포이다. 변수를 대수로 표현한 경우에 정규분포에 따르는 것이 대수정규분포이다.

그림 0-3에는 1998년에 후생과학연구의 일환으로 조사된, 일본에서 모유 중 다이옥신류 농도(pg-TEQ/g-지방)의 실측치의 빈도분포를 나타낸다. 막대그래프가 실측치, 곡선이 대수정규분포 곡선이다. 양쪽 모두 상당히 일치하고 있다. 대수정규분포라는 분포형이 지극히 현실적인 것임을 알 수 있을 것이다. TEQ의 의미는 7-3절에서 설명하겠다.

대수정규분포는 오른쪽으로 꼬리가 이어지는 그래프이다. 가로축의 변수를 대수로 나타내면 그림 0-4에 나타낸 것처럼 좌우대칭의 정규분포가 된다.

평균치 μ, 표준편차 σ의 정규분포에서, 변수치와 누적밀도와의 관계를

표 0-2. 정규분포와 대수정규분포

정규분포에 따른 확률변수의 경우	누적확률밀도 (양방의 분포에 공통)	대수정규분포에 따른 확률 변수의 경우
$\mu-3\sigma$	0.0013499	M/G^3
$\mu-2\sigma$	0.02275	M/G^2
$\mu-\sigma$	0.1587	M/G
μ	0.5	M
$\mu+\sigma$	0.8413	MG
$\mu+2\sigma$	0.9773	MG^2
$\mu+3\sigma$	0.9987	MG^3

여기서는 산술평균치, σ는 표준편차치, M은 기하평균치, G는 기하표준편차치이다.

표 0-2의 첫 번째와 두 번째 줄에 표시했다. $\mu + 3\sigma$의 범위까지 99.87%가 포함됨을 알 수 있다. 세 번째 줄에는 대수정규분포의 경우를 나타냈다. MG^3의 대수를 취하면, $\log(MG^3) = \log M + 3\log G$이므로, 기하평균치 M, 기하표준편차 G의 경우, MG^3까지의 범위에 99.87%가 포함된다.

(d) 리스크 산정의 원리

이 책에서도 대수정규분포를 쓰고 있는데, 이 경우 리스크 산정의 원리를 그림 0-5에 그려 보았다.

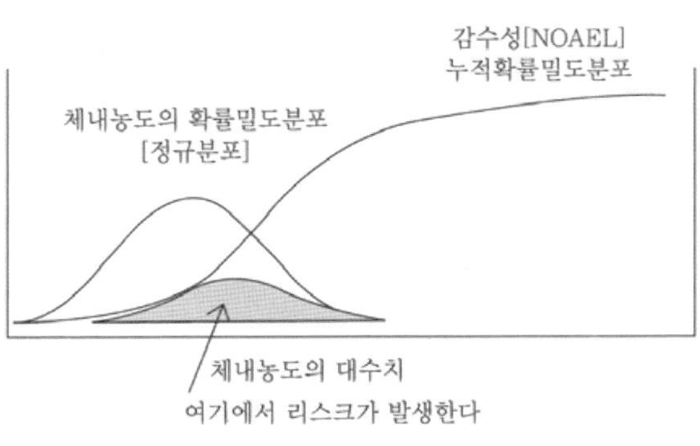

그림 0-5. 개인차의 분포와 리스크 발생

가로축은 체내농도의 대수치이다. 좌측 그래프는 개인의 체내농도 확률밀도관수를 나타내고 있다. 우측은 개인의 무독성량 누적확률밀도관수이다. 이 두개의 그래프가 겹쳐지는 부분에서 리스크가 발생한다.

이것을 식으로 나타내면, 다음과 같다.

$$리스크 = \int f(x) \cdot \Phi(x)dx \tag{0.1}$$

여기서, f(x)는 체내농도의 대수치가 x인 경우의 확률밀도치이고, Φ(x)는 체내농도의 대수치 x에서 개인의 무독성량의 누적확률밀도치이다. 순수하게 수학적인 작업이므로 자세한 설명은 생략하겠지만 f(x)가 평균치 μ_i (기하평균치의 대수치), 표준편차 σ_i (기하표준편차의 대수치)의 정규확률밀도관수, Φ(x)가 평균치 μ_2, 표준편차 σ_2의 정규누적밀도관수라 한다면 식(0.2)가 성립한다[6].

$$리스크 = \int f(x) \cdot \Phi(x)dx = F\left(\frac{\mu_1 - \mu_2}{\sqrt{\sigma_1^2 + \sigma_2^2}}\right) \tag{0.2}$$

F는 표준정규누적밀도관수, 즉, 평균치 0, 표준편차 1의 정규누적분포관수이다. μ_1, μ_2, σ_1, σ_2의 수치로부터 괄호안의 수치를 계산해서, 그 수치를 Microsoft사의 EXCEL로 NORMSDIST에 대입하면, 리스크 값을 얻을 수 있다.

이처럼 개인차의 분포를 안다면, 위험비가 아닌 확률로서의 리스크를 계산할 수 있다. 이 책에서는 이 방법을 이용해서, 일본인의 메틸수은에 의한 리스크를 실제로 계산하겠다. 단, 본문에서는 바로 이 공식을 사용하는 것이 아니라, 원리를 생각하면서 하나씩 하나씩 계산하고, 마지막에는 이 식을 이용해서 검산하겠다. 이 책에서 다루고 있는 예는 모두 인간에의 영향에 대해 어떠한 데이터가 있는 경우에만 해당된다. 동물실험에서의 독성실험 결과 밖에 없는 경우는 위험비를 사용하지 않고 인간에의 리스크 평가를 어떤 식으로 할까에 대한 것은 다음 기회에 설명하고 싶다.

0-4 역치없는 모델

(a) 저용량 외삽

모든 독성 발현메커니즘에는 역치가 있는 것이 오랜 상식이었다. 그러나 1970년대에 들어와, 특히 미국의 과학자들 사이에서 발암성에는 역치가 존재하지 않는다는 주장이 지지를 얻게 되었다. 만약 역치가 없다면 아무리 노출량을 낮추어도 리스크가 존재하므로 전면 금지하지 않으면 제로 리스크는 존재하지 않다. 이제까지는 역치의 존재를 근거로 제로 리스크의 안전 영역을 설정해, 그 범위에서 사용한다는 이념으로 유해물 관리를 할 수 있었지만 역치가 없다는 가정을 받아들임으로써 리스크를 허용하면서 생활한다는 문제를 사람들에게 떠넘겨 버리게 되었다. 이 일은 혁명적인 일이었다. 이 분야에서 처음으로 리스크 매니지먼트라는 과제가 출현했다고 해도 좋을 것이다. 1970년대 중반, 미국이 그러하였다.

역치가 없다는 가설이 인정됨과 동시에 저용량에서의 용량반응 관계를 어떻게 추정할 것인가 하는 중대한 과제가 생겼다. 한 무리 50 마리 정도의 동물을 써서 실시한 발암실험에서는 가령, 거기서 전혀 반응이 일어나지 않았다고 할지라도, 그것은 95% 신뢰한계치로, 반응률 7.2% 이하라는 것을 증명하는 것에 불과하다($(1 - x)^{50} \geq 0.025$에서 x를 계산할 수 있다. 여기서 x는 반응률이다). 훨씬 작은 1만분의 1이나, 10만분의 1이나, 100만분의 1의 리스크 레벨에서 관리하지 않으면 안되는 것이 명백하고, 그러기 위해서는 이와 같은 저용량역에서의 용량반응 관계를 알아야 한다. 그러나 사람을 대상으로 실험에서 확인할 수 없으므로, 다양한 추정식(추정모델)을 사용해서 저용량 외삽이 행하여지게 되었다.

미국의 행정부 안에서도 노동안전위생국(OSHA)과 식품의약품국(FDA)은 처음에 저용량 외삽에 비판적이었으나 환경보호국(EPA)이 적극적으로 이것을 장려했다[7].

미국 환경보호국은 처음에는 「원히트모델」을, 1980년대에는 「선형화 다단계모델」을 사용하기 시작했다. 모두 다 저용량역에서는 용량과 반응률(리스크)이 비례관계(선형모델)를 이룬다는 점이 특징이다. 유럽의 행정기관과 학계는 역치없는 모델과 저용량 외삽에 비판적이었으나 현재는 유럽과 국제기관에서 모두 선형화 다단계모델이 사용되고 있다. 미국 환경보호국은 모든 발암성 물질에 대해서 이들 선형모델을 적용했으나 곧이어 「유전자 손상성이 있는 발암성 물질」에만 이 모델을 적용하기로 방침을 전환하였다. 최근에는 선형이라 해도 반드시 선형화 다단계모델을 사용하지 않아도 되고 또한 유전자 손상성이 있다 해도 선형이 아니라는 증거가 있으면 선형모델을 사용하지 않아도 된다는 입장으로 변화하고 있다[8),9)].

(b) 선형모델

처음에 미국 환경보호국이 제안하여, 환경 목표치 설정에 사용되던 원히트모델은 발암성 물질이 유전자에 충돌해서 손상을 입은 유전자가 암세포로 바뀌는 메커니즘을 식으로 나타낸 것이었다. (당시 생각하고 있던)방사선의 발암 메커니즘을 표본으로 삼았다. 한 개의 세포 또는 분자에 발암물질이 히트하는 확률(1회 히트 확률 + 2회 히트 확률 + … + 무한회 히트 확률)은 1에서 히트하지 않을 확률(h(0))을 뺀 값과 같으므로 포아손 분포에 따라서 다음과 같은 식으로 풀이할 수 있다.

$$P(D) = \sum_{n=1}^{\infty} h(n) = 1 - h(0) = 1 - \exp(-qD) \qquad (0.3)$$

여기서 D는 용량, $P(D)$는 용량 D일 경우 반응률(리스크), $h(n)$는 n회 히트 확률, q는 발암성 물질이 세포에 히트할 확률이다.

$D \fallingdotseq 0$ 에서, 즉, 용량 D가 미량일 경우 $\exp(-qD) \fallingdotseq 1 - qD$에 가까워지게 되어

$$P(D) = qD \tag{0.4}$$

가 된다.

즉, 저용량에서는 반응률이 용량 D에 비례한다. 이 기울기 q 값이 발암력 강도를 나타내는데 발암 슬로프 팩터(cancer slope factor)라 불린다. 여기서 쓰인 포아손 분포는 드물게 일어나는 물리현상 등을 기술하는데 적합하다고 알려져 있다. 그 경우 n회 히트 확률은

$$h(n) = \frac{\exp(-qD) \times (qD)^n}{n!} \tag{0.5}$$

의 형태로 나타낼 수 있지만, 무한대의 합을 취함으로써 식(0.3)으로 유도된다.

원히트모델은 이해하기 쉬운 모델이었지만 파라미터가 하나밖에 없어 실험 데이터와의 적합성은 상당히 낮다 할 수 있다. 그것이 원히트도델의 약점 중 하나이기도 하였다.

이런 결점을 보완하여, 암이 연령이 증가함에 따라 빠른 속도로 증가하는 것을 메커니즘을 써서, 선형화 다단계모델을 만들었는데 그것은 1980년이었다.

Armitage와 Doll은 암이 연령의 6승에 비례해서 증가하는 데서 다단계 발암 메커니즘을 제안하였다. 단독세포에 암이 생기기까지 κ단계의 반응이 일정한 순서로 일어날 필요가 있는데(단, κ는 6으로 한정하지 않음) 각 단계의 반응률은 용량에 대비해 일차식으로 관계되는 ($a + bD$) 가정을 한 모델이 다단계모델이다[10].

이렇게 가정을 하면, 용량반응 관계는

$$P(D) = 1 - \exp - (q_0 + q_1 D + q_2 D^2 + \cdots + q_k D^k) \tag{0.6}$$

로 기술할 수 있다. 이 관계식은 간단히 도출할 수 있지만[11] 여기서는 생략하겠다. Crump[12]는 이 다단계모델에 $q_i > 0$ 이라는 묶음을 곱해서 풀 것을 제안했다. 이것이 현재 광범위하게 쓰이고 있는 선형화 다단계모델(linearized multistage model)이다. 용량반응 관계식은 다음과 같다.

$$P(D) = 1 - \exp - (q_0 + q_1 D + q_2 D^2 + \cdots + q_k D^k) \tag{0.7}$$

단, $q_i > 0$

$$\begin{aligned} R(D) &= \frac{P(D) - P(0)}{1 - P(0)} \\ &= 1 - \exp - q_1 D + q_2 D^2 + \cdots + q_k D^k) \end{aligned} \tag{0.8}$$

$D \fallingdotseq 0$ 에서는,

$$R(D) \fallingdotseq q_1 D \tag{0.9}$$

여기서 D는 용량(mg/kg/일), $P(D)$는 평생 동안 D의 노출을 받았을 때의 발암률, $P(0)$는 백그라운드 노출에서의 발암률이다. 따라서 용량 D의 영향만 빼낸다면 $R(D)$이 된다. 이것을 과잉 리스크라 부른다. 여기서 용량이란 dose(투여량)인데 노출량, 섭취량 등과 같은 의미로 사용된다.

선형화 다단계모델에서 용량이 충분히 적을 때 식(0-9)처럼 D의 비례식이 된다. 이 기울기가 q_1 이고, q_1 은 원히트모델일 때의 q와 같으며, 발암 슬로프 팩터로 불린다. 여기서 얻어진 식(0-9)은 앞의 원히트모델로 얻어진 식(0.4)과 같은 형태를 하고 있지만, 그 의미가 다르기 때문에 주의해야 할 것이다. 식(0-9)에서, 파라미터의 결정에서는 고차항까지 포함한 식을 이용해서 행하므로 마지막에 근사식으로 D에 관한 일차식이 얻어지는 것이다.

Armitage 등이 만들어 낸 다단계모델에서는 q_1 이 0이거나 음의 값이라도 상관없다. 그러나 지금 우리들이 사용하는 식에서는 $q_1 > 0$의 조건이 붙어있다. 만약, $q_1 = 0$이라면 D가 0에 가까워도 D에 비례하는 요소(항)는 없어지고 갑자기 D의 고차식이 되므로 D의 값이 아주 큰 곳에서 반응률이 0에 가까워져 「역치없음」이라는 성격이 실질적으로 상실된다.

$q_1 > 0$의 조건을 붙이는 것이 과학적으로 타당한가?

이 의문에 대해서, 미국 환경보호국은 많은 사례에서 용량반응 관계에 역치가 보이지 않는다는 것, 안전한 추정(리스크를 크게 평가함)이라는 것을 그 이유로 들고 있다. 또한, 최근 20년 정도 미국 환경보호국의 통계처리의 이론적 주축이 되어 온 Crump는 최대치를 이용한 용량반응 관계에서 $q_1 = 0$이 되는 케이스라도 과잉 리스크의 신뢰 상한치 곡선은 저용량에서 직선이 됨($q_1 > 0$이 됨)을 증명하여, 그것이 하나의 이유라고 하고 있다[12).

선형모델 외에도 많은 모델이 제안되어, 어느 것이 맞는가에 대해 미국에서 1975년부터 약 20년간 상당히 격렬한 논의가 전개되었다. 그 이유는 어떤 모델을 사용하는가에 따라, 예를 들면 10만분의 1이나 100만분의 1의 리스크에 상당하는 용량이, 경우에 따라서는 100～1000배나 달라지기 때문이다. 이것은 어떤 모델을 사용하는가에 따라 규제의 기초가 되는 허용표준치가 100～1000배나 달라져 버림을 의미한다. 그리고 선형모델이 다른 어떤 모델보다도 리스크를 크게 평가하고, 이에 따라서 엄격한 허용표준치를 만들어 내게 되었다. 또한, 실험 가능한 고용량역에서의 모델의 적합성이라는 점에서도 선형모델은 다른 것에 비교하여 조금 떨어졌다.

기업이나 수도사업자, 또는 시 등도 이 선형모델에 반대했다. 그 논쟁의 번거러움은 앞에서도 말했듯이 실험으로 확인할 수 없는 점이었다. 1980년대의 미국연방기록(Federal Register, 일본의 관보에 해당)에서는 아주 방대한 실험 사실을 가지고 선형모델에 반대하는 기업의 의견과 그것을 인정하지 않는 환경보호국의 견해가 여러 번 게재되고 있다. 이런 격렬한 논쟁을 보면 저용량에서의 영향을 우리들이 어떻게 예측해서 관리할까 하는 철학 같은 것이 보인다[13].

선형모델을 왜 사용하는가 그 이유를 미국 환경보호국은 다음과 같이 설명했다[8].

① 역치가 인정되었다는 대부분의 실험결과는 실험결과가 유의한 범위 내에서, 「영향없음」을 증명한 것처럼 보여도 10^{-3}이나 10^{-5} 이하의 확률로 일어나는 현상이 「일어나지 않음」을 증명하는 것은 아니다. ② 방사선의 영향에서는 경백한 역치가 보이지 않는다[14]. 음용수 중의 비소에 의한 피부암, 음식물 중 아플라톡신(aflatoxin)에 의한 간암에서도, 역치는 보이지 않는다. ③ 고용량에서 실험결과 모델에의 적합성 여부만으로 모델을 선택해서, 하향 외삽을 하는 것은 무리이며 기본적인 메커니즘에 기초하여 모델을 선택해야만 한다. 암의 발생 메커니즘과 직선성은 모순되지 않는다. ④ 발암의 계기를 만드는 유전자 손상성 시험(변이원성 시험)에서는 상당히 낮은 레벨까지 직선성이 보인다. ⑤ 인간은 이미 많은 발암성 물

질에 노출되어 있어서, 많은 발암성 물질의 작용에 상가성(相加性)을 찾아볼 수 있으므로, 가령 역치가 있다 해도, 그 효과는 손실되었다고 생각할 수 있으며, 추가되는 물질에 대해서는 역치가 없다는 가정을 해도 좋다. ⑥ 안전한 추정수법이다.

이러한 뜨거운 논쟁과 비판 속에서도 선형화 다단계모델이 남아 있어서 지금까지도 국제적으로 폭넓게 사용되고 있다. 그러나 한편으로는 그 적용범위가 점점 좁아지고 있다. 항(a)에서도 말했지만, 1990년대 중반부터 미국 환경호보국은 일정한 증거가 있으면 유전자 손상성 발암물질이라 해도 반드시 선형모델을 사용하지 않아도 되고, 또 선형모델 중에서도 반드시 선형화 다단계모델을 표준으로 삼지 않아도 된다는 방침을 발표하고 있다[9].

0-5 생태리스크 평가

(a) 개체 레벨의 리스크와 개체군 레벨의 리스크

리스크 평가를 할 때 먼저 엔드포인트를 결정하지 않으면 안되고 그 엔드포인트가 일어날 확률이 리스크라는 것을 0-1절에서 설명했다. 그러면 생태리스크 평가의 엔드포인트란 무엇일까?

저자는 생태리스크 평가의 엔드포인트는 종의 절멸이어야 하고, 생태리스크라는 것은 종의 절멸확률이라고 주장해 왔다[15]. 그처럼 생각한 이유는 ① 종의 절멸은 사람들에게 있어서 어떻게든 피하고 싶은 일이다, ② 개발이나 어업 등이 생태계에 주는 리스크와 같은 척도로 평가할 수 있다, ③ 미래 영향으로 평가할 수 있다, ④ 자연을 이용하는 것과 양립을 가능하게 하는 목표이다. 이런 생각은 지금도 변하지 않고 있지만, 조금 더 원래상태로 돌아가 문제를 생각해 보자.

지금까지 설명해 온 인간의 건강리스크란 실제로 개개인이 받는 리스크의 크기를 문제로 삼아왔다. 발암리스크란 집단을 대상으로 생각하면 암에 걸리는 사람의 비율이고 개인을 대상으로 생각하면 암이 될지도 모를 확률이다. 인간의 리스크는 대상이 집단이든 개인이든, 결국은 개인이 암에 걸리는 것을 피하고 싶은 개인이 암에 걸릴 확률을 계산하고 있는 것이다.

그러나 연어를 대상으로 했을 경우, 연어 한 마리 한 마리가 병에 걸리지 않고 평생을 마치는 것이 환경정책의 목표가 되지는 않는다. 미국에서 연어의 서식환경 보전을 위해 댐을 재평가하고 있는데, 한편에서는 낚시나 식량을 위해 포획도 하고 있다. 다시 말해, 연어 한 마리 한 마리의 보전이 목적이 아니라, 일정한 자원량의 보존이 목표가 되고 있다. 바꾸어 말하면, 종으로서 존속을 말한다.

종의 존속을 위한 리스크 평가는 보다 전문적으로 보면 개체군 레벨의 리스크 평가의 한 부분이다. 개체군이란 어느 지역에 사는 동종 개체의 집단 (population)을 말한다. 지구상의 어딘가에 그 종이 존속하고 있다면 그것으로 되는 것이 아니고, 그 지역 생태계 내에서 그 종이 미래에 걸쳐서 존속하는 것이 중요하다. 개체군 레벨의 존속 가능성에는 생존율

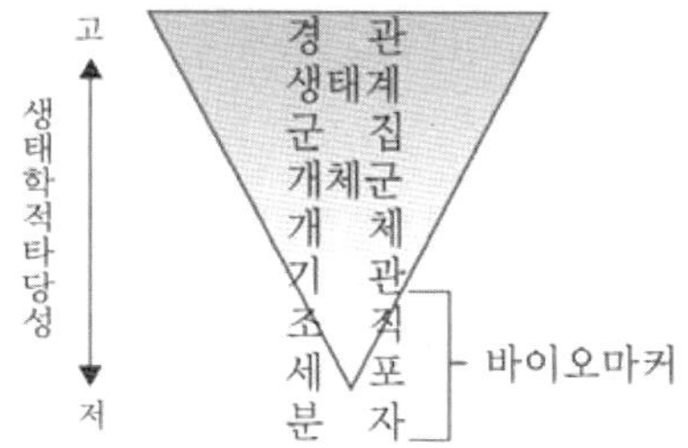

그림 0-6. 생물학적 앤드포인트의 계층
(R. A. Pastorok[16]가 그린 그림을 다시 정리함)

뿐만 아니라 번식률과도 관계가 있다.

그림 0-6에 생물학적 엔드포인트의 단층구조를 나타냈다[16].

바이오마커란 생물 개체내의 생화학적 반응, 다음이 개체 레벨, 그 위가 개체군 레벨, 그 위에 군집 레벨, 생태계 레벨, 경관 레벨이 된다. 위로 갈수록 생태학적 타당성이 높다. 인간의 건강리스크에 대해서 말했던 개인 레벨의 리스크는 이 그림에서 개체 레벨에 해당한다. 종의 존속을 위한 리스크 평가는 이 그림의 개체군 레벨에 해당한다. 군집 레벨에서는 종 상호간의 경쟁 관계나 포식-피식 관계가 들어오고 경관은 하천과 삼림 등의 인접한 다양한 생태계 관계를 포함한 것이다.

생태리스크라고 말했을 때, 우리들은 어느 계층의 리스크를 평가하면 좋을까? 그것은 어떤 식으로 자연과 더불어 살아가느냐에 달려있다. 특별한 희귀종이나 절멸위기종, 인간에게 아주 가까운 종 등의 경우는 개체 레벨의 리스크 관리(생물 개체를 하나도 죽이지 않는 것)가 목표가 될 것이다. 그러나 일반 생물종에 대해서는 개체 레벨의 리스크 관리는 목표가 되지 못한다. 그러면 보다 상위 계층의 리스크 평가가 바람직하다는 말이 아닌가?

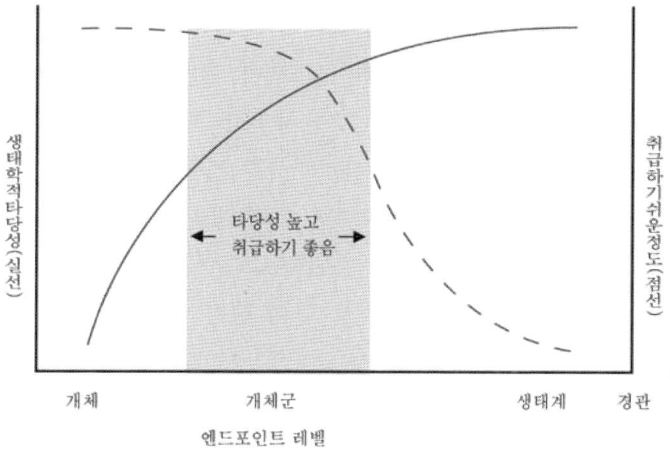

그림 0-7. 생태모델 엔드포인트의 타당성과 취급 용이함(Pastork[16])

그것은 바람직하지만 현식적으로는 너무 복잡하다. 그 관계를 그림 0-7에 나타냈다[17]. Pastorok 등은 생태학적 타당성과 취급 용이성을 생각하면 개체군 레벨의 리스크 평가가 중요해진다고 결론내리고 있다. 종마다 개체군 레벨 리스크를 먼저 생각하여 그것과 아주 관계 깊은 생물에 대해서는 포식-피식 관계 등을 부차적으로 고려하는 것이 가장 현실적인 방책이다.

일본에서 가장 널리 쓰이고 있는 생태리스크 평가에서는 물벼룩이나 해조류, 어류 등의 시험생물에 대해 비이커에서 독성시험을 하여 무영향농도를 구해서, 다음과 같은 식에 따라서 위험비(HQ)를 산출한다. 그 HQ치가 1을 넘지 않으면 리스크가 없는 것이고 1을 넘으면 리스크가 있는 것으로 판정하고 있다.

$$\text{위험비(HQ)} = \frac{\text{예측노출농도}}{\text{무영향농도/불확실성계수}} = \frac{\text{예측노출농도}}{\text{예측무영향농도}} \qquad (0.10)$$

이것은 인간의 건강리스크 평가에서 사용되는 위험비와 개념이 완전히 똑같다. 시험생물이 물벼룩이라면 물벼룩이 화학물질 투여에 한 마리도 죽지 않는 농도의 10분의 1 농도가 리스크가 없는 상태라는 것이 된다. 화학물질의 영향조차 없애 버리는 것이 좋다면 이렇게 해도 좋을지 모르겠지만 환경과의 관계를 유지해 가면서 사는 것을 생각한다면 그러한 목표는 의미가 없다. 이 책에서는 기본적으로 생물의 개체군 레벨의 리스크 평가 수법, 절멸리스크의 계산 수법을 소개하겠다.

이 책은 연습이면서 현실의 문제를 들어 현실의 리스크에 대한 이해를 심화시키려고 한다. 단지, 연습이라는 책의 성질상 여기서 사용된 데이터나 파라미터치가 선택된 배경이나 가정을 자세히 설명하지 않았다. 따라서 여기서 나온 결과를 현실에 사용하고 싶은 경우에는 그 수치나 가정의 타당성을 다시 한 번 확인했으면 좋겠다.

보충설명

■ 기하평균(M)과 기하표준편차(G)

기하평균 M은 다음 식으로 나타낸다.

$$\log M = \frac{\sum_n \log(Xn)}{n}$$

바꾸어 쓰면, $M = (X_1 \cdot X_2 \cdots \cdot X_n)^{\frac{1}{n}}$이 된다. 또한, 표분에서 모집단의 기하표준편차 G를 추정하는 경우, G는 다음 식으로 나타낸다.

$$(\log G)^2 = \frac{1}{n-1}\sum_n (\log X_n)^2 - n(\log M)^2$$

■ 농도의 환산과 주의

(1) 무게 단위의 환산표

단위 약호	무게	읽는 법
g	1 g	그램
mg	10^{-3} g	밀리그램
μg	10^{-6} g	마이크로그램
ng	10^{-9} g	나노그램
pg	10^{-12} g	피코그램

(2) 대기 중 물질농도의 단위

1 ppm = (분자량) / 24.47 (mg/m^3)(단, 25 ℃)

1 ppb = (분자량) / 24.47 (μg/m^3)(단, 25 ℃)

(3) 수질 중 물질농도(이하의 환산식은 사용하지 않는 편이 좋으나, 오래된 책에서는 사용되었기 때문에 나타내었다)

mg/L ≒ ppm μg/L ≒ ppb

[참고문헌]

(1) 佐藤雄也，山崎邦彦訳(1998)，リスク評価リスク管理に関する米国大統領・議会諮問委員会編，環境リスク管理の新たな手法，pp. 4-5，化学工業日報社.

(2) Joseph V. Rodricks(1992), Calculated Risks, Cambridge University Press, p. 183. ロドリックス，J. V. 著，宮本純之訳(1994)，危険は予測できるか！，化学同人，301頁.

(3) U. S. EPA(1997), Exposure Factors Handbook, EPA/600/P-95/002 Fa.

(4) 環境リスクマネジメントハンドブック，朝倉書店，242頁.

(5) WHO(1993), Guidelines for drinking-water quality, 2nd ed., Vol. 1, Geneva, WHO.

(6) Posthuma, Leo, SuterII, Glenn W. and Traas, Theo P.(ed.)(2002), Species Sensitivity Distributions in Ecotoxicology, Lewis Publishers, pp. 49-102.

(7) Office of Technology Assessment Task Force(1988), Identifying and Regulating Carcinogens, Lewis Publishers, Michigan, USA, pp. 42-70.

(8) U. S. EPA(1996), Proposed guideline for carcinogen risk assessment, *Federal Register*, vol. 61, pp. 17960-18011(Tuesday April 23, 1996)：(財)日本化学工業協会から日本語訳が出版されている(日化協資料 RA 8-01).

(9) U. S. EPA(2003), Draft Guidelines for Carcinogen Risk Assessment, EPA/630/P-03/001 A, NCEA-F-0644 A, February 2003, Final Draft.

(10) Armitage, P.(1985), Multistage Models of Carcinogenesis, *Environmental Health Perspectives*, Vol. 63, pp. 195-201.（最初の論文ではないが，全体像を理解し易いので選んだ．この論文から最初の論文にたどりつける.）

(11) 柳川堯(2002)，環境と健康データ――リスク評価のデータサイエンス，共立出版株式会社，186-194頁.

(12) Guess, Harry, Crump, Kenny and Peto, Richard(1977), Uncertainty Estimates for Low-Dose-Rate Extrapolations of Animal Carcinogenicity Data, *Cancer Research*, Vol. 37, pp. 3475-3483.

(13) U. S. EPA(1980), *Federal Register*, Vol. 45, No. 231, Nov. 28.

(14) 最近，放射線の影響にも閾値があるという報告がある．非常に丁寧に一つひとつの物質について調べれば，閾値が存在する可能性はある．なぜなら，必ず遺伝子損傷に対する修復機能があるからである．しかし，このような効果を資金と労力をかけて証明することにそれほど大きな意味があるとは思えない．なぜなら，複数の物質による複合影響という問題があるからである．

(15) 中西準子(1995)，環境リスク論，岩波書店.

(16) Pastorok, Robert A.(2002), Introduction, in Pastorok, Robert A., Bartell, Steven M., Ferson, Scott and Ginzburg, Lev R. eds., Ecological Modeling in Risk Assessment, Lewis Publishers, p. 4.

(17) Pastorok, Robert A. and Ginzburg, Lev. R.(2002), Conclusions and Recommendations, in Pastorok, Robert A., Bartell, Steven M., Ferson, Scott and Ginzburg, Lev R., eds., Ecological Modeling in Risk Assessment, Lewis Publishers, p. 213.

제1장

리스크 계산의 기초

기준치와 리스크

1-1 연습과제

수도수질 기준치나 환경 기준치를 가지고 리스크를 계산할 때 쓰는 용어나 원리를 간단하게 설명하여 내용을 이해하기 쉽게 한 다음, 리스크 계산에 들어가 보자. 대기환경이나 수질환경, 또는 식품이나 수돗물 등에는 여러 가지 기준치가 정해져 있다. 이전부터 정해진 기준치에는 경확한 근거가 없는 것도 있었지만 최근에는 리스크의 크기를 기초로 정해지도록 되어있다. 이러한 기준치는 어떻게 정해지는 것일까. 그러면 어떤 식으로 리스크가 계산되어, 어떤 리스크 레벨이 기준치가 되는 것일까를 알아보자.

이 장에서는 인간의 건강리스크를 다루겠다. 그 예로 발암성 물질의 대표격인 벤젠을 생각해보자. 벤젠은 탄소 6개 수소 6개로 이루어져 거북이 모양 구조로 유명한데 화학물질의 대표 선수격이므로, 이 책의 첫 번째 주자로는 가장 적당하다(그림 1-1). 1994년의 국내 생산량은 약 360만 톤으로 염료, 합성고무, 합성세제, 합성수지 등 다 열거하지 못할 만큼 많은 제품의 원료가 되거나 각종 반응을 위한 용제로 쓰이고 있다(단, 양복의 얼룩을 제거할 때 사용하는 벤젠으로 혼동하지 말 것). 지금부터 다음의 4과제를 알아보자.

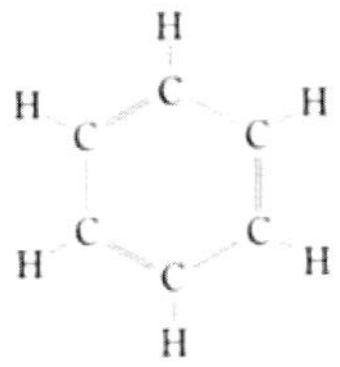

(C는 탄소, H는 수소)

그림 1-1. 벤젠 구조식

(1) 벤젠의 수도수질 기준치의 근거는 무엇인가? 그 리스크는?

(2) 벤젠의 대기환경 기준치의 근거는 무엇인가? 그 리스크는?

(3) 여러분이 살고 있는 지역의 벤젠농도를 알기 위해서는 어떻게 하면 좋을까?

(4) 일본 전국의 벤젠에 의한 리스크와 영향을 받는 인구 산정.

1-2 수도수질 기준치와 발암리스크

(a) 과잉 발암리스크

WHO에서 제안된 수도수질 지침치에서도 일본의 수도수질 기준치에서도 수돗물 1 L에 함유되어도 상관없을 벤젠의 양은 10 ㎍/L 이하로 되어 있다. 이 수치는「이 물을 평생 마셨을 경우, 수돗물 중의 벤젠만 가지고 평생 동안 발암리스크의 증가가 10^{-5}를 넘지 않는다」은 생각에 기초하여 정해진 것이다. 10^{-5}의 발암리스크란 일생 동안 100,000명 중에서 한 사람이 암에 걸릴 확률이 있다는 것을 의미한다. 노출기간 등이 부정확해지는 것을 방지하는 뜻에서, 이것을 생애노출에 의한 과잉 생애리스크가 10^{-5}라고 표현한다. 과잉이란 그것이 원인이 되어 증가한 정도를 의미한다.

이 리스크는 어떻게 계산되는 것일까?

여기서는 다음과 같은 조건이 가정되었다. ① 1일 2 L의 물을 일생 동안 마신다. ② 체중은 70 kg(일본에서는 50 kg이 사용되고 있고, WHO에서도 최근은 60 kg이 쓰이기도 한다). ③ 체중 1 kg당 매일 1 mg의 벤젠을 평생 동안 섭취하면 일생 동안에 3.5 x 10^{-2}의 발암리스크가 증가한다.

이 가정을 인정하게 되면 수도수질 기준치 10 ㎍/L의 리스크는,

$$10(\mu g/L) \times 2(L) \times 10^{-3}(mg/\mu g) \div 70(kg) \times 3.5 \times 10^{-2}/(mg/kg/일) = 10^{-5}$$

가 되고, 정말로 생애 발암리스크가 10^{-5}가 됨을 알 수 있다.

가정 ③의 수치는 발암 독성의 강도를 나타내므로 발암 슬로프 팩터로 불리고 있다(0장 참조). 이 값은 미국 환경보호국의 IRIS(아이리스: Integrated Risk Information System)데이터베이스에서 알 수 있다.(http://www.epa.gov/iris/에서 IRIS의 커버페이지를 열어, "Select a substance" 에서 물질명(여기선 benzene)을 선택하면 그 독성 평가의 결과와 그 근거를 얻을 수 있다.)

여기에서, 벤젠을 경구 섭취(음식)한 경우의 발암성 강도를 다음과 같이 적고 있다.

BOX 1 **경구발암성의 강도**

경구발암 슬로프 팩터	1.5 × 10^{-2}～5.5 × 10^{-2}/(mg/kg/일)
중앙치	3.5 × 10^{-2}/(mg/kg/일)
음료수 유닛리스크	4.4 × 10^{-4}～1.6 × 10^{-3}/(mg/L)
중앙치	1.0 × 10^{-3}/(mg/L)

음료수 유닛리스크는 수돗물의 수질에서 발암리스크를 구할 수 있도록 간단하게 바꾸어 쓴 것으로 이 값은 1 mg/L 수질의 음료수를 일생 동안 계속 마신다면 중앙치에서 1.0 × 10^{-3}의 발암리스크가 있음을 나타내고 있다.

(b) 사람에 대한 발암성의 정확도

IRIS에서는 사람에 대한 발암성의 정확도, 발암 슬로프 팩터의 계산 근거를 설명하고 있다. 이하, 그 개요를 소개해 보겠다.

사람에게 발암성 근거의 정확도(weight of evidence)에 대해서, 벤젠은 「사람에 대한 발암성 있음」, 즉, 클래스 A로 분류하고 있다.

벤젠의 경우는 동물실험 외에 높은 노출을 받은 노동자의 벤젠 노출량과 백혈병에 의한 사망률 사이에 용량반응 관계가 있음을 알게 되었고, 그 결과에 의해 발암 슬로프 팩터가 계산되었다.

발암성 물질인 경우에 그것이 「사람에 대한 발암성 있음」인가, 아니면 사람에 대한 발암성이 증명되지 않았지만 실험동물에 대해 발암성이 있으므로 사람에의 영향도 의심이 되는가는 큰 차이가 있다. 따라서 그 기초가 되는 데이터의 근거가 사람에게의 영향을 논하는 데에 있어서 어느 정도 확실한가(근거의 정확도)는 중요한 포인트가 된다.

미국 환경보호국은 이러한 확실성에 따라서 A(사람에 대한 발암성 있음, known human carcinogen), B(아마도 사람에 대한 발암성 있음, probable human carcinogen, 사람의 발암성 데이터 정도에 따라 B1과 B2로 나뉜다), C(사람에 대한 발암성이 있을지도 모름, possible human carcinogen), D(사람의 발암성에 대한 분류가 불가능), E(사람의 발암성 없음)의 5단계로 분류하고 있다. 국제암연구기관(IARC)도 거의 비슷하게 분류하고 있으므로, 그 대비로 나타내면, 미국 환경보호국의 A분류는 IARC에서는 제1븐류, B에 대해서는 제2A분류, C에 대해서는 제2B분류, D에 대해서는 제3분류, E에 대해서는 제4분류가 된다.

1996년 미국 환경보호국은 발암성 물질 리스크 평가에 관한 제안 지침을 내놓고, 그 중에서 지금까지의 A, B, C와 같은 분류 대신에 말로 표현한다는 방침을 내놓고 있다. 「사람에 대한 발암성 물질로 이미 알려진 것 / 사람에 대한 발암성 물질로 예상되는 것」「결정할 수 없는 것」「예상할 수 없는 것」으로 크게 분류하고, 어떤 경로로 그렇게 판단되는가를 말로 표현하게 되었다.

2002년 1월 19일 개정판 IRIS에서는 다음과 같이 나와 있다. 「벤젠은 1986년의 리스크 평가 지침에 따르면 이미 알고 있듯이 인체 발암성 물질(A분류)이다. 1996년에 제안된 개정판 발암성 리스크 평가 지침에 의하면 벤젠은 사람 데이터와 동물 데이터에 기초하여, 모든 노출경로에서 이미 알려진 인체 발암성 물질로 판정된다.」

벤젠에는 유전자 손상성(변이원성)이 있는 것도 설명되어 있다. 이러한 중요성에 대해서는 0장에서 이미 기술하였을 뿐 아니라, 직업노출 데이터에 선형모델을 적용하여 저용량에서의 반응률에 대해 외삽을 실행하여 최우법으로 발암 슬로프 팩터를 구했다고 적혀있다.

지하수에 대한 의존도가 높은 미국에서는 급유시설이나 폐기물처분장 주변의 우물에서 벤젠이 검출되는 경우가 많지만, 일본의 수돗물 중에서 벤젠이 검출되는 경우는 극히 드물다. 벤젠 문제는 일본에서는 오로지 대기환경에 의한 문제이다.

1-3 대기 중 벤젠의 리스크

(a) 유닛리스크

2절에서는 경구섭취(음식)에 의한 리스크를 설명했는데, IRIS 문서에는 흡입경로(호흡에 의한)의 발암리스크 강도를 나타내는 대기 유닛리스크 값이 제시되어 있다. 대기 유닛리스크란 1 ㎍/m^3의 생애노출에 따른 평생 동안의 리스크이다.

체중 70 kg인 사람이 1 ㎍/m^3의 공기를 매일 20m^3 흡입할 때, 호흡경로에서의 흡수 효율은 50%라고 했을 때 경구의 경우 발암 슬로프 팩터를 이용하여 리스크는

$1(\mu g/m^3) \times 10^{-3} \times 20(m^3) \times 0.5 \div 70(kg) \times 3.5 \times 10^{-2} = 5.0 \times 10^{-6}$

가 되고 (둘째 항의 10^{-3}은 ㎍에서 mg로 환산), 위의 BOX 2에 있는 대기 유닛리스크 값이 된다. 이렇게 해서 유닛리스크는 계산된다. 무엇보다도, 이 경우는 흡입이든, 경구든, 마지막에는 혈액 중의 농도로 정해지기 때문에 동일한 슬로프 팩터 값이 사용되고 있지만 경구와 흡입처럼 전혀 다른 영향이 나온 경우에는 독립적인 독성 데이터가 사용된다. 체중 70 kg라는 것은 일본에서는 너무 현실과 맞지 않으나 체중이 적을수록 호흡량도 적어짐으로 서로 비례하는 것으로 생각해서 모든 체중의 사람에게 이 유닛리스크 값을 적용할 수 있다. 어린이는 체중에 비해서 호흡량이 많으나 발암리스크는 애초부터 평생 동안의 노출을 대상으로 하고 있기 때문에 아동 시기에 차이가 있다 하더라도 그것이 큰 영향을 주는 경우는 드물다.

여기서, 경구섭취 경우의 흡수율이 100% 임에도 불구하고 호흡에 의한 경우의 흡수율이 50%로 되어 있는 사람의 흡수실험(흡입과 날숨의 실험), 쥐와 생쥐의 흡입과 경구의 흡수율 차이, 방사성 탄소를 이용한 실험 등에서 얻은 결과를 종합한 결과이다.

BOX 2 **대기 유닛리스크**

벤젠의 대기 유닛리스크	$2.2 \times 10^{-6} \sim 7.8 \times 10^{-6} (\mu g/m^3)$
중앙치	$5.0 \times 10^{-6} (\mu g/m^3)$

(b) 대기 중 벤젠의 발생원

대기 중 벤젠의 발생원은 무엇일까, 환경청 중앙환경심의회의 자료 (1996)[2]에 따르면 다음과 같다. 이는 상당히 오래된 데이터로, 2003년 당시의 상황과는 맞지 않지만, 여기서는 1996년경부터 생각하기로 한다. 배출량의 기여율은 자동차 및 이륜차 배출가스가 71%, 가솔린탱크 및 주유소가 7%, 화학공장 21%, 코우쿠스로(용광로) 1%로 되어 있다.

자동차에서 배출 기여가 높은 것은 가솔린 중에 벤젠이 함유되어 있기 때문이다. 가솔린에 벤젠이 함유되어 있는 연유는 옥탄가(석유 중의 탄화수소의 비율)를 높이기 위함이다. 일부는 가솔린의 불완전 연소에서 생성된다. 공장에서 나오는 것은 22% 정도이지만 사람들에게 미치는 영향의 비율은 22% 보다는 훨씬 적으리라 예측한다. 공장은 주택가로부터 떨어져 있는 경우가 많은데다가 높은 굴뚝에서 배출되기 때문에 공장에서 배출된 가스는 멀리 날아가 흩어지는 비율이 높다. 영향을 받는 지역은 좁지만, 특히 대기 중 농도가 높은 지역은 역시 벤젠을 배출하는 석유화학공업단지 주변이다. 자동차의 배기가스는 집 바로 옆에서, 특히 사람 키보다도 낮은 곳에서 배출되기 때문에 우리가 살고 있는 거주지에 주는 영향은 크다.

대부분의 지역에서는 자동차 배기가스 중 벤젠의 영향을 받고 있다. 그러면 대기 중의 벤젠은 어느 정도의 농도이며, 또는 리스크는 어느 정도인가를 지금부터 살펴보자.

1-4 우리 지역의 벤젠농도를 알아보자

(a) 상관을 구하자

벤젠농도를 알려면 물론 측정을 하면 된다. 그러나 벤젠의 농도 측정은 그렇게 간단하지가 않다. 장소에 따라서도, 시간에 따라서도 변하기 때문에 측정만으로는 평균적인 환경농도를 알기 어렵고 비용도 많이 든다. 그러나 우리가 사는 지역은 어떤 상황인지, 전국의 상황은 어떤지를 아는 것은 매우 중요하다.

이와 같은 경우, 대략적으로 농도를 아는 방법이 있다. 여기서는 벤젠에 대해 상세하게 설명하겠지만 이 방법은 다른 물질에 응용할 수도 있다. 다른 물질에의 응용은 이장의 말미에 기술하겠다. 주된 발생원이 자동차 배기가스인 경우에는 질소산화물(NO와 NO_2의 합이지만, NOx(녹스)라고 칭한다)과 일산화탄소(CO)의 측정치를 가지고 추정할 수 있다. 여기서는 그것을 사용해보자.

일본에서는 표 1-1에서 나타낸 일산화탄소, 질소산화물, 아황산가스, 옥시던트, 비메탄탄화수소, 부유입자상 물질의 6가지 물질에 대해서는 1시간마다 자동적으로 농도가 측정되어 집계되고 있다. 이 중의 4가지 물질은 표 1-1에서 보듯이 측정국의 수도 많기 때문에 적어도 4가지 물질은 시시각각으로 일본 내에서 환경농도를 알 수 있다. 만약 벤젠농도가 이들 측정물질의 농도와 평행하게 움직인다면 그 상관관계를 조사해 봄으로써 시시각각의 벤젠농도를 전국 레벨로 추정할 수 있다.

요코하마국립대학대학원 환경정보연구원의 예전 나카니시연구실에서는 최초로 NOx와 벤젠과의 상관을 조사했다. NOx 대부분이 자동차 배기가스에서 나오고 있기 때문이다. 단지, 연소가 불완전하면 할수록 벤젠의 배출량은 많아지지만, NOx는 반대로 감소한다. 또한 차종의 관계

표 1-1. 대기 측정국에서의 측정물질과 측정국 수

물질	측정국 수		
	자동차배기가스 측정국	일반환경 측정국	합계
일산화탄소(CO)	356	185	541
질소산화물(NO, NO_2)	382	1466	1848
아황산가스(SO_2)	106	1618	1724
옥시던트	39	1142	1181
비메탄 탄화수소	181	367	548
부유입자상 물질	238	1541	1779

에서도 가솔린차는 디젤차에 비해 벤젠을 더 많이 배출하고 있으나 NOx는 디젤차가 더 많이 배출한다. 다시 말해서, 일산화탄소(CO)는 벤젠과 마찬가지로 불완전연소 생성물이므로 NOx 보다 상관이 좋지만 측정국 수가 적고 특히 일반 환경에서의 측정국이 적다는 단점이 있다. 연구보고에서는 도로부근에서의 CO와의 상관관계를, 일반 환경에서는 NOx와의 상관관계를 이용해서 벤젠농도를 추정했다. 그러나 이 연습에서는 그렇게 구분하지 않고, NOx와의 상관만을 이용해서 벤젠농도를 추정했다.

먼저, 방법을 정리해보자.

어떤 장소에서 NOx(가능하면 CO도)와 벤젠농도를 연속적으로 측정해서 그 결과로 벤젠과 NOx의 관계식을 구한다(식 1.2). 그 다음에 우리 지역의 NOx농도를 시청에 물어봐서 이 값을 식(1.2)에 대입시켜 벤젠농도를 계산한다. 식(1.2)의 상관식은 누군가 구해냈던 값이 있으면 그것을 일본 전국, 어느 지역에서든 공통으로 사용할 수 있다.

(b) 벤젠과 NOx농도와의 관계

그러면 벤젠과 NOx의 관계는 어떻게 되어 있는지, 또 그 식을 적용하는 것은 어느 정도나 옳은지를 검토해보자.

예전의 나카니시연구실에서는 대기 중 10여종의 물질농도를 매 1시간마다 수년간 연속적으로 측정했다[3)].

그림 1-2에, 1997년 5월부터 1998년 10월까지의 대기 중 벤젠농도와 NOx농도의 월평균치 변화를 나타냈다. 벤젠과 NOx는 거의 평행으로 움직인다. 이 기간에 측정된 벤젠농도(단위 $\mu g/m^3$)와 NOx농도(단위 ppb)의 24시간 평균치를 그래프 상에 나타내어 그 관계를 구하면 다음 식을 얻을 수 있다.

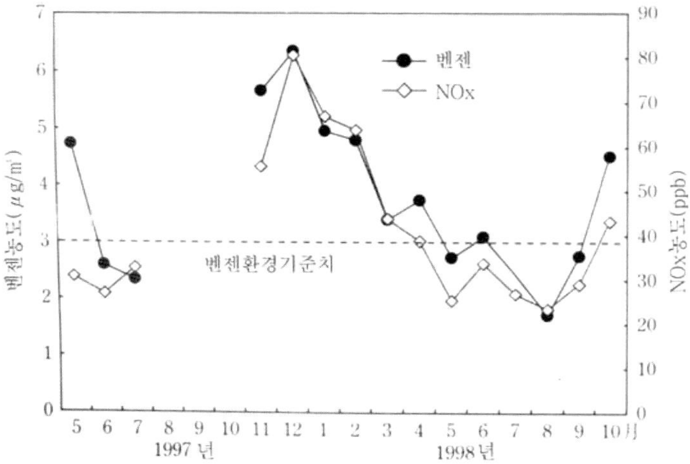

그림 1-2. 요코하마의 벤젠농도와 NOx 농도의 월별 변화

$$벤젠(\mu g/m^3) = 0.067 \times NOx(ppb) + 0.90 \qquad (R^2 = 0.74) \qquad (1.2)$$

R^2는 결정계수이며, 양자의 상관강도를 나타내는 지표이다. 그 결과 충분히 상관이 있는 것으로 나타났다.

측정점은 많지 않지만 식(1.2)가 타 도시에서도 성립하는지 검토해 보았다. 그 결과 공장지대와 인접한 곳에서는 역시 들어맞지 않으며, 도로 부근에서는 일산화탄소와의 상관을 이용하는 편이 더 좋은 것을 알았는데 대부분의 경우에 식(1.2)을 이용해서 추정할 수 있다는 것을 알았다.

(c) 실제 계산

A시의 일반 환경측정국에서 측정한 NOx농도의 연간 평균치가 35 ppb이고 1시간의 최고치가 120 ppb라고 했을 때, 식(1.2)를 이용하면 벤젠의 연간 평균치가 약 3.2 $\mu g/m^3$, 제일 높은 1시간치가 8.9 $\mu g/m^3$라고 추정할

수 있다. 그러나 이것이 과연 옳은 추측인지를 확인하려면 어떻게 해야 할까?

측정해 보면 옳은 값을 알 수 있을 것이라고 생각하기 쉽지만 "측정한다"는 것이 그렇게 간단하지 않으며 반드시 옳은 값을 얻을 수 있는 것만도 아니다. 물론 매 1시간마다 1년 내내 측정한다면 그것이 바로 실제 측정치이다. 그러나 벤젠을 1년 내내 측정한다는 것은 매우 어려운 일이다. 보통 1년에 1회나, 많아도 12회 정도 측정하는 경우가 전부일 것이다. 그렇다면 1회의 측정치로 1년간을 예측한다면 엄청난 착오가 생길 수밖에 없다. 12회의 측정치를 가지고 연평균치를 구한다 해도 상당히 위험해진다.

따라서, 매 1시간마다의 NOx 측정치가 있는 경우, 이 측정치를 가지고 추정하는 방법은 의외로 유효하다 할 수 있다. 단, 그 장소의 특수성이 있어 이러한 일반식 (1.2)가 성립되지 않을 때도 있다. 그래서 한두 번 정도 그 장소에서 벤젠농도를 측정하여 NOx농도와 맞추어 보아서, 일반식을 사용해도 괜찮은 장소라고 확인된다면 확실한 것이다. 그것마저도 안 된다면, 주변 환경을 잘 살펴보아 벤젠의 배출원으로 생각되는 것이 자동차 배기가스 이외에 없음을 확인하는 것이 좋다. 이런 방식으로 도쿄 근방 전역에서 구해낸 것이 그림 1-3이다.

만약 당신의 집이 도로변에 위치해 있고 그 주변의 대기 중 벤젠농도를 알고 싶다면 여러분의 시에 있는 자동차 배기가스 측정국의 NOx농도 결과를 조사해서, 식(1.2)를 이용한다면 대략의 레벨을 알 수 있다. 그리고 평균적으로 도로에서 30 m 정도 벗어나면 도로의 영향은 4분의 1정도가 된다고 생각하면 된다. 이보다 떨어진 곳이라면 일반 환경측정국의 수치를 사용하는 편이 좋다.

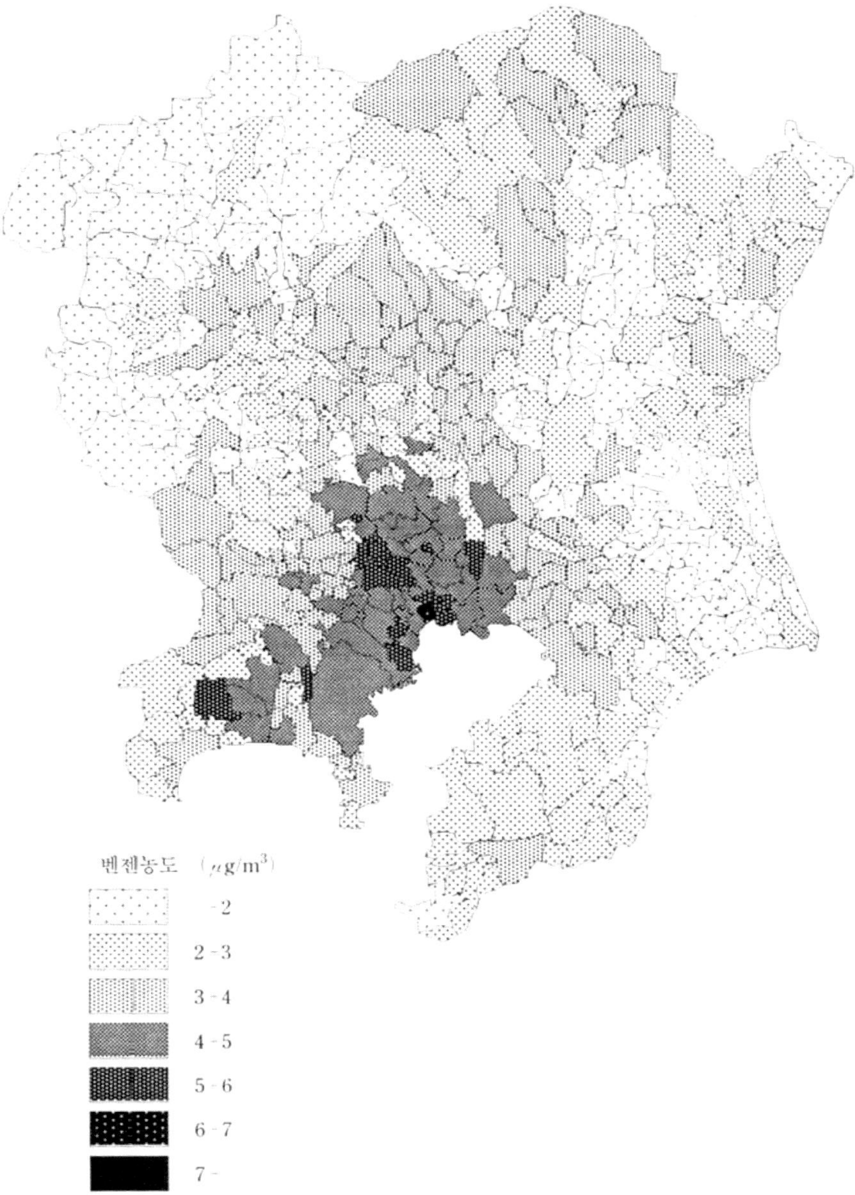

그림 1-3. 간토우지방의 벤젠농도분포 예측결과(1997년도, 일반환경만을 표시함)

1-5 벤젠농도의 전국 분포

(a) 전국 분포

측정치로 보아도 그렇고, 추정치로 보아도 환경내의 벤젠의 연간 평균 농도는 지역에 따라 1 ㎍/m³ 정도부터 15 ㎍/m³ 정도의 범위 안에 들어 있다. 그러면 높은 농도에 노출되어 있는 인구는 어느 정도일까. 평균적인 농도는 어느 정도일까. 이를 NOx와 CO의 전국 측정치를 가지고 추정하는 식으로 구해보자.

먼저, 지역을 ① 도시부, ② 교외도시, ③ 농촌지역의 3개 지구로 나누었다. ①의 도시부란 자동차 배기가스 측정국을 가진 자치단체이다. 여기에서는 인구의 10%가 자동차 배기가스 측정국의 농도(濃度) 지구에 살고 나머지 90%가 일반 환경측정국의 농도(濃度) 지구에 산다고 가정했다. 인구의 10%가 도로의 영향을 받는다고 가정한 것은 도로에서의 확산을 생각하면,

$$(30\ \text{m 이내 인구}) \times (\text{도로내의 농도}) = \sum(x\ \text{지점에의 인구}) \times (x\ \text{지점의 농도}) \qquad (1.3)$$

이라는 관계가 성립하고, 또 도로에서부터 30 m 이내에 사는 인구가 모든 도시에서 거의 인구의 10% 정도 되기 때문이다. 식(1.3)의 x는 도로에 대해 수직방향의 거리를 나타낸다. 식(1.3)이 성립하는 것은 도로의 영향을 받는 사람이 도로변에서 30 m 이내에 살고 있는 사람만이라고 가정하는 것을 의미하지 않는다. 확산식을 풀면 30 m 이내의 거주자 모두가 도로변 농도(濃度)에 상당하는 리스크를 받는 것으로 산정한 리스크의 합이 30 m 이상 되는 곳까지 포함한 모든 거주자의 리스크의 합과 같다는 의미이다. 이러한 관계가 성립하는 것은 벤젠의 용량반응계가 직선이기 때문이다.

②의 교외도시란 자동차 배기가스 측정국이 없고 일반 환경측정국만 있는 시군읍을 가리킨다. 여기서 전인구가 이것의 일반환경 측정국의 농도(濃度)의 영향을 받는 것으로 한다.

③의 농촌지구란 시군읍내에 측정국이 없는 곳으로 여기는 근접한 교외도시의 벤젠농도와 같은 것으로 한다. 전인구가 같은 농도의 영향을 받는다.

이와 같은 가정을 두고 계산하면 일본인이 어느 정도의 벤젠 환경의 농도선에서 살고 있는지를 대략 알게 된다. 그 결과를 가지고 보면 환경기준치 3 ㎍/m^3 이하의 지구에 사는 사람은 인구의 반 정도라는 것을 알게 된다. 인구가 많은 일본의 벤젠농도의 평균치는 3.2 ㎍/m^3로 환경기준치에 가깝다. 또한 10 ㎍/m^3을 초과하는 고농도지역에 사는 사람도 약 35만 명 정도가 되는데 모두 도로변이다. 도로변으로 한정하여 보면 99%의 인구가 환경기준치 이상의 농도 지역에 살고 있다. 특히 이것은 1997년의 상황이다. 대기환경 기준치가 설정되어 2000년 1월부터 가솔린 중 벤젠 함유량이 1% 이하로 규제되었기 때문에 2003년 현재는 1997년 당시와 비교해서 30% 정도 낮아져 있다.

(b) 벤젠에 의한 리스크

각 지역의 벤젠농도에서 유닛리스크(BOX 2에 표시한 중앙치, 5×10^{-6}/(㎍/m^3))를 곱함으로써 그 지역의 발암리스크를 계산했다. 발암리스크와 그 영향을 받는 인구를 나타낸 것이 그림 1-4이다. 이 그림에서는 농촌, 교외, 대도시, 도로변인가로 나누어 나타냈다.

전 지역에 대한 리스크의 합을 취함으로써, 대기 중의 벤젠에 기인하는 일본 전체의 발암수를 추정할 수 있다. 이것은 집합리스크라 불리는 값이다. 즉, 개개인의 영향은 그다지 크지 않지만 그 나라 전인구로 보면 어느 정도 크기의 리스크가 되는가를 봄으로써 정책의 타당성 등을 판단

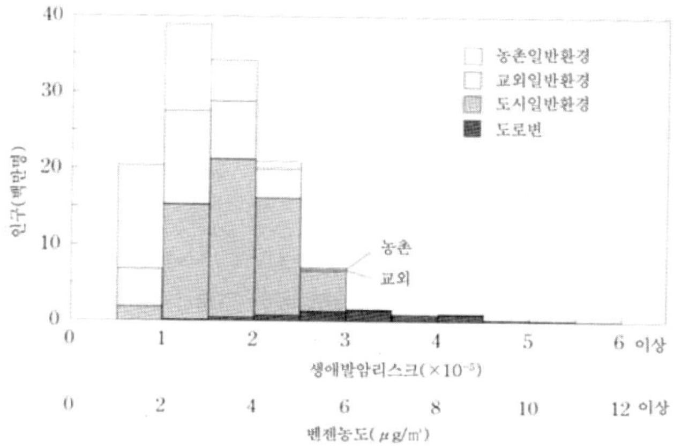

그림 1-4. 벤젠에 의한 발암리스크와 영향을 받는 인구분포(1997년도)

하는 데에 쓰인다.

유닛리스크를 써서 계산된 발암리스크는 일생 동안의 노출에 의한, 일생 중의 발증률인데, 이것을 1년당의 값으로 다시 고치는 경우가 많다. 1년당 값으로 계산하면 모든 발암수와의 비교가 쉬워지고 어느 정도 비용을 써야 하는지의 논의도 쉬워진다.

1년당 발암리스크 R은 다음 식으로 주어진다.

$$R = \frac{U\sum_{i} BiPi}{L} \tag{1.4}$$

B_i는 i 지구의 벤젠농도, P_i는 인구, U는 유닛리스크, L은 수명이다. L로 말하자면 평균수명보다는 짧지만 보통 70년이 사용된다.

이렇게 해서 계산하면, 벤젠에 의한 발암수는 연간 29.6명이 된다. 이것이 역치 없는 가정으로 선형모델을 이용하기 때문에 상당히 안전 측면에서 높은 추정치가 되는 점에 주목해야 한다.

여기까지의 데이터는 1997년의 상태에서 얻은 것이다. 만약, 현재 상황을 알고 싶다면 현시점에서의 NOx와 벤젠농도와의 관계식이 필요해진다. 그것을 몇몇 연구기관의 데이터를 가지고 구할 수도 있지만 조금 더 간단한 방법이 있다.

환경청과 경제산업성은 2003년부터 환경오염물질배출이동량(PRTR 데이터)을 발표하기 시작했다. 이로써 법률의 대상물질 354에 대해, 사업소(공장 등)나 자동차 등에서의 환경 배출량이 보고되고 있다. 이 데이터를 이용해서 배출계수 비를 구한다면 대략의 농도를 알 수 있다. 또한 대기농도 예측 모델을 사용하면 더 정확한 농도를 추계 할 수 있다. 이에 대해서는 제2장에서 설명하겠다.

[참고문헌]

(1) U. S. EPA(1996), Proposed Guidelines for Carcinogen Risk Assessment, *Federal Register*, Vol. 61, No. 79, pp. 17960-18011. 日本化学工業協会から日本語訳(全訳)が出版されている. 日化協資料 RA8-01.

(2) 環境庁(1996), 今後の自動車排出ガス低減対策のあり方に関する中間答申・報告, 今後の有害大気汚染物質対策のあり方に関する第2次答申・報告(いずれも中央環境審議会).

(3) Kajihara, H., Ishizuka, S., Fushimi, A., Matsuda, A. and Nakanishi, J.(2000), Population risk assessment of ambient benzene and evaluation of benzene regulation in gasoline in Japan, *Environmental Engineering and Policy*, Vol. 2, pp. 1-9.

(4) http://www.meti.go.jp/policy/chemical_management/index.html の「PRTR データの概要」の下の「集計表5」「全国の移動体からの排出量」でデータが得られる.

제2장 PRTR 데이터에서 대기경유의 노출과 리스크를 계산한다

2-1 연습과제

화학물질에 따른 환경오염 문제가 주목받고 있어서, 사람과 환경에 대한 리스크를 정량적으로 알고 관리하는 방법이 요구되고 있다. 화학물질 리스크 관리에서 지역의 환경농도를 조사하여 노출상황을 파악하는 것은 가장 기초적인 출발점 중의 하나이다. 환경농도를 알 수 있는 기본적인 방법은 관측을 하는 방법이다. 아무리 그렇다고는 하지만 평가하고 싶은 지역의 범위나 물질종류의 다양성 등, 모든 요구를 관측만으로 충족시키기에는 막대한 비용과 노력이 필요해진다. 또한 신규물질과 같이 관측데이터가 없는 경우를 추정하거나 미래·과거 등의 추정도 관측만으로는 알 수가 없다. 그러면 관측에 의존하지 않고 환경농도를 알 수 있는 좋은 방법은 없는 걸일까?

1장에서는 어느 지역의 벤젠농도를 추정해서 리스크를 조사하는 방법에 대해 설명했다. 그러나 이는 어디까지나 질소산화물(NOx)이나 일산화탄소(CO) 농도와 상관이 있는 물질에 대해서 농도와 리스크를 간단히 알 수 있는 방법이어서 모든 물질에 적용할 수 있는 것은 아니었다. 엄밀히 말하자면, 다양한 발생원에서의 배출량을 조사해서 그것이 어떻게 확산되는지를 조사해야 한다.

그러기 위해서는 다음과 같은 두 가지가 필요해진다. 첫 번째는 배출량과 배출지점에 관한 정보가 있을 것, 두 번째는 그 배출량을 가지고 기상 데이터 등을 이용해서 농도를 추정하는 것이다. 그래서 그것들을 리스크 계산으로 연결시켜가는 것이다. 나중에 설명하면 알겠지만, 제1과제는 PRTR이라 불리는 제도에 의해 입수할 수 있다. 제2과제도 특별한 지식이 없어도 복잡한 계산을 간단한 조작으로 할 수 있는 소프트웨어가 나와서, 누구나 무료로 얻을 수 있게 되었다. 이러한 정보나 도구를 사용하면 환경 중의 농도 예측과 리스크 계산을 할 수 있게 된다. 여기서는 그 의미와 순서, 결과에 대해서 기술해 보도록 하자.

(1) PRTR 제도에 대해 이해하고 실제 집계 데이터를 알아보자.
(2) 환경농드 예측모델(ADMER, METI-LIS)에 대해서 이해하자.
(3) PRTR 데이터를 가지고 배출량 분포를 만들어 보자.
(4) 배출량 분포에서 농도 분포를 계산해 보자.
(5) 농도 분포를 가지고 노출인구의 분포, 리스크를 계산해 보자.

2-2 배출량과 농도

먼저, 배출량과 농도란 무엇인가를 식염수를 예로 들어 생각해 보자. 1%의 식염수를 만들기 위해서는 컵에 99 g의 물을 넣어, 거기에 1 g의 식염을 첨가하여 잘 저어주면 된다. 여기서 1%가 “농도”이고, 1 g의 식염이 “배출량”이 된다. 매체가 공기라도 마찬가지다. 대기 중 벤젠농도가 1 ㎍/m^3이라는 것은 1 m^3의 공기 중에 1 ㎍, 즉, 100만분의 1 g의 벤젠이 들어있는 상태이다.

인간이나 생태계의 영향에 직접적으로 관계되는 것은 환경 중의 농도인데 환경기준은 농도에 의해서 결정된다. 배출량은 공장이나 자동차 같은 발생원에서 방출되는 물질의 양이다. 공장 등에서의 배출은 연속적으로 진행되는 경우가 많기 때문에 단위시간당 배출량으로 나타내며, 배출속도나 배출플럭스(flux)라 불리기도 한다. 배출량의 단위는 공장 굴뚝에서 배출되는 것처럼, 점원적인 경우는 g/초 또는 t/년, 가정이나 작은 공장에서 배출되는 경우를 하나씩 다루는 것이 아니라, 지역에서의 배출로서 일괄적인 면적으로 다루는 경우는, 그것이 배출되는 면적으로 나눈 g/초/m^2 등으로 나타낸다.

컵 속의 소금은 잘 저어주면 금방 균일하게 혼합되지만, 대기환경 중에 벤젠이 방출될 경우는 곧바로 균일한 상태가 되지 않는다. 실제로는 발생원에서 가까운 곳은 농도가 짙고, 발생원에서 떨어진 곳은 농도가 낮아진다. 바람이 불면 먼 곳까지 옮겨질 것이고(이류·확산), 도중에 일부는 지면에 떨어지거나(침착), 태양 빛 등에 의해 분해되기도 한다. 이것으로 알 수 있듯이 발생원과 농도의 위치관계는 대체적으로 대응하지만 완전히 일치하지 않는다. 농도 분포는 발생원을 중심으로 조금씩 퍼져가는 형태로 발생원이 복수이면 중합된다.

어느 지점의 환경농도는 관측하면 알 수 있지만, 배출량에서 농도를 구하는 일은 간단히 계산되지 않는다. 앞서 기술한 것처럼 이류·확산이나 침착, 분해 등의 여러 과정을 거쳐 발생원과의 위치관계나 기상조건 같은 요인을 고려할 필요가 있기 때문이다.

2-3 PRTR 제도

환경성의 홈페이지를 열면 PRTR 제도에 대해서 다음과 같이 설명하고 있다.

PRTR[1](Pollutant Release and Transfer Register: 환경 오염물질 배출이동등록)이란 유해성 있는 다종다양의 화학물질이 어떠한 발생원에서 나와서, 어느 정도로 환경에 배출되었는가, 혹은 폐기물에 함유된 체 사업소

밖으로 반출되었는가 하는 데이터를 파악하고, 집계하여 발표하는 제도이다. 대상으로 목록에 올린 화학물질을 제조하거나 사용하고 있는 사업자는 환경에 배출한 양과 폐기물로 처리하기 위해 사업소 밖으로 이동시킨 양을 스스로 파악해서, 행정기관에 연 1회 보고서를 제출한다. 행정기관은 그 데이터를 정리하고 집계해서 또는 가정이나 농지, 자동차 등에서 배출되는 대상 화학물질의 양을 추계해서 화학물질의 배출량과 이동량, 이 두 가지 데이터를 통합해 발표한다.

PRTR에 의해 매년 어떤 화학물질이 어떤 발생원에서, 어느 정도 배출되고 있는가를 알 수 있게 되었다. 1999년 7월에 「특정 화학물질의 환경배출량의 파악 및 관리 개선 촉진에 관한 법률」, 이른바 PRTR법이 발표되어, 2002년도부터 본격적으로 시행, 2003년 3월에 제1항목의 집계결과가 발표되었다.

PRTR 제도의 설명이나 조사 결과는 아래의 환경성이나 경제산업성 또는 독립행정법인 제품평가기술기반기구(NITE)의 웹사이트에서 얻을 수 있다(2003년 4월 현재).

환경성: http://www.env.go.jp/chemi/prtr/risk0.html

(집계결과): http://www.prtr-info.jp/

경제산업성: http://www.meti.go.jp/policy/chemical_management/law//index.html

NITE: http://www.prtr.nite.go.jp/prtr/total.html

어느 사이트에서도 기본적으로 같은 것을 얻을 수 있지만 집계 방법이나 설명자료가 조금씩 다르다. 여기서 얻을 수 있는 정보는 「제1종 지정화학물질의 배출량 등의 신고사항의 집계방법 등을 정하는 환경성령」(경제산업성 · 환경성령)에 기초하여 집계된 결과이다. PRTR법에서 신고가 의무화된 사업자는 다음의 조건을 모두 갖춘 사업자이다.

- 대상사업(제조업을 중심으로 45업종)을 경영하고 있을 것.
- 각 사업소의 해당물질 취급량이 1톤(시행 시작부터 2년간은 5톤) 이상일 것.
- 종업원 수가 21인 이상일 것.

표 2-1. 간토우지방의 1,3-부타디엔 현별 배출량(2001년도 PRTR조사에 의함)

(kg/년)

발생원	이바리끼현	토츠기현	군마현	사이타마현	치바현	도쿄도	가나가와현	간토우 합계	전국 합계
제출사업소									
식료품제조업	0	0	0	0	0	0	0	0	3600
섬유공업	0	0	0	0	0	0	0	0	1
펄프・종이・종이가공품제조업	0	0	0	0	0	0	0	0	3600
화학공업	12053	0	0	0	118400	0	84270	214723	599240
석유제품・석탄제품제조업	0	0	0	0	890	0	0	890	890
플라스틱제품제조업	0	0	0	0	0	0	0	0	180
고무제품제조업	0	0	0	0	0	0	9600	9600	9600
신고외 배출량(가정 등)	0	0	0	0	0	0	0	0	0
이동체(자동차 등)	103239	80145	66607	162311	136484	254043	173875	976704	3616549
합계	115292	80145	66607	162311	255774	254043	267745	1201917	4233660

이상의 조건에 맞고 사업자로부터의 신고한 배출량의 경우, PRTR의 대상이 된 모든 물질에 대해서 각 자치단체별, 업종별, 종업원수별 등의 여러 가지 집계결과를 얻을 수 있다.

농업이나 건설업처럼 PRTR의 대상이 아닌 업종이나 대상이 되는 업종이라도 규모가 규정에 들어가지 않는 사업소로부터의 배출, 가정이나 이동체(자동차 등)로부터의 배출에 대해서도 신고외 배출량으로써 국가에 의해 추계되어 발표되고 있다. 이들은 지방자치단체를 최소단위로서 추계되고 있다. 또한 신고외 배출량의 추계방법, 추계의 기초로 삼은 데이터를 총 정리한 참고자료도 발표되고 있다.

여기서는 대상물질 중 1,3-부타디엔(물질코드: 268번)에 주목해 보자. 1,3-부타디엔이라고 하면 별로 들어본 적도 없을지 모르겠지만 자동차 타이어 등에 사용되는 합성고무나 합성수지의 원료로 널리 사용되고 있는 물질이다. 1,3-부타디엔은 우리 생활에 없어서는 안 될 화학물질의 하나이나, 발암성 물질 중의 하나이기도 하고 난소위축 같은 비암성이라는 유해한 영향도 의심되고 있다.

표 2-1은 PRTR의 웹사이트에서 공개되고 있는 자료에서 1,3-부타디엔의 대기 배출량에 대해, 2001년도 조사 결과를 나타낸 것이다. 여기서는 간토우지방의 도쿄도와 6개현 그리고 전국에서 업종별 배출량 숫자를 뽑아 정리하고 있다. 신고대상 사업소에서는 7개 업종에서 배출되고 있음을 알 수 있고, 간토우지방에만 국한하여 말한다면, 화학공장, 석유제품·석탄제품 제조업 및 고무제품 제조업의 3개 업종에서 3개 현에서의 배출이 있다는 결과가 나왔다. 또한, 신고외 배출량이 아니라 이동체로부터의 배출은 모든 현에서 존재한다. 이 결과를 놓고 봤을 때, 1,3-부타디엔을 제조, 또는 사용하는 특정 사업소에 집중되고 있으며, 그 밖에는 이동체(자동차)로부터의 배출이 주요한 발생원이라는 1,3-부타디엔 배출의 특징을 알 수 있다.

더 상세하게 배출실태를 알기 위해서는 개시청구를 하면 좋다. 웹사이트에서 발표되고 있는 것은 앞서 말했던 것처럼 현별이나 업종별 집계치뿐이지만 소정의 절차를 밟으면 개별사업소가 신고한 배출량 등의 데이터도 누구든지 국가에 개시청구를 할 수 있다. 사업자가 신고한 정보는 개인정보를 빼고는 모든 것이 개시대상이 되는데 구체적으로는,

표 2-2. 간토우지방의 1,3-부타디엔 신고 사업소와 배출량(2001년도 PRTR조사에 의함)

(kg/년)

사업소	업종	배출량(kg/y)	지역	경도	위도
A	화학공업	30	이바라끼현카미스죠	140°41′32″	35°54′01″
B	화학공업	7100	이바라끼현카미스죠	140°41′32″	35°54′01″
C	화학공업	13	이바라끼현카미스죠	140°41′32″	35°54′01″
D	화학공업	110	이바라끼현카미스죠	140°41′32″	35°54′01″
E	화학공업	1500	이바라끼현하사키죠	140°43′59″	35°50′45″
F	화학공업	3300	이바라끼현하사키죠	140°43′59″	35°50′46″
G	화학공업	500	치바현이찌하라쬬	140°01′54″	35°28′59″
H	화학공업	21000	치바현이찌하라쬬	140°02′45″	35°30′13″
I	화학공업	12000	치바현이찌하라쬬	140°06′14″	35°32′22″
J	화학공업	73000	치바현이찌하라쬬	140°04′17″	35°31′43″
K	화학공업	10000	치바현이찌하라쬬	140°04′17″	35°31′43″
L	화학공업	1900	치바현이찌하라쬬	140°04′17″	35°31′43″
M	석유제품 · 석탄제품제조업	890	치바현이찌하라쬬	140°04′17″	35°31′43″
N	화학공업	16000	가나가와현가와사끼시	139°45′03″	35°31′09″
O	화학공업	40000	가나가와현가와사끼시	139°45′20″	35°31′30″
P	화학공업	4200	가나가와현가와사끼시	139°45′20″	35°31′30″
Q	화학공업	1700	가나가와현가와사끼시	139°45′32″	35°30′55″
R	화학공업	170	가나가와현가와사끼시	139°46′45″	35°31′14″
S	화학공업	20000	가나가와현가와사끼시	139°46′45″	35°31′14″
T	화학공업	2200	가나가와현가와사끼시	139°46′58″	35°31′14″
U	고무제품제조업	9600	가나가와현가와사끼시	139°42′57″	35°29′31″

- 사업자, 사업소에 관한 정보(명칭, 소재지 등)
- 사업소에서 제1종 지정 화학물질의 배출량·이동량에 관한 정보를 얻을 수 있다.

표 2-2는 1,3-부타디엔에 관해 개시청구에 의해서 얻어진 간토우지방의 신고 사업소 정보를 정리한 것이다. 표 2-2에는 기입하지 않았지만 실제로는 개별 사업소의 명칭이나 자세한 주소(소재지)도 알 수 있다. 또한 표 2-2에는 각 사업소의 위도 경도가 적혀 있는데 소재지 정보를 가지고 저자가 작성한 것이다. (사업소가 다름에도 불구하고 위도 경도가 완전히 똑같은 경우도 있지만, 이것은 주소로부터 위도 경도로 변환하기 위한 소프트웨어의 정밀도상의 문제로 동네·글자까지 일치하는 경우는 위도 경도도 동일해져 버리기 때문이다. 단, 화학물질을 계속해서 다루는 콤비나트에서는 사업소명이 다르더라도 소재지가 같은 경우도 흔히 있다.)

표 2-2를 보면, 배출실태에 대해서 굉장히 상세한 정보를 알 수 있다. 1,3-부타디엔의 배출 사업소가 간토우지방에서는 3개현, 3개 업종에서 배출되고 있음을 이미 발표한 데이터에서 알 수 있지만, 그것이 특정의 극히 한정된 지역에만 집중되어 있음을 알 수 있다.

이와 같이 PRTR 조사 데이터의 결과를 해석해 보면 배출형태나 지역분포 등 화학물질의 배출실태에 관한 여러 가지 정보를 얻을 수 있게 된다.

2-4 환경농도 예측모델

PRTR 제도를 실시함에 따라, 다양한 화학물질의 배출량 데이터를 입수할 수 있게 되었지만 이들 데이터를 노출평가, 더 나아가 리스크 평가에 이용하는 데는 충분한 검증이 필요하다. 또한 집계된 데이터는 어디까지나 "배출량" 일 뿐이어서, 사람이나 환경 중 노출농도를 구하기 위해서는 모델을 이용해서 환경농도를 계산할 필요가 생긴다. 따라서 화학물질의 리스크 관리에서, 모델을 이용한 평가는 필요불가결한 수단이라고 말할 수 있다. 모델을 활용하면 신규물질 등 관측 데이터가 존재하지 않는 경우의 추정과 미래·과거 등의 추정, 그리고 한정된 관측 데이터를 가지고 전체 상황을 파악할 수도 있게 된다.

많은 독자들은 배출량으로부터 농도를 추정하는 경험이 없을 것으로 생각되므로 여기서 꼭 경험해 보았으면 한다. 그러면 배출량에서 농도를 추정하기 위한 대표적인 모델인 ADMER과 METI-LIS에 대해서 소개하고, 그것을 이용하여 실제로 계산해 보자. 이들 모델을 사용하면 특별한 지식이 없어도 간단히 할 수 있게 된다.

(a) ADMER

ADMER[2)](정식명칭: 산업기술종합연구소 - 노출·리스크 평가 대기확산 모델(National Institute of Advanced Industrial Science and Technology-Atmospheric Dispersion Model for Exposure and Risk Assessment: AIST-ADMER)은 간토우지방 전역과 같은 규모로 화학물질 농도의 시공간 분포 추정을 대상으로 삼아, 5 × 5 km로 둘러싸인 지역(이것을 그릿트 또는 격자라고 부른다)과 임의의 기간(기본이 1개월)으로 6개 시간대의 평균치 추정을 실현하는 것이다. ADMER에는 대기 중 농도 또는 침착량의 분포를 추정하는 기능이 더해져 그릿트 배출량을 작성하는 기능, 기상 데이터를 가공·해석하는 기능, 노출인구 분포의 계산처럼 추정농도를 해석하는 기능을 탑재했다.

또한 계산조작이나 결과의 관리를 도와주는 그래픽·유저·인터페이스나 발생원, 농도, 침착량 분포의 맵핑 표시, 임의의 지점에서 값의 추출 등, 노출평가에 쓰이는 기본적인 기능은 거의 실제 장착되어 있다. 이들 기능을 이용함으로써, 기준농도 이상으로 노출된 인구가 어느 정도 존재하는가, 배출 소

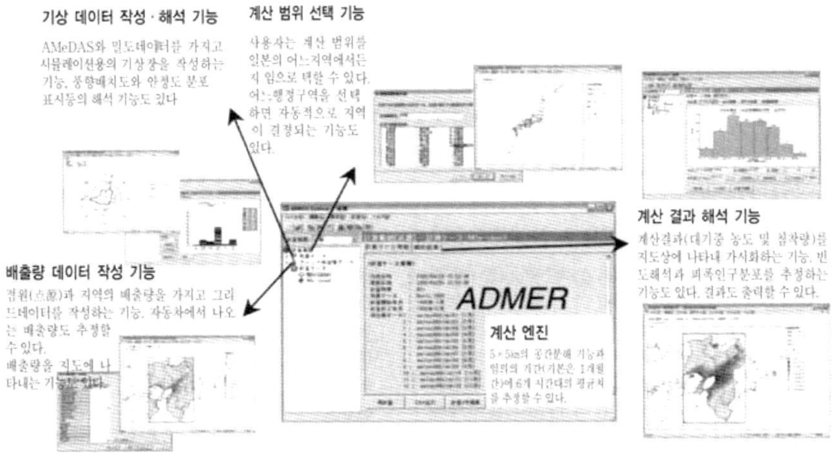

그림 2-1. ADMER의 인터페이스 화면과 주요기능 개략도

멸이 시작된 경우에 노출인구는 어느 정도 감소하는가 등, 노출 · 리스크 평가의 기초가 되는 데이터를 간단히 얻을 수 있게 된다.

그림 2-1은 ADMER의 인터페이스 화면과 주요 기능의 개략도를 그린 것이다. ADMER는 산업기술종합연구소 화학물질 리스크 관리 연구센터에서 무상으로 일반에게 공개하며, ADMER의 웹사이트에서 소프트웨어와 매뉴얼을 누구든지 무료로 다운로드 받을 수 있다.

ADMER 웹사이트: http://www.riskcenter.jp/ ADMER

(1) 배출량 분포 데이터 작성

2-3절에서 설명했던 PRTR 데이터의 발표 형태를 보면 신고사업소 배출량(점원), 신고외 배출량(가정, 소규모사업소, 이동발생원 등의 면원)의 모든 것이 지방자치단체 단위로 발표된다. 이 가운데 신고 사업소의 배출량은 청구하면 사업소별로 입수 가능하다. 이들을 모델로 이용하려면 배출량을 그릿트로 할당해야 하는데, ADMER에는 그 기능이 있다.

표 2-1에서 발생원의 종류는 신고사업소(화학공장, 석유제품・석탄제품 제조업, 고무제품 제조업)와 이동체이므로 이들 배출량을 순차적으로 작성한다. 아래에서 배출 형태별로 그릿트에 할당하는 방법에 대해서 설명하겠다.

점원(点源)

사업소별 데이터와 같이 소재지를 알고 있는 것은 그 위치정보(위도경도)에 따라 단순히 그릿트로 할당할 수 있다. 1,3-부타디엔의 신고사업소의 배출량은 표 2-2와 같은 사업소별 개별정보를 사용할 수 있으므로 이것을 이용할 수 있다(BOX 1 ADMER을 사용해 보자((1)을 참조).

면원(面源)

1,3-부타디엔의 경우는 보이지 않지만 물질에 따라서는 PRTR의 대상 외 업종(농업 등)이나 대상업종에서도 규모가 규정에 못 미치는 사업소에서의 배출, 가정에서의 배출 등이 신고외 배출량으로 추계되어 발표되고 있다. 이들은 자치단체를 최소단위로 추계하고 있는데 ADMER에서는 자치단체별로 집계된 배출량을 면원으로 해서 지표 데이터를 써서 그릿트로 안분하는 것이 가능해진다. 지표 데이터로는 인구(야간, 주간)와 공업통계, 토지이용 등이 미리 내장되어 있어, 발생원 종류에 맞춰서 적절한 것으로 선택할 수 있다.

이동발생원

이동체에 대해서는 자치단체를 최소단위로 추계된 배출량이 발표되고 있다. 이 발표 데이터를 사용해서 그릿트로 안분하려면 앞에서 말했던 것처럼 면원으로 취급하면 된다. 그런데 이동체에는 자동차 외에 항공기나 선박, 특수자동차 등이 포함되어 있어, 보다 정밀도 높은 발생원 분포를 작성하려면 이들을 하나하나 적절한 방법으로 할당할 필요가 있다. ADMER에는 일본전역을 5 × 5 km 그릿트로 커버하는 차량교통량(대

km) 데이터를 내장하고 있어 물질에 따라 차종별로 배출계수를 부여함으로써 자동차의 주행에 따른 배출량을 추계할 수 있다. 배출계수를 이용할 수 있는 경우는 이쪽을 시도해 보면 좋겠다.

BOX 1 | ADMER을 사용해 보자 (1) 발생원 작성, 점원의 경우

실제로 2-3절에서 조사한 간토우지방의 1,3-부타디엔 배출량을 써서 모델 시뮬레이션에 사용한 5 × 5 km 그릿트의 발생원 데이터를 작성해 보자. 여기서는 신고사업소(점원)의 경우를 예로, 조작방법을 설명한다.

[1] ADMER에서는 전국 임의의 지역에 대해서 해석 영역을 설정하는 것이 가능하지만 전국을 커버하도록 사전에 11의 계산범위가 등록되어 있다. 여기서 「간토우」을 선택한다.

[2] 그 다음에 그릿트 배출량 데이터에서 「데이터작성」을 클릭한다. 그리고 나면 그릿트 배출량 데이터작성의 다이알로그가 나온다.

[3] 먼저 데이터명에 「13부타디엔(신고사업소)」, 신규물질명에 「13부타디엔」이라고 입력하고, 원데이터의 종류에서 「점원배출량」을 선택한다.

[4] 점원배출량 입력 다이알로그(그림 2-2)가 나오게 되는데, 표 2-2처럼 입력한다.

[5] 이상과 같이 조작함으로써 신고영업소의 그릿트 데이터가 작성된다. 이것을 맵으로 표시하면 그림 2-3처럼 된다.

뒤에 나올 시뮬레이션용으로 이동체의 그릿트 배출량을 면원으로 취급하여 토지이용면적의 간선교통용지를 지표로 작성해 두자.

(2) 환경농도 추정의 계산

배출량 준비는 이제 대강 끝났으니 다음은 농도추정 계산을 해보자. ADMER의 심장부인 농도와 침착량의 계산에서는 계급으로 구분된 기상조건 마다 확산계산을 실시해 각 기상구분의 월 단위 출현빈도의 가중평균치로서 기간평균치(월평균치 등)가 계산된다.

ADMER의 이류 · 확산 가정의 기본원리는 프륨 · 파프라는 일반적인 대기확산 이른식에 기초하고 있다. 아주 넓은 공간에 놓인 점발생원에서 순간적으로 방출된 오염물질의 공기덩어리(파프)는 무풍상태에서는 발생원

그림 2-2. 점원배출량 입력 다이알로그

주위에서 동심원상으로 확산해가므로, 농도분포는 정규분포가 된다고 알려져 있다. 연속적으로 방출될 경우는 이것의 중합(적분)으로, 바람이 불 때는 오염물질은 바람 방향으로 흘러가서 연류(프륨)가 된다. 여기서는 자세하게 설명하지 않았지만 간단하게 말하자면 이와 같은 원리이다.

프륨 · 파프식은 발생원 근방에서의 평가로 자주 사용하는 방법으로, 이 경우는 높이 방향도 고려되는 것이 일반적이지만, 넓은 범위에서의 농도평가를 목적으로 한 ADMER에서는 계산 시간을 단축하기 위해 높이 방향을 균일농도로 하고 있다. 수평방향에는 5 × 5 km 그릿트마다 계산해서 해석 영역내의 모든 발생원의 그릿트로부터 모든 그릿트에의 기여를 계산해서 적분함으로써 농도를 추정한다. 단, ADMER에서는 단일물질의 농도 · 침착의 추정을 대상으로 삼고 있어서 광화학 옥시던트 농도의 추정과 같이, 복수물질의 반응을 동반하는 이차 생성물질의 평가를 할 수는 없다.

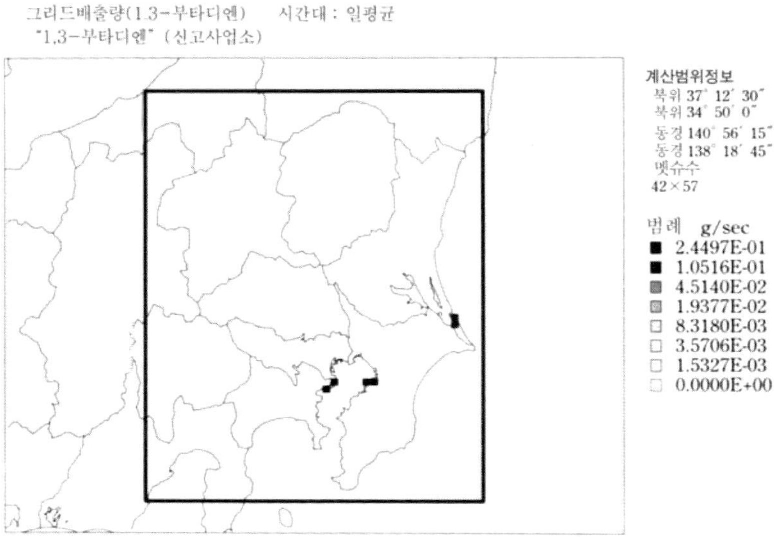

그림 2-3. 배출량 분포도(신고사업소로부터 1,3-부타디엔)

ADMER에서의 농도 계산에 필요한 데이터는 기상 데이터, 발생원 데이터, 또는 계산 파라미터(분석계수, 건성 침착속도, 세정비, 백그라운드농도)이다. 계산 파라미터류는 대상물질에 있는 것을 설정할 필요가 있다. 문헌이나 물질의 데이터베이스 등을 찾아보는 것이 가장 일반적인 수단이지만 우선 계산을 하면 모두 제로로 두더라도 농도분포를 계산할 수 있다. 단, 침착계수를 제로로 하면 당연히 침착량도 제로가 된다.

ADMER에는 계산결과를 그림으로 하는 기능과, 분석하는 기능이 탑재되어 있어 계산결과를 가지고 대기 중 농도, 전침착량, 습성 침착량의 3종류를 출력할 수 있다. ADMER에서는 이들 분포를 빈도 그래프 또는 평면도에 표시하고 확인하는 것이 가능하고, 계산결과를 표계산 소프트나 데이터베이스 등에 넣어서 읽는 파일(CSV 형식)로 출력할 수도 있다. 또한 인구분포의 데이터를 내장하고 있기 때문에 농도 레벨별 인구분포의

BOX 2 ADMER을 사용해 보자(2) 농도추정 계산

앞 절에서 PRTR 데이터를 가지고 작성한 1,3-부타디엔의 5 × 5 km 그릿트의 배출량 데이터에서 ADMER을 이용한 대기 중의 1,3-부타디엔의 농도분포를 계산해보자.

[1] ADMER의「계산데이터」로 가서「신규계산」을 선택한다. 계산 케이스명에 적당한 이름을 붙인다. 여기서는「13부타디엔 농도분석」이라고 해두자.

[2] 그 다음에, 시뮬레이션에 이용한 기상 데이터를 선택하는데 기상 데이터는 본래 아메다스의 CD-ROM과 내장된 기상 데이터를 가지고 사전에 작성한 것이다.「간토우」영역에는 샘플 데이터로 기상 데이터가 내장되어 있기 때문에 여기서는 이것을 이용할 수 있다.

[3] 여기서는 연간 시뮬레이션을 행하기 때문에 사전에 작성한 기상 데이터와 동일한 기간(예를 들면, 샘플 데이터의 경우는 2000년의 1월~12월까지)을 계산기간으로 선택한다.

[4] 계산에 사용하는 그릿트 배출량 데이터의 선택화면이 나타나고 여기에 앞서 작성한 발생원 종류별의 그릿트 데이터가 리스트업 되어 있다. 시뮬레이션에 이용하는 배출량 데이터를 여기서 선택 가능하며 월별로 발생 데이터를 바꿀 수도 있다. 여기서는 작성한 발생원(신고사업소와 이동체)을 1년 내내 쓰기도 한다.「데이터 표시」을 클릭하면 맵핑으로 볼 수도 있다.

[5] 다음으로 계산 파라미터를 설정한다. 계산 파라미터로 ADMER에서는 분해계수, 건성 침착속도, 세정비(습성 침착), 백그라운드농도를 설정 할 수 있다. 시간대마다 또는 토지이용 형태마다 설정도 가능하고 복잡한 경우는 설정 파일의 읽기도 가능하다. 여기서는 1,3-부타디엔에 관한 일반적인 값으로 분해계수를 1.75×10^{-5}, 세정비를 1.0 이라는 값을 일률 설정하여 넣기로 한다. 건성 침착속도와 백그라운드농도는 제로로 해보자.

[6] 계산이 종료되고 해석 결과의 태그를 클릭하면 조금 후에 그림 2-4처럼 빈도그래프가 나타난다. 이 그림에서는 대기 중 농도의 예이지만 다른 변량(배출량, 전침착량, 습성 침착량)을 선택한 경우에도 같은 그래프가 나온다.

[7]「분포도 표시」을 클릭하면 그림 2-5와 같이 대기 중 농도분포의 맵이 표시된다. 이것도 다른 변량에서도 마찬가지로 표시할 수 있다.

상황이나 대기 중 농도와 인구를 합하여 집단노출량을 계산하여, 빈도 그래프나 평면도에 표시할 수도 있다.

집단노출량의 태그를 선택하면 농도에 호기량(날숨)과 인구를 곱한 값의 분포를 볼 수 있다. 호기량은 일본인의 평균치로는 15 m^3/일이 사전에 설정되어 있지만 변경도 가능하다. 함께 곱할 인구는 야간인구와 주간인구를 선택할 수도 있다.

(3) 노출인구와 리스크 평가

ADMER에서 계산한 1,3-부타디엔의 환경농도와 유닛리스크를 사용해서 노출인구와 리스크의 평가를 한다. (여기오기 전에 BOX ADMER를 사용해보자는 각 항목을 풀어둔다)

1,3-부타디엔은 발암성 물질이라고 앞에서도 말했지만, 산업기술종합연구소와 NEDO가 했던 상세 리스크 평가[3)]에 따르면 비암성의 영향에 대해서는 엔드포인트라고 되어 있지만 발생원 주변의 고농도 지역에서도 현재의 농도레벨에서는 당장 고려하지 않아도 될 레벨이라고 되어있다. 발암영향에 초점을 맞추어 이야기를 계속해 보자.

발암의 유닛리스크에 대해 일본에서는 도출 예가 없지만 미국의 EPA[4)]나 Health Canada[5)] 등의 해외 기관에서 도출해내고 있다. 도출을 냈던 기관에 따라 우닛리스크의 수치는 상당히 달라, 수십 배 정도의 차이도 나지만 앞서 말했듯이 산업기술종합연구소의 상세 리스크 평가에서는 Health Canada의 연구 예에서 도출한 $5.9 \times 10^{-6}/(\mu g/m^3)$를 유닛리스크로 채용하고 있다. 여기서는 이 수치를 기준으로 해석을 하기로 한다. 유닛리스크가 $5.9 \times 10^{-6}/(\mu g/m^3)$이라고 한다면, 1.7 $\mu g/m^3$(1.7×10^{-6} g/m^3)가 10^{-5}의 발암리스크에 대응한다. 같은 식으로, 10^{-6}의 리스크 레벨의 농도는 1.7×10^{-7} g/m^3, 10^{-4}가 되면 1.7×10^{-5} g/m^3이 된다.

그림 2-4는 종축을 멧슈(그릿트) 수로 했을 경우와 야간인구로 했을 경

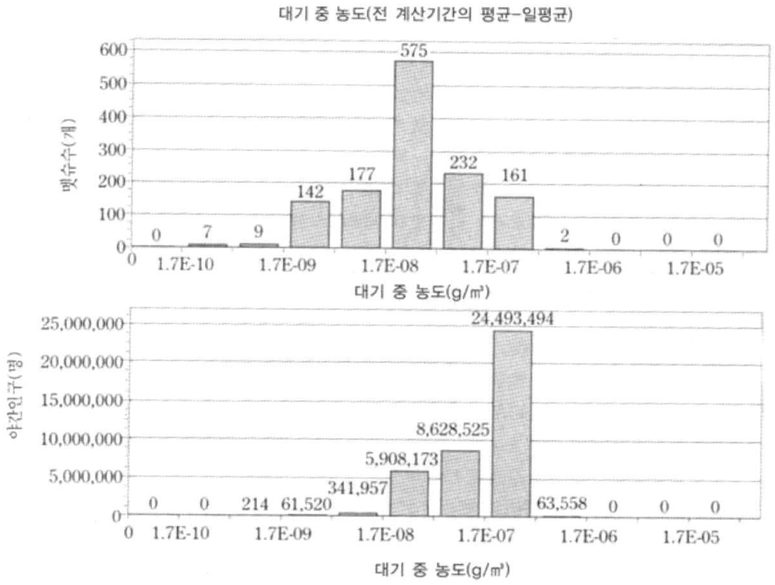

그림 2-4. 유닛리스크를 기준으로 하여 계급을 설정한 경우의 대기 중 1,3-부타디엔 농도의 빈도그래프(상하의 그래프는 각각 y축을 멧슈수, 야간인구로 한 것임)

우의 빈도그래프이다. (ADMER에서는 빈도그래프나 분포도의 농도계급(각 레벨의 구분 값)은 농도의 최대 최소치 등에서 자동적으로 적절한 값이 설정되지만, 리스크 평가를 하려면 계급을 유닛리스크에 맞춰 자르는 방식으로 변경하는 것이 편리하다.)

멧슈수에서는 1.7×10^{-10} g/m^{3}에서 8.5×10^{-7} g/m^{3}에 걸쳐서 분포하고 있고, 1.7×10^{-8} g/m^{3}에서 8.5×10^{-8} g/m^{3}에 피크가 보인다. 야간인구나 주간인구의 경우를 보면 1.7×10^{-7} g/m^{3}에서 8.5×10^{-7} g/m^{3}에 걸쳐서 피크가 보이는 편향된 분포가 된다. 분포 형상이 멧슈수(다시 말해 면적)와 인구에 따라 다르게 나와 야간인구에서는 멧슈수의 경우와 비교해서 분포가 고농도측으로 경사지고, 피크인 곳에서도 1 오더 정도 다르게 나

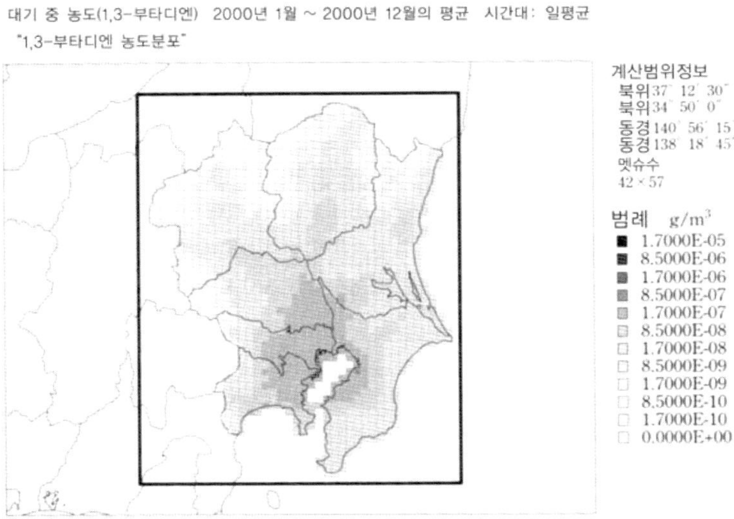

그림 2-5. 대기 중 농도 분포표(1,3-부타디엔의 모든 발생원을 입력)

타나는 것을 알 수 있다. 이것은 그림 2-5의 농도의 지역분포 그림에서 보더라도 알 수 있듯이, 농도가 높은 지역과 인구밀도가 높은 지역이 일치하고 있는 것이 이유이다. 인구밀도가 높은 지역에서는 당연히 교통량도 많고, 많은 경우에는 발생원이 되는 산업도 많이 입지하고 있기 때문이다.

10^{-5}의 리스크 레벨인 1.7 × 10^{-6} g/m^3 이상으로 노출농도가 되는 멧슈나 노출된 인구는 그 계산 결과에서는 존재하지 않는다. 10^{-6}의 리스크 레벨인 1.7 × 10^{-7} g/m^3 이상으로 노출된 인구는 야간인구로는 2460만 명 정도가 되고 주간인구로는 2560만명 정도가 된다. 간토우지방 인구의 과반수가 10^{-6}의 리스크 레벨에 있다는 것을 알 수 있다.

이와 같이 ADMER 같은 모델을 사용함으로써 리스크 레벨 이상으로 노출된 인구가 어느 정도 존재하는지, 노출・리스크 평가의 기초가 되는 데이터를 얻을 수 있다. 또한 배출삭감이 실시된 경우에 노출인구가 어느 정도 감소하는가 응용할 수도 있을 것이다.

(b) METI-LIS

ADMER을 사용해 1,3-부타디엔의 농도분포를 추계했는데 ADMER은 광역 농도분포를 추정할 목적으로 하고 있으며 5 × 5 km 그릿트 내에서 평균화된 농도를 추정하는 모델, 즉, 일반 환경농도를 추정할 목적으로 만든 모델이다. 따라서 발생원 근방의 고농도지역의 농도분포를 상세하게 표현할 수는 없다. 그렇다고는 하지만 1,3-부타디엔은 석유화학콤비나트 등 특정의 거대 사업소에 발생원이 집중하고 있어, 이들 발생원 주변의 대기 중 농도는 일반 환경에 비해 높아져 리스크 레벨도 당연히 높아진다. 따라서 이런 지역의 평가에는 별도 발생원 주변의 평가를 목적으로 한 모델을 사용할 필요가 있다.

METI-LIS(경제산업성 저연원 공장확산모델)는 사업소 주변의 환경 중 농도를 추정할 목적으로 개발된 모델이다. 기본원리는 ADMER에서 설명한 일반적인 프륨・파프의 이론에 기초한 모델이다. 이 점에서는 질소산화물(NOx), 유황산화물(SOx) 등 종래형 오염물질의 평가에 이용되던 것과 같다.

그러나 유해 대기오염물질의 배출원은 SOx나 NOx와는 달라, 건물 배출 등 지상부근에서의 배출에 의해 지면이나 건물의 영향을 받기 쉽고, 종래의 대기 확산모델에서는 환경예측 평가가 어렵기 때문에 METI-LIS에서는 건물의 영향을 고려할 수 있는 등, 저연원(低煙源)에서도 대응할 수 있도록 개량되어 왔다. METI-LIS에는 ADMER과 마찬가지로 Windows 상에서 작동하는 그래픽・유저・인터페이스가 탑재되어 있어, 수치모델에 정통한 전문가가 아니더라도 간단히 조작할 수 있다. 다음의 (사)산업환경관리협회의 웹사이트에서 소프트웨어와 매뉴얼을 누구나 무료로 다운로드 받을 수 있다.

산환경의 웹사이트: http://jemai.or.jp/

산업기술종합연구소 화학물질 리스크 관리 연구센터의 웹사이트는 이 METI-LIS의 사용 예가 내재되어 있다.

METI-LIS의 사용 예: http://unit,aist.go.jp/crm/METI_LIS_index.htm

여기서는 다운로드와 인스톨 방법, 단기예측 및 장기예측 방법에에 대해서 조작방법이 상세하게 적혀 있다. 이들은 요코하마국립대학에서 실제로 사용하던 강의 내용이다. 단기예측 예로, 계산영역 6 × 6 km 내에서 배출량이 2가지 있을 경우의 1일 벤젠 확산예측이, 장기예측의 예로, 계산영역 10 × 10 km의 한가운데에 배출원이 1개 있을 경우의 1년간 벤젠 확산예측(기상 데이터는 2000년 요코하마 것을 사용)에 대해서 조작순서가 자세히 적혀 있다.

그림 2-6은 METI-LIS에 따른 벤젠의 장기예측 계산 예의 결과이다. 발생원과 그것의 배출조건 및 기상 데이터를 입력하면 이처럼 발생원 주변의 상세한 농도분포를 얻을 수 있다. 발생원을 중심으로 벤젠이 확산해 가는 모양을 잘 알 수 있으나 단순히 발생원에서의 거리로만이 아니라

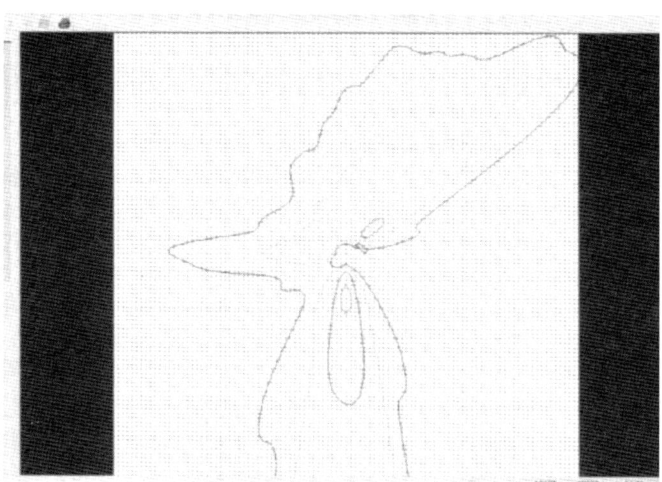

그림 2-6. METI-LIS에 따른 벤젠 농도분포의 장기예측 예

방향・풍속의 빈도나 건물 입지에 따라 확산의 정도가 달라지기 때문에, 발생원에서의 거리가 같은 장소라 하더라도 위치관계에 따라서는 노출농도, 즉 리스크의 레벨이 크게 달라지게 됨을 알 수 있다.

ADMER에서 했던 1,3-부타디엔에 대해서도 개시청구를 해서 신고사업소의 표 2-2에서 표시한 것처럼 개별 배출정보를 입수하여 사업소 주변 건물의 입지상황과 기상조건을 입력하면 벤젠의 경우와 마찬가지로 발생원 주변의 농도분포를 고해상도로 얻을 수 있다. METI-LIS에는 ADMER처럼 노출인구의 해석기능은 탑재되어 있지 않고 인구밀도 데이터 등도 내장되어 있지 않지만, 발생원 주변의 주거상황을 조사해서 METI-LIS에 의한 계산결과와 대응시키는 작업을 수작업으로 하면, ADMER에서 했던 것처럼 해석할 수 있게 된다. 단, 국가의 인구데이터가 정비되어 있는 해상도는 현재 500 m 멧슈까지 밖에 되지 않는다.

2-5 정리

이 장에서는 1,3-부타디엔을 예로 들어, PRTR 조사 결과의 발표데이터를 이용해서 조사의 구조와 발표된 데이터 형태에 대해 설명했다. 또한 환경농도 추정모델 ADMER을 이용해서 PRTR의 배출량 데이터를 사용한 그릿트 배출량 작성, 농도분포 계산, 노출인구 예측 및 리스크 평가에 대해서 사례를 들어 소개했다. 광역분포의 추정모델인 ADMER에서는 불가능한 발생원 주변의 농도추정을 목적으로 한 모델로 METI-LIS를 이용했다. 그리고 벤젠을 대상으로 한 예측 예를 요코하마국립대에서의 강의 내용을 인용해 사례로 소개했다.

자동차 등의 이동 발생원에서 배출되는 화학물질은 아주 많지만 이와 같은 물질에서는 발생원 근방의 평가로 METI-LIS에서 취급하는 사업소 근방 외에, 도로변에서의 노출평가가 중요하다. 여기서 예로든 1,3-부타디엔도 실은 자동차에서의 기여가 커서 도로변에서의 노출평가가 필요한 물질이다. 이것은 미국에서 개발된 CALINE[6] 등 도로 근방에서 농도예측을 목적으로 한 모델을 이용할 필요가 있다. 이 모델을 이용하려면 대상으로 삼은 지역에서 도로마다 상세한 교통량 등의 데이터가 필요해지는데, PRTR에서는 이동 발생원은 현별로만 집계되기 때문에 PRTR 데이터를 이용할 수가 없다. 도로변에 대한 리스크 평가를 상세하게 하기 위해서는 대상지역의 상세한 발생원 정보 등을 별도로 입수하여 작성할 필요가 있다. 이러한 정보는 일반인은 입수하기 어렵고, 수집, 작성하는데 노력과 비용도 많이 들기 때문에 이런 데이터를 국가기관이 정비해서, ADMER나 METI-LIS와 같이 조작하기 쉬운 모델과 함께 공개해 주면 좋을 것이다.

[참고문헌]

(1) 環境庁化学物質対策研究会監修(1996), 環境汚染物質排出・移動登録, 化学工業日報社.

(2) 東野晴行, 北林興二, 井上和也, 三田和哲, 米澤義堯(2003), 曝露・リスク評価大気拡散モデル(ADMER)の開発, 大気環境学会誌, Vol. 38, No. 2, 100-115 頁.

(3) 独立行政法人産業技術総合研究所化学物質リスク管理研究センター(2002), 新エネルギー・産業技術総合開発機構：1, 3-ブタジエン詳細リスク評価書. (産総研化学物質リスク管理研究センターの Web サイトからダウンロードできる. http://unit.aist.go.jp/crm/)

(4) U. S. EPA(2002), Health assessment of 1, 3-butadiene, National Center for Environmental Assessment.

(5) Environmental Canada and Health Canada(2000), Priority Substance List Assessment Report, 1, 3-butadiene.

(6) California Department of Transportation(Caltrans) (1989 revised), CALINE 4-A Dispersion Model for Predicting Air Pollutant Concentrations Near Roadways. FHWA/CA/TL-84/15. Sacramento, CA.

제3장 절대로 안전한 물은 있는가?

3-1 연습과제

수돗물의 정수처리과정, 특히 염소에 의한 소독과정에서 많은 발암성 물질이 생성된다. 발암성 물질이 생성될 것 같은 처리과정이 왜 허용되는가 하는 의문을 갖는 독자들이 있을 것이다. 그런데 염소소독 과정에서 생성되는 발암성 물질을 제로로 하려면 수돗물의 염소소독을 그만두어야 한다. 그렇게 되면 병원세균이나 바이러스, 원충의 영향으로 감염성의 리스크가 커지게 된다. 즉 한 가지의 리스크를 줄이면 다시 또 다른 리스크가 커지게 된다. 이처럼 수돗물의 기준치는 리스크 제로가 아니라 일정의 리스크를 허용하는 범위에서 결정된다. 그렇다면 절대 안전한 음용수는 없는 것일까? 이런 경우 우리는 어떻게 하면 좋을까?

(1) 먼저 감염성의 리스크가 어느 정도인가를 계산해 본다.

(2) 다음으로 이 감염성 리스크가 소독으로 어느 정도 감소되는지를 계산해 보자.

(3) 그리고 염소를 첨가하면 어떤 발암성 물질이 만들어지는가, 이 리스크의 정도는 어느 정도나 되는지를 계산해 보자.

(4) 마지막으로 감염성의 리스크와 발암리스크의 두 가지를 어떻게 다룰 것인지, 즉 어떤 방법으로 리스크 매니지먼트를 해야 하는지를 생각해 보자.

3-2 배경과 기초지식

(a) 발암성 물질의 검출

일본의 수돗물을 그대로 못 먹게 된 것은 이미 40년 전부터이며, 독자들 중에서는 태어났을 당시부터 계속 그대로는 먹을 수 없는 수돗물을 마셔왔을 것이다. 무엇보다도 전국 어디서나 못 먹는 것이 아니라, 오사카, 교토, 코베, 도쿄 등의 대도시와 그 주변이 심하고, 지금도 구마모토, 아타미, 가나자와 등에서는 맛있는 물을 그대로 먹을 수 있다.

좋은 수돗물을 못 먹게 된 것은 수돗물 수원의 수질이 나빠진 것, 물의 수요가 커지면서 수돗물의 처리방식이 완속 여과방식에서 급속 여과방식으로 바뀌어 대량의 염소를 투입하게 되었기 때문이다. 맛이 없어진 것뿐만 아니라 급속 여과방식의 도입으로 유해한 발암성 물질이 수돗물에 함유되게 되었다. 외국의 정보나 일부 연구자의 발표에 의해 일반 일본인이 이러한 일을 알게 된 것은 1980년대 후반이다. 염소소독에 의해 생성되는 물질이 발암성이 있는 것을 일본의 행정기관은 부정해 왔지만, 1992년 12월에 처음으로 비공식적으로 이를 인정하게 되었다.

처음으로 수돗물에서 발암성 물질인 클로로포름이 검출된 것은 라인강 최하류의 암스테르담에서 1970년대 초였다. 클로로포름에 발암성이 있는 것은 이미 알려져 있기 때문에 이 사실에 수도 전문가는 크게 놀랐다. 이어서 미시시피강의 최하류에 위치하는 뉴올리언즈의 수돗물에서도 검출되었다. 마침 미시시피강을 수원으로 하는 뉴얼리언즈의 수돗물 급수지역에서 발암률이 높다는 면역 데이터도 나와 있었기 때문에 큰 이슈가 되었다. 당초에는 공장 폐수가 원인이지 않을까라고 생각했었지만 수돗물의 정수과정에서 가해진 염소와 하천수 중의 유기물 등이 반응해서 생성된다는 것이 밝혀졌다.

클로로포름은 탄소 주위에 염소 원자 3개, 수소 원자 1개가 결합한 화합물이다(구조식은 $CHCl_3$). 클로로포름과 동시에 구조가 비슷한 3종의 화합물도 검출되어, 이 4가지 물질을 트리할로메탄이라 총칭한다. 구체적으로는 클로로포름의 염소 1개가 브롬으로 치환된 물질이 디클로로브로모메탄($CHBrCl_2$), 2개 치환된 물질이 디브로모클로로메탄($CHBr_2Cl$), 3개 치환된 물질이 브로모포름($CHBr_3$)이다. 메탄에는 탄소 주위에 4개의 수소 원자가 붙어 있지만 그 중에 3개의 수소가 염소나 브롬의 할로겐족의 원소로 바뀌었다는 의미로 트리할로메탄이라 한다. 트리는 3을 의미한다. 브롬(Br_2)이 첨가된 것이 아님에도 브롬이 들어있는 화합물이 존재하는 것은 물 속에 함유된 자연 기원의 브롬 이온(Br^-)이 염소로 산화되어 브롬(Br_2)으로 변화하여 이 브롬이 유기물과 반응하기 때문이다.

1992년에 제안되어, 1993년 12월부터 일본에서 시행되고 있는 수도수질 기준에서 10개 항목의 소독 부생성물이 규제 대상이 되었다. 기준항

표 3-1. 소독 부생성물과 수도수질 기준치(일본: 1993년 12월~현재)

	항목	분자식	사람에 대한 발암성의 확실한 정도(USEPA)	기준치(㎍/L)
기준항목	클로로포름	$CHCl_3$	B2	60
	브로모디클로로메탄	$CHBrCl_2$	B2	30
	디브로모클로로메탄	$CHClBr_2$	B2	100
	브롬포름	$CHBr_3$	B2	90
	총 트리하로메탄			100
감시항목	포름알데히드	HCHO	B1(흡입시)	80
	디클로로초산	$CHCl_2COOH$	B2	40
	트리클로로초산	CCl_3COOH	C	300
	디클로로아세트니트릴	$CHCl_2CN$	-	80
	포수 클로랄	$CCl_3CH(OH)_2$	C	30

목과 감시항목에 각각 5개 항목이 들어있다. 기준항목은 통상적인 의미의 기준치, 감시항목은 미래의 안전성 확보를 위해서, 지금 감시할 대상 항목이다. 그 항목명과 기준치를 표 3-1에서 나타냈다. 이들 대부분이 동물에 대해 발암성이 있다고 보고되고 있는데, 인간에게의 발암성은 반드시 확실하지는 않다. 인간에 대한 발암성의 확실성 분류(미국 환경보호국에 따르면)도 그 옆에 표시했다. 총 트리할로메탄은 기준항목에 들어 있는 다른 4개 항목의 합이므로, 물질로써는 9개 항목, 그 중에 8개 항목이 할로겐(염소와 취소)을 포함한 화합물이다. 2004년 4월부터 새로운 수도 수질 기준치가 적용되어, 염소소독 부산물의 규제가 강화된다.

실제로, 염소소독에 의해 생성된 화합물의 전모가 분명히 밝혀지지는 않았지만 최소한 200개를 넘는 유기 할로겐화합물이 생성되고 있음을 알았다. 우선, 농도가 높은 이 8가지 물질이 규제가 되었다. 포름알데히드는 할로겐을 함유하고 있지만 염소소독에서 부수적으로 생성된다. 소독제로 염소가 아니라 오존을 사용한 경우에는 포름알데히드가 보다 많이 생성된다.

(b) 기준치의 근거

이러한 기준치의 근거를 설명해 보자. 그러기 위해서는 조금 귀찮은 문제를 설명하지 않으면 안 된다. 제0장에서 기술한 것처럼, 이전에는 모든 발암성 물질에 대해서 역치가 없는 모델을 적용했지만, 최근에는 변이원성이 있는 발암성 물질에 대해서는 역치가 없는 모델을, 변이원성이 없는 발암성 물질의 경우는 역치가 있는 모델을 적용하는 것이 불문율처럼 되어 있다. 전자에서는 10^{-4}～10^{-6}의 리스크 레벨에 상당하는 농도를 수도 기준치로 삼고 있지만, 후자에서는 무독성량을 안전율로 나누어 허용 섭취량을 구해, 그 수치 이상이 되도록 수질기준치를 결정하고 있다. 또한 1996년 미국 환경보호국에서 내놓은 지침에서 발암성 물질의 취급

방식이 바뀌고 있다는 것은 제0장에서 말했지만 지금 현재 수도수질 기준치에는 그다지 큰 영향을 끼치진 않는다.

1992년 수질 기준치를 제정할 때, 표 3-1에서 표시한 수질 항목 안에 클로로포름과 브로모디클로로메탄에 대해서는 10^{-5}의 발암리스크에 상당하는 농도가, 다른 것에 대해서는 허용 섭취량을 기초로 기여율을 고려한 수치가 기준치로 결정되었다.

> 1992년 당시에 클로로포름에 대해서 역치가 없는 모델이 타당하다고 생각되어, 10^{-5}의 발암리스크 레벨에 상당하는 것이 60 ㎍/L이라 하여 이 기준치가 결정되었다. 그러나 1993년의 WHO의 지침서에서는 10^{-5}의 리스크 레벨에 상당하는 농도가 200 ㎍/L이라고 해서 200 ㎍/L로 변경했다. 그러다가 그 후에 역치가 있는 모델이 적절하다는 설이 유력해져서 허용 섭취량의 1/2인 200 ㎍/L가 적용되어 IRIS(2001년 10월 19일 개정)에서도 그러한 방향으로 계속 고쳐졌다. 브로모디클로로메탄에 대해서는 현재도 역치가 없는 모델이 유지되고 있다. 클로로포름에 대해서의 논의가 이처럼 계속되는 것은 이 리스크를 자칫 과대평가 해버리면 염소소독이 이루어지지 못하여, 감염증에 의한 리스크가 높아지게 되기 때문이다. 세계 전체로 보면 염소소독의 강화는 인명보호를 위해서 필요하기 때문이다.

그 후에 클로로포름의 발암 메커니즘에 대해서, 여러 차례 수정이 가해졌는데 여기서는 1992년 시점의 데이터를 사용하여 논의를 해 가겠다. 몇 개의 수치의 변경이 있더라도 전체적인 사고방식은 같기 때문이다.

10^{-5}의 레벨은 제1장에서 소개했던 벤젠과 같지만, 10^{-5}가 왜 좋다고 하는가? 10^{-5}의 리스크가 아주 작은 리스크인 것은 맞지만 제로가 아니기 때문에 절대 안전하지는 않다. 전 세계적으로 10^{-5}를 채용하고 있는 것도 아니고, 미국에서는 되도록이면 제로가 좋다고 하면서도 그것이 안 되기

때문에 일본과 같은 정도의 수도수질 표준치를 쓰자고 제안하고 있다. WHO에서는 거의 10^{-5}의 리스크에 대응하는 지침치를 내놓고 있다.

만약에 수돗물의 리스크 원인이 클로로포름의 소독 부생성물만이라면, 클로로포름의 농도를 되도록 낮추는 것은 리스크를 삭감한다는 점에서 바람직한 선택이 될 수 있다. 클로로포름의 양을 낮추기 위해서는 염소 투입량을 가능하면 적게 해야겠지만, 염소를 일정 양 이하로 하면 소독 효과가 없어져, 세균 감염과 바이러스 감염의 리스크가 증대하게 된다. 소독 수단으로 염소소독 밖에 없다면, 염소의 양을 늘리면 클로로포름의 소독 부생성물에 의한 리스크가 증가하고 염소를 감소시키면 감염증의 리스크가 증가하는 트레이드오프의 관계로 되어 있다. 그럼, 감염증의 리스크는 어느 정도일까? 그것은 발암리스크와 비교해서 큰가, 아니면 작은가?

3-3 감염증의 리스크

수돗물 감염증의 리스크는 어느 정도일까?

감염증은 세균, 바이러스, 원충 등에 의해 생긴다. 이질, 설사, 콜레라 등은 세균에 의한 것으로 선진국에서는 이미 옛날에 있었던 문제로 지금은 바이러스나 원충에 의한 감염증을 억제하는 것이 수돗물 관계자의 과제가 되고 있다. 특히 최근에 크리프트스포리지움이라는 이름도 어려운 원충이 문제가 되는 것은 수돗물 소독 방법인 염소처리가 그다지 유효하지 않기 때문이다.

미국 환경보호국은 1989년에 표류수 처리 규제를 발령해서, 감염증 리스크를 연간 10^{-4}, 다시 말해, 감염자가 1만명 중 1인 이하로 억제하는 것을 목표로 한다는 방침을 내놓았다. 세균, 바이러스, 원충에 의한 감염증의 모든 것에 적용할 수 있지만 원충에 의한 감염증의 리스크 제어가 가장 어렵기 때문에 원충의 지아르디아람브리아(Giardia lambria)의 감염리스크를 연간 10^{-4} 이하로 억제하는 것을 목표로 정수관리가 이루어지고 있다. 따라서 여기서도 지아르디아의 감염리스크를 계산해 보자.

(a) 감염증의 리스크 계산의 기초식

감염증의 리스크를 계산할 때 보통 다음의 4개의 단계를 밟는다.

(1) 수돗물에서 사람이 1일에 섭취하는 지아르디아의 개수(q개/일)를 구한다.

(2) 1일 섭취로 감염증에 걸릴 확률(P_d)과 q와의 관계를 안다. 지아르디아의 경우, q와 P_d와의 관계는 다음의 식으로 표시할 수 있다[2].

$$P_d = 1 - \frac{1}{\exp(0.0199 \times q)} \tag{3.1}$$

P_d를 안 경우, 1년간에 감염될 확률 P_y(연간 감염리스크라 한다) 또는 평생(70년)에 감염될 확률 P_{life}(생애 감염리스크)는 다음 식으로 계산할 수 있다.

$$P_y = 1 - (1 - \mathrm{P_d})^{365} \tag{3.2}$$

$$P_{life} = 1 - (1 - \mathrm{P_d})^{25550} \tag{3.3}$$

1년간 한 번도 감염되지 않을 확률은 매일 감염되지 않을 확률의 365승으로, 그것을 1에서 뺀 수치가, 1년간에 한번 또는 그 이상으로 감염될 확률이기 때문에 식(3.2)가 나온다. 식(3.3)도 같은 식이다.

(3) 다음으로 감염된 사람이 발병에 이를 확률(I)을 구한다. 그러면 발

병리스크는 $P \times I$가 된다.

(4) 또 감염자의 사망률(M)을 안다. 사망리스크는 $P \times I \times M$이 된다.

여기서의 지아르디아의 리스크 계산에서는 I = 1.00, 다시 말해, 감염된 사람은 꼭 발병한다는 가정을 하고, 여기서 M = 0.01, 즉, 발병한 사람의 사망률은 0.01로 가정한다. Gerba et al.(1996)은 로타 바이러스에 의한 예로, I가 약 0.5, M의 수치는 일반인의 경우는 0.0001, 고령자의 경우는 0.01이라는 조사 결과를 발표하고 있다[3]. 그러므로 이 경우는 리스크를 상당히 과대평가하는 가정을 이용했다는 말이 된다.

(b) 실제 계산

먼저, 수도 원수 중의 지아르디아의 개수를 1개/L라고 하자. 일본의 비교적 오염된 하천수에서, 연 12회의 측정치 가운데 몇 개가 이 레벨에 달하는 정도의 수치이다. 1인 1일 2 L의 수돗물을 마신다고 한다면, q의 수치는 2개/일가 된다. 이 같은 경우는 P_d = 0.039가 된다. 간단히 식으로 표현해 보자.

$$P_d = 1 - \frac{1}{\exp(0.0199 \times 2)} = 0.0390$$

다시 말해, 하천수를 그대로 마시면, 하루 마신 것만으로도 3.9%의 사람이 지아르디아에 감염될 리스크가 있다. 1년간의 감염리스크(P_y)는, 0.999999로 1에 가깝다.

즉, 1년간 계속 마신다면, 거의 모든 사람이 감염될 리스크가 있다. 평생 동안의 리스크 P_{life}는 계산할 필요도 없이 1이고, 100% 모든 사람이 감염된다고 말해도 과언이 아니다.

(c) 염소처리의 효과

정수처리의 조건과 원충의 수(q)와의 관계를 히라타(1998)를 참고로 하여 표 3-2와 같이 가정했다[4]. 염소소독에 의한 원충의 수는 감소하나 염소처리의 효과는 염소의 농도 시간적(CT값)에 의존한다. 여기서 염소농도 0.5 mg/L의 상태로 2시간 살균하면 CT값은 60 mg · 분/L이 된다.

응집침전과 여과 같은 물리적 처리를 하면 1000분의 1로 감소한다. 모든 수도에서 공통으로 최저한 확보되고 있는 케이스 I의 소독강도에서의 CT값은 60 mg · 분/L이지만, 이 처리로 원충의 수는 당초의 수치 1만분의 1로 감소한다. 충분한 체류시간이 확보된 케이스 Ⅲ에서의 CT값은 390 mg · 분/L 정도로, 이 처리로 지아르디아는 당초의 10억분의 1 이하가 된다.

그러면 각각의 소독강도의 경우, 1년간의 감염리스크와 사망리스크를 계산해 보자.

염소소독 강도(CT값)와 1년간의 감염리스크의 상용 대수치와의 관계가 그림(그림 3-1: CT와 감염리스크)에 표시된 2줄의 선의 위쪽에 있다. 제일 왼쪽 점은 물리처리도 하지 않은 케이스, 즉, 원수를 그대로 음용수로 제공하는 경우이지만 그래프의 상황상 CT = - 200에 가까운 위치에 플롯했다. 두 번째가 CT = 0, 즉 물리적인 처리는 하나, 염소소독은 하지 않는 경우인데, 이 감염리스크는 약 100분의 1 과정, CT가 60으로 10^{-3}, 120

표 3-2. 염소소독과 원충의 수

처리	원충의 수(원수를 1로 함)
응집침전이나 여과의 물리적 처리	10^{-3} (1000분의 1)
케이스 Ⅰ; CT = 60 mg · 분/L	10^{-4} (게다가 10분의 1)
케이스 Ⅱ; CT = 120 mg · 분/L	10^{-5} (게다가 10분의 1)
케이스 Ⅲ; CT = 390 mg · 분/L	10^{-9} (게다가 10분의 1)

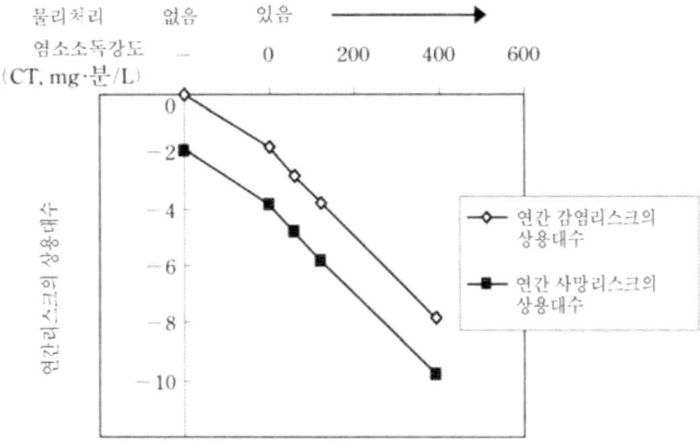

그림 3-1. 지아르디아에 의한 리스크와 염소소독 강도

에서 10^{-4} 과정이 된다. 이것을 보면, CT값을 2배로 하면 지아르디아의 수는 10분의 1이 되어 감염리스크도 10분의 1이 된다는 것을 알 수 있다.

원수의 수질이 좋으면, CT와 감염리스크의 관계는 그림의 선을 다소 아래쪽으로, 원수수질이 나쁘면 위쪽으로 평행이동 시킨 선이 된다.

앞서 미국에서는 연간 지아르디아에 의한 감염리스크를 10^{-4} 정도로 억제하려고 상수도 관리를 하고 있다고 했다. 그림에서 보듯이, 그것은 케이스 Ⅱ, 즉 여기서 가정했던 정도의 원수수질이라면 CT값이 120 mg · 분/L 정도의 처리로 그 목표가 달성될 수 있음을 알 수 있다.

3-4 소독부산물의 발암리스크

(a) 발암리스크의 계산

감염증을 막는 입장에 선다면, 될 수 있는 한 염소를 많이 투여하여 소독강도를 높이면 될 것이다. 그러나 다음과 같은 이유에서 염소소독의

표 3-3. 소독 부생성물 농도와 발암리스크

물질	농도(μg/L)		음료수의 유닛리스크	생아 발암리스크
	평균치	최대치		
클로로포름	14.8	53.0	$3.4 \times 10^{-7(*)}$	5.0×10^{-6}
브로모디클로로메탄	12.8	20.2	$3.6 \times 10^{-6(*)}$	4.6×10^{-5}
클로로디브로모메탄	7.7	15.5	$6.0 \times 10^{-6(**)}$	4.6×10^{-5}
브로로포름	1.0	2.3	-	
디크로로아세트니트릴	2.0	13.0	-	
트리클로로아세트니트릴	0.1	0.3	-	
1,2-디브로모에탄	0.1	0.3	-	
1,2-디브로모-3-크로로프로판	0.5	0.8	-	
포수 클로랄	4.2	10.3	-	
모노클로로초산	1.3	4.3	-	
디클로로초산	3.7	9.4	$6.4 \times 10^{-6(**)}$	2.4×10^{-5}
트리클로로초산	6.1	30.7	$1.5 \times 10^{-6(**)}$	9.0×10^{-6}
디브로모초산	2.6	22.9	-	
포름알데히드	1.9	3.8	-	
아세트알데히드	11.4	15.8	-	
프로필알데히드	0.4	0.7	-	
합계				1.3×10^{-4}

*IRIS(일부, 클로로포름에 대해서는 2001년까지의 값임), **Bull(1990)[6]

강도를 어느 값 이상으로는 올릴 수 없다. 첫째, 염소소독의 강도를 올리면 부생성물로 인해 사람에의 건강리스크가 높아진다. 둘째, 좋지 않은 냄새가 강해지는 점, 셋째, 관의 부식을 촉진시키는 점이다. 여기서는 첫번째 문제, 즉 염소소독의 강도와 염소 소독부산물에 의한 발암리스크의 관계를 가능한 한 정량적으로 관찰해 보자.

간토우지방의 서로 다른 수원 17개소의 수돗물 급수 관말수(수도꼭지에서 채수한 물) 안에 함유된 소독부산물의 농도를 표 3-3에 나타냈다[5].

두 번째 란에 평균치, 다음 란에 최대치를 나타냈다. 나까무로(1998)에 의하면, 일본에서 급수 관말수에 대해 여러 종류의 소독부산물 농도에 관한 데이터는 얻기 힘들다. 이 데이터는 귀중한 것이라고 하지만 이것이 몇 년 것이며, 수원이 어디인가에 대해서는 기술되어있지 않다. 1995년경의 데이터가 아닐까 생각된다. 네 번째 란에 나온 5가지 물질의 음료수 유닛리스크(농도 1 ㎍/L의 수돗물을 매일 2 L씩, 평생 섭취했을 경우의 평생 동안의 발암확률, 제1장 BOX 1에 설명 있음)를 표시했다. 유닛리스크의 데이터는 5가지 물질에 대해서 밖에 입수할 수 없었다.

이러한 5가지 물질에 대해서, 평균농도에 대응하는 생애 발암리스크를 구해, 다섯 번째 란에 표시하고, 그 합계를 제일 하단에 표시했다. 한 가지 물질의 발암리스크는 10^{-5}이든지 10^{-6}의 순서이지만, 5가지 물질 합계의 리스크는 10^{-4}의 순서가 된다. 데이터가 없는 것은 어떻게 하면 될까 하는 의문을 갖겠지만, 여기서 추정해 볼 수밖에 없다. 따라서 유닛리스크치를 얻을 수 없는 것에 대해서도 농도의 데이터를 나타냈다.

다섯 번째 란에 나타낸 값을 일생을 70년이라고 가정해서 70으로 나누면, 연간 리스크를 얻을 수 있다. $1.3 \times 10^{-4} / 70 = 1.85 \times 10^{-6}$이 연간 발암리스크이다.

(b) 염소 사용량과의 관계

이러한 발암성 물질은 염소를 넣지 않으면 생성되지 않는다. 따라서 염소가 제로이면 물은 더럽겠지만 발암리스크는 제로가 된다. 그러면 앞에서 말한 소독강도와 클로로포름 등의 생성량과의 관계는 어떻게 되어 있을까? 이 관계는 간단하지 않아서 다양한 논의가 지금까지도 계속되고 있다. 여기서는 CT(소독강도)의 0.5승에 비례해서 증가하는 것으로 두자.

그 결과, CT와 연간 발암리스크와의 관계는 그림 3-2가 된다. 이 경우의 종축은 실제 수의 척도가 된다.

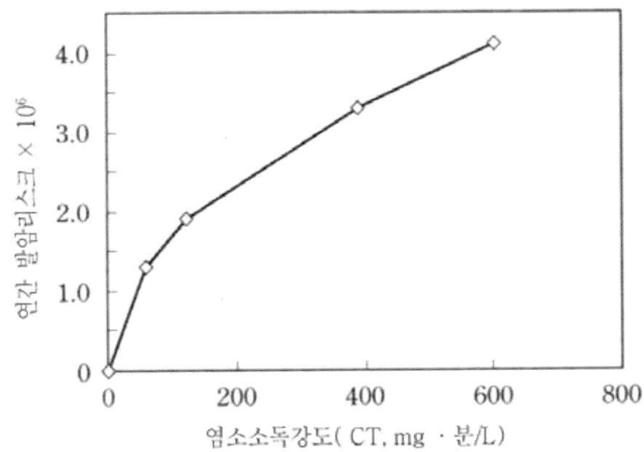

그림 3-2. 연간 발암리스크와 염소소독 강도

3-5 두 개의 리스크 비교

그러면 감염증의 리스크와 발암리스크를 비교해 보도록 하자. 그러기 위해서는 우선 단위를 맞춰 주어야 한다.

먼저, 감염증의 리스크를 사망리스크로 변환한다. 앞에서 기술했듯이 사망리스크 = 0.01 × 감염리스크 라는 가정에서 계산했다. 이 가정은 사망리스크를 과대평가하게 되는 가정이기 때문에 적절한 수치를 얻게 되면 바꿔서 계산해도 된다.

한편, 발암리스크는 그대로 사망리스크라고 해두기로 하자. 최근에는 암도 치료되는 경우가 많지만 일단 암에 걸린 사람은 암으로 죽는 경우가 많으므로 이 가정을 이용하기로 했다.

그래서 두 가지의 리스크가 어느 쪽이든 연간 사망리스크로 변환되었다.

두 가지 리스크의 합의 값을 표 3-4에 나타냈다. 이 가정 아래에서는 리스크의 합이 최소가 되는 것은 CT가 120에서 390의 범위로, 600으로 되면 반대로 조금 증가한다. 이 점을 생각하면, 개개의 소독부산물의 생애 발암리스크를 10^{-4}~10^{-5} 정도로 규제하는 것이 최고로, 전체 리스크가 작아지는 것을 알 수 있다.

물론, 최소가 되는 곳은 원수의 수질에 따라서도, 정수처리 방식에 따라서도 크게 다르다. 현재 일본의 원수수질 등을 생각하면 발암리스크를 10^{-6}으로 억제하는 일은 오히려 전체 리스크를 상승시켜 버릴 위험이 있다. 원수의 수질 등을 생각하면서 어느 정도로 규제할 것인지가 정해지는 것이어서, 미리 10^{-9}가 좋은가, 10^{-3}이 좋은가 하는 식으로 결정할 수 있는 것이 아니다.

단, 염소 이외의 소독법을 쓰면 이 리스크는 달라진다. 또한 원수가 나쁘기 때문에 합의 최소점의 리스크가 이상할 정도로 높아지는 경우는 소독 전에 원수의 처리 프로세스를 탑재하든지, 또는 수원을 바꾸는 것도 검토하지 않으면 안 된다. 비용이 많이 들더라도 그것을 할 것인가, 아니면 비용이 들기 때문에 어느 정도 높은 리스크도 허용해 버릴 것인가는 그 사회의 생각이나 경제력에 달려있다. 두 가지 리스크의 합이 최소가 되도록 수질기준을 정하고 있지만 여기서 기준이 되고 있는 생애 발암리스크 10^{-5}라든가, 10^{-6} 등의 리스크 크기, 또는 연간 감염증리스크 10^{-4} 라는 리스크의 크기가 국력과의 관계에서 받아들여지는 크기라는 점도 또 하나의 판단기준이 된다.

표 3-4. 2개의 연간 리스크의 합 (x10^6)

염소소독강도 CT(mg · 분/L)	감염에 의한 사망리스크	발암리스크	리스크 합
물리처리도 안 함	10000	0	10000
0	144	0	144
60	14.5	1.3	15.8
120	1.5	1.9	3.4
390	1.4×10^{-4}	3.3	3.6
600	0	4.1	4.1

칼럼▶……콜레라가 만연한 것은 리스크를 산정하는데서 빚어진 착각이 원인이었다.

1991년 1월, 페루에서 30만 명의 콜레라 환자가 발생해서 3516명이 사망했다는 보고가 있었다. 많은 환자들이 수돗물이나 우물물에서 감염되었다. 이것은 암에 대한 공포로 염소처리를 그만두어 버렸던 것이 원인이었다.

사건의 발단은 중국의 화물선이 콜레라균에 오염됐던 비루지 물을 항구에 방류한 것으로 추측되고 있다. 이것이 어패류로 옮겨져 페루의 향토요리 세빗체(날생선류의 레몬즙 절임)에서 인간한테로 옮겨졌다. 콜레라의 대발생은 인간의 배설물이 염소처리를 그만 둔 우물물과 수돗물에 들어가 퍼지게 되었기 때문이다. 페루에서는 1980년대에 미국 환경보호국에 의하면 염소소독으로 발암성 물질이 생성된다는 연구결과를 인용해서 리마의 많은 수도와 우물의 염소처리를 중지했다고 한다. 믿을 수 없는 일이지만「염소처리의 비용을 부담하기 힘들다」라는 사정이 있어, 미국의 보고를 좋은 핑계로 삼았다는 추측도 있다. 어찌되었든, 1991년 11월 28일(Vol. 354)의 "Nature"에는 이 칼럼의 표제가 타이틀이 된 문장이 있다.「리스크 대 리스크」[7]에 따르면 최종적인 환자수는 80만 명, 사망자는 7000명에 이른다.

[참고문헌]

(1) U. S. EPA (1994), Enhanced Surface Water Treatment Rule, Proposed Rule, *Federal Register*, Vol. 59, No. 145, p. 38832. 1998年, 米国環境保護局は, さらにクリプトスポリジウムに対する対応措置についての通知を出しているが, ここでは触れない.

(2) Rose, J. B. and Gerba, C. P. (1991), Use of Risk Assessment for Development of Microbial Standards, *Water Science and Technology*, Vol. 24, No. 2, pp. 29-34.

(3) Gerba, C. P., Rose, J. B., Haas, C. N. and Crabtree, K. D. (1996), Waterborne Rotavirus, A risk assessment, *Water Research*, Vol. 30, No. 12, pp. 2929-2940.

(4) 平田強(1998), クリプトスポリジウム, ジアルジア等の原虫による水道水のリスクの実態, 土屋悦輝ら編, 水のリスクマネジメント実務指針, サイエンスフォーラム, 99-103 頁.

(5) 中室克彦(1998), 消毒副生成物質および揮発性有機化合物による水道水のリスクの実態, 土屋悦輝ら編, 水のリスクマネジメント実務指針, サイエンスフォーラム, 65-71 頁.

(6) Bull, Richard J., Gebra, Charles and Trussell, R. Rhodes (1990), Evaluation of the Health Risks Associated with Disinfection, *Critical Reviews in Environmental Control*, Vol. 20, pp. 77-113.

(7) グラハム, ジョン・D 他著, 菅原努監訳(1998), リスク対リスク, 昭和堂.

제4장 미나마타병의 리스크

4-1 연습과제

일본이 지금까지 경험했던 가장 심한 공해병은 미나마타병인데, 그것은 오염된 어패류를 먹어서 생긴 것이다. 수역이란 오염물질이 마지막 집합하는 장소이기 때문에 어패류는 환경오염의 영향을 받을 수밖에 없다. 게다가, 일본인은 일일 평균 100 g 가까운 어패류를 섭취하기 때문에 수질오염의 영향을 받기 쉬운 국민이다. 참고로 미국인의 일평균 섭취량은 약 15~20 g이라 말한다. 비교적 어패류를 많이 섭취하는 한국인도 일본인의 4분의 1 정도이다. 생선을 먹지 않는 것이 좋은가라는 질문도 종종 받는다. 가장 문제가 되는 것은 미나마타병의 원인물질인 메틸수은일 것이다. 여기서는 미나마타병의 리스크 계산을 해보자. 본 장의 결과와 다음 장(5장)의 결과를 보고서 생선을 먹어야 할 것인가 아니면 먹지 말아야 할 것인가를 판단해 보는 것이 어떤가?

미나마타병의 원인이 된 메틸수은을 예로 생각해 보자.

(1) 메틸수은의 규제치는 어떻게 정해지는지를 공부해 보자.

(2) 지금 일본인은 어느 정도로 메틸수은을 섭취하고 있고, 그에 따른 미나다타병의 리스크는 어느 정도인지 계산해 보자.

(3) 규제치 설정 과정에서 10배의 안전율을 사용했는데, 그것은 어느

정도의 안전도를 보증하는 것인지를 검토해 보자.

(4) 특별히 어패류를 많이 먹는 사람들의 리스크는 어느 정도인지 계산해 보자.

4-2 배경과 기초지식

(a) 미나마타병의 경과

일본에서 최초로 미나마타병 환자가 발생한 것은 1956년이라고 한다. 구마모토현 미나마타시에서 격렬한 신경증상 환자가 계속 발생해서 당시에는 전염병인가를 의심했었다. 그러다가 곧 미나마타시에 있는 (주)칫소의 공장 폐수 중에 함유된 메틸수은(CH_3HgCl)이 어패류에 농축되어, 그 어패류를 섭취함으로써 메틸수은 중독을 일으키는 메커니즘이 판명되었다. 메틸수은이 원인이라는 것은 구마모토대학 의학부 미나마타병 연구반이 1959년에 처음 발표했다. 구마모토대학 의학부 미나마타 연구반은 미나마타병을 확인한 후 반년 정도 지나서, 원인이 공장배수 때문이라는 결론에 이르게 되었지만 처음에는 망간, 다음으로 셀렌, 그 다음은 타륨이 원인물질이라고 발표했다가, 마지막으로 메틸수은에 도달한 것이다.

미나마타병은 그 증상의 심각성에서 보아도, 피해규모의 크기면에서 보아도, 예를 찾아볼 수 없는 공해사건이다. 1965년에는 니이가타현 아가노가와 하류에서도, 미나마타병 환자가 발생했다고 공식으로 보고 되었다. (주)칫소 미나마타공장에서, 메틸수은을 배출한 원인이 된 아세트알데히드 제조공정을 가지고 있는 공장이 아가노가와 상류에도 있는데, 그것이 원인이 되었다. 미나마타시를 중심으로 발생한 미나마타병을 「구마모토 미나마타병」, 아가노가와 유역의 미나마타병을 「니이가타 미나마타병」이라 부른다.

2001년 3월말까지 구마모토 미나마타병으로 인정된 환자수는 2265명, 니이가타 미나마타병으로 인정된 환자수는 690명이다. 미나마타병 발견

후 40년 이상에 걸쳐서 미나마타병 피해자에 의한 항의활동과 법정투쟁이 계속되었다. 법정투쟁의 대부분은 환자로 인정하는 문제를 둘러싼 것이었다. 1997년 일단 해결은 되었지만, 국가가 인정한 환자 문제 이외에, 행정상의 조치로써 「의학적으로 미나마타병이라는 개연성이 낮지만」, 과거의 통상적인 레벨을 넘어선 메틸수은 화합물에 노출되어 또한 사지말초 우위의 감각장애가 있다고 인정한 자에게 까지 일시금을 지급하기로 하면서 문제 해결이 시작되었다. 일시금 지급 대상자는 구마모토 · 가고시마에서 10,353명, 니이가타에서 799명이었다. 얼마나 엄청난 피해사건이었는지를 알 수 있으며 동시에 전형적인 미나마타병 환자도 많지만 약한 증상을 보이는 사람도 많다는 것을 말해주고 있다. 바로 이 점이 리스크 평가에서 잊어서는 안 될 점이다.

(b) 메틸수은의 규제치는 어떻게 정해질까

수은에 관한 대표적인 기준치를 BOX에 표시한다.

BOX 수은에 관한 대표적인 기준치

〈 메틸수은 섭취량에 관한 기준치 〉
WHO의 잠정적 허용치 0.2 mg/인/주
= 0.03 mg/인/일
일본의 잠정허용치 0.14 mg/인/주
= 0.024 mg/인/일
〈어패류의 수은 잠정규제치〉
어패류 중 메틸수은 0.3 mg/kg fish
어패류 중 총수은 0.4 mg/kg fish
〈총수은의 기준치 상호관계〉
어패류의 수은의 규제치 0.4 mg/kg fish
수역 환경기준치 0.0005 mg/L (어패류 체내에 800배 농축)
배출기준치 0.005 mg/L (환경 중에는 10배 희석)
바닥슬러지제거 기준치 수역에 따라 다르다

WHO는 1972년 메틸수은의 주간섭취량은 0.2 mg/주(체중 60 kg)을 넘어서는 안 된다는 권고를 내렸다[1].

이는 니이가타 미나마타병의 최소 발증 예로, 혈액내 수은농도 0.2 mg/kg(적혈구내 농도 0.4 mg/kg)으로 했을 때, 안전율은 10배로 해서, 혈액내 수은농도가 0.02 mg/kg(적혈구내 0.04 mg/kg)을 넘지 않을 것을 목표로 정해졌다. Birke et al.(1972)는 이라크의 메틸수은중독 사건을 조사해서 적혈구내 수은농도(mg/kg)와 메틸수은 섭취량(mg/일)과의 사이에 식(4.1)이 성립되는 것으로 하고 있다[2].

$$(\text{적혈구내 수은농도}) = 1.4 \times (\text{메틸수은 섭취량}) + 0.003 \tag{4.1}$$

이 식을 이용하면, 적혈구내 농도가 0.04 mg/kg이기 위해서는 메틸수은 섭취량이 0.026 mg/일이어야 한다. 이렇게 해서 $0.026 \times 7 \fallingdotseq 0.2$ mg/주 이라는 값이 나왔다.

이것을 바탕으로 일본은 체중 50 kg으로 환산해서 메틸수은의 주간허용 섭취량을 0.17 mg으로 했다. 그리고 그것을 근거로 해서 1973년 어패류의 잠정허용 기준치를 정했다.

(c) 그 외의 환경기준치와의 관련

일본인의 일일평균 어패류 섭취량은 약 0.1 kg이기 때문에, 0.17 mg ÷ 7 ÷ (0.1kg fish/일) = 0.24 mg/fish kg ≒ 0.3 mg/fish kg의 계산에 의해 메틸수은 함유량은 0.3 mg/kg fish 이하여야 한다고 했다(당시의 계산은 어패류의 일일평균섭취량 0.109 kg으로 되어있으나 여기서는 0.1 kg으로 했다).

그리고 당시는, 어패류 내 총수은의 약 4분의 3이 메틸수은이라고 여겨졌기 때문에 총수은 기준치는 0.4 mg/fish kg으로 된 것이다. 최근에는 어패류 내 수은의 대부분이 메틸수은임을 알게 되었다. 만약, 그렇다면 총수은의 기준치는 0.4 mg/fish kg이 아니라, 0.3 mg/fish kg이어야 하는데 개정되지 않고 있다. 총수은이란 다양한 수은화합물의 모든 것으로 무기수은과 유기수은의 합이다.

이 어패류의 기준 규제치가 기초가 되어 수은의 다양한 환경관계의 기준치가 정해져 있다.

먼저, 어패류 내의 총수은치는 수중의 총수은치의 800배(생물농축률)라는 가정 하에 수역의 환경기준치 0.0005 mg/L이 정해졌다. 또한 배수는 일반적으로 환경 중에서는 적어도 10배 정도 희석된다는 가정 하에 배수 기준치 0.005 mg/L가 설정되었다. 이 10배의 가정은 모든 물질에 공통된다. 바닥슬러지의 제거 기준치도 환경기준치를 토대로 계산되고 있지만 이것은 수역의 상황에 따라 달라, 미나마타만에서는 25 mg/kg, 도쿠야마만에서는 15 mg/kg(모두 건중량당)이다.

그러면 800배라는 생물농축률(= 어패류 내의 총수은치 / 수중의 총수은치)은 적절한가? 통상적인 의미의 생물농축률이라면 800이라는 수치는 너무 적다. 생물농축률은 동일한 물질에 대한 어패류 내 농도의 수중농도에 대한 비율이지만, 이 경우는 편의상 분모와 분자에 서로 다른 물질을 쓰고 있다. 분모인 수은의 대부분은 사실상 「무기수은」이고, 분자인 수은의 대부분은 「메틸수은」이다. 따라서 이 정도의 값이 되는지 모르겠으나, 현재는 공장에서의 수은배출 자체가 없어져, 배출기준치 자체의 의미가 이미 없어졌기 때문에, 여기서는 이에 대한 논의는 그만두는 것이 좋겠다.

4-3 일본인의 리스크

(a) 어패류 내 함유량

앞에서 기술한 것처럼, 메틸수은 0.3 mg/kg fish, 총수은 0.4 mg/kg fish 이라는 잠정기준치가 정해졌지만, 그때 「다랑어류(다랑어, 청새치, 가다랭이) 및 호소를 제외한 내수면 하천산 어패류에는 적용하지 않는다고」 하였다. 또한, 시간이 경과하여 눈이 돌출한 생선류와 금눈돔, 은대구, 적색 게류 등에도 이 기준치는 적용하지 않기로 했다. 그것은 생선 중 수은치가 0.4 mg/kg fish를 초과한 것이 가끔 있었기 때문이다. 가장 논의를 불러일으킨 것이 다랑어였다. 수은의 사용이 이정도 까지 규제되고 있는 지금도, 대부분의 다랑어가 흔히 많이 먹는 가식부분 조차 총수은치 0.4 mg/kg fish의 기준치를 초과한다. 이 수은은 자연유래, 즉 화산 폭발 등으로 환경 중에 생긴 수은이 원인이라고 여겨진다.

만약, 이 기준치를 적용하게 되면 우리 식탁에서 다랑어는 사라지게 될 것이다. 가다랭이도 0.4 mg/kg fish의 기준치를 넘는 경우가 상당히 많다. 하나 하나 개별적인 검사를 할 수 없기 때문에, 아마, 이 기준치를 적용하면 모든 가다랑어는 먹을 수 없게 될 것이다. 하지만, 이렇게 중요한 먹을거리를 잃어버릴 수는 없다. 따라서, 다랑어류 등은 기준치 적용 제외로 된 것이다.

이와 관련하여, 상당히 오래된 데이터이기는 하지만, 시장에 나와 있는 어패류 시료의 총수은치의 산술평균치(mg/kg fish)는 다음과 같았다. 멸치(0.027), 대구(0.04), 오징어(0.046), 바지락조개(0.058), 정어리(0.072), 고등어(0.113), 가다랭이(0.31), 다랑어(0.383) (다마세 외(1982))[3]. 다랑어의 평균치가 0.383 mg/kg fish이라는 것은 아마도 다랑어의 상당한 부분이 0.4 mg/kg fish 기준치를 초과하고 있는 것이다. 2003년이 되어 수산청은 오랫동안 숨겨왔던 다랑어류 중의 수은치 데이터를 발표했다. 이 새로운 수치는 타마세 등이 보고했던 수치보다 높다. 이러한 내용에 대해서는 필자의 홈페이지 「잡감(雜感)」에서 자세히 설명하고 있으므로 관심 있는 사람들은 방문해주기 바란다[4].

여기까지 오면 독자들은 다음과 같은 의문을 가질 것이다. 혈중 수은치만 기준으로 해도 괜찮을까, 무독성량(NOAEL)이 아닌 최소 독성량(LOAEL)을 기준으로 하고 있는데 그래도 되는 것일까, 10배의 안전율은 도대체 어느 정도로 안전한 것일까, 그리고 예외의 어패류도 많은데 이것을 먹는 일본인의 건강은 괜찮은 것일까 하는 의문이다.

(b) 일본인의 수은섭취량

항(a)의 마지막에 거론한 과제 가운데서, 가장 마지막의 과제부터 답해보자. 즉, 일본인의 건강은 괜찮은가, 수은에 따른 리스크는 어느 정도일까 하는 과제이다. 먼저, 메틸수은의 섭취량부터 조사해 보자.

일본인의 평균적 수은섭취량의 경년변화를 표 4-1에 나타냈다.

1960년에는 총수은을 0.098 mg/일 섭취하고 있었는데, 그 후 격감해서 현재는 약 10분의 1인 0.010 mg/일 정도이다. 그런데 어패류 기원의 수은 섭취량은 1960～1975년경 거의 0.010 mg/일에 비해, 최근에는 0.007 mg/일 정도이며, 그다지 크게 감소하고 있는 것은 아니다. 1960년대부터 1970년대에 일본인의 총수은 섭취량이 많았던 것은 벼농사의 이모치병 대책 등을 의해 사용되었던 수은계 농약 때문이었다.

농약의 주성분은 페닐수은으로, 메틸수은 만큼 강한 독성은 없었다. 60～70년대에 걸쳐, 수은계 농약이 순차적으로 금지되어, 일본인의 총수은 섭취량은 격감했다. 공장 등에서의 수은 사용금지 조치도 점차 시행되어, 어패류에서의 수은치는 저하되었으나, 이 상황을 자세히 들여다보면, 미나마타 등에서 어패류의 수은치가 높았던 것은 일본인 전체의 평균 섭취량에 영향을 주지 않았음을 알 수 있다. 어패류의 수은치가 높았던 것은

표 4-1. 총 수은섭취량의 연도별 변화(일본인의 평균적인 수치)(mg/일)

	1960*	1970*	1975*	1979 – 1994**
총 섭취량	0.098	0.059	0.022	0.007 - 0.011
그중 어패류경유	0.0086	0.0095	0.0097	0.0042 - 0.0076

*기와 등(1976)[5)], **이가라시 등(1996)[6)]

극히 지역적인 일이라는 것이다.

역사적인 경과는 그만두더라도, 현재 일본인의 평균적 총수은 섭취량은 0.007~0.011(중앙치 0.009) mg/일이고, 그 중에 어패류에서의 섭취량은 0.0042~0.0076(중앙치 0.0059) mg/일이다. 여기서 메틸수은 섭취량에 대한 데이터는 없기 때문에 어패류에서의 총수은 섭취량이 메틸수은 섭취량이라고 생각하기로 한다. 다른 식품에서의 메틸수은 섭취량은 무시할 수 있고 어패류 중 총수은의 상당한 부분이 메틸수은이기 때문에, 대강 어림잡은 추정이긴 하지만 아주 크게 틀리지는 않을 것이다.

(c) 리스크의 산정

(1) 집단의 안전

메틸수은 중독(미나마타병을 포함)에는 「역치가 있는 모델」이 적절하다고 생각되기 때문에 리스크를 알기 위해서 보통은 제0장에서 설명했던 위험비(HQ)를 사용한다.

섭취량의 중앙치 0.0059 mg/일은 일본의 허용 섭취량 0.024 mg/일의 4분의 1로(위험비 = 0.25), 1 이하이므로 일반적으로는 리스크 없음, 즉, 안전하다고 할 수 있다. 그러나 어느 정도로 안전한가, 리스크 제로라 말할 수 있으려면 조금 더 자세히 해석을 해봐야 한다. 이미 제0장에서도 기술한 것처럼, 그러기 위해서는 집단의 NOAEL과 개인의 NOAEL과를 구별해서, 개인의 NOAEL의 분포를 고려하지 않으면 안 된다. 개인의

NOAEL의 분포와 개인의 감수성 분포는 같은 의미이다.

어패류 섭취량이 많으며 메틸수은 대사능력도 낮고, 메틸수은에 대해 감수성이 높은 사람이 있다면 그 사람은 발증 영역에 들어갈지도 모른다. 즉, 그런 사람이 어느 정도나 있는가를 추정하는 것이 리스크를 아는 것이다. 이러한 계산을 함으로써 10배의 안전율에서 괜찮은가, LOAEL에서 괜찮은가, 잠정기준치를 초과한 어패류가 있는가, 그것의 영향은 어떠한가 등을 판단할 수 있게 된다.

(2) 개인차의 분포형

섭취량이나 감수성이 어느 정도 사람에 따라 다른가는 개인차의 분포라는 형태로 나타낼 수 있다. 여기서는 대수정규분포를 가정한다.

메틸수은의 경우는 잘 조사되어 있어, 섭취량, 대사능, 감수성에 대해서 각각 대수정규분포로 하여, 그 기하표준편차를, 섭취량은 1.5(Shirai (1998))[7], 대사능은 1.4(Masuyama(1997)[8], IRIS(2003)), 감수성은 2.7 (Nordberg(1976))[9]로 가정하는 것이 타당하다고 판단하였다(연습이라는 성격상, 이유에 대해서는 자세히 설명하지 않지만 현실의 리스크를 계산할 때는 수치의 타당성을 검토해 주길 바란다).

Masuyama는 일본의 데이터, IRIS는 펠로제도의 데이터, Nordberg는 이라크의 메틸수은 중독사건의 데이터를 토대로 하고 있다. 결과를 표 4-2에 정리했다.

체내농도의 분포는 섭취량의 분포와 대사능의 분포가 합성되어 하나의

표 4-2. 개인차 분포를 표현하는 기하표준편차(메틸수은의 경우)

요인	섭취량	대사능(톡시코키네틱스)	감수성(톡시코다이나믹스)
기하표준편차	1.5	1.4	2.7

분포형을 이룬다. 두 개의 분포가 합성된 경우의 분산(기하표준편차의 자연대수의 2승)은 각각의 분산의 합이기 때문에 체내농도 분포의 기하표준편차는 다음 계산에 따라서 1.7이 된다. : $\{\ln(1.5)\}^2 + \{\ln(1.4)\}^2 = \{\ln(1.7)\}^2$, 여기서 ln은 자연대수이다.

감수성 분포에 대한 기하표준편차는 잘 알려져 있으나 그 기하평균치는 일반적으로 알지 못한다. 그러나 LOAEL이나 NOAEL을 알면 그들 값에서 기하평균치를 추정할 수 있다.

그 설명을 이해하기 쉽도록 이미 제0장에서 설명하였지만 LOAEL과 NOAEL의 의미를 다시 한 번 복습해보자. 감수성 분포란 개개인의 LOAEL 분포를 말한다. 그리고 보통 우리가 NOAEL이라고 하는 것은 집단의 NOAEL로, 말하자면 개인의 NOAEL 분포의 최소치에 가까운 값이다. NOAEL과 LOAEL이 감수성 분포의 평균치에서 어느 σ 정도 떨어진 위치에 있는가를 알아냄으로써 평균치를 추정할 수 있다. 어느 σ 정도 떨어진 위치에 있는가는 그 데이터가 취한 표본의 크기, 즉 검체수에도 달려있다. 여기서 쓰이는 메틸수은치의 LOAEL은 일본의 많은 미나마타병 환자를 대상으로 해서 얻은 값이고, 그 당시 환자수를 생각해서 검체수 250 정도의 표본에 상당하는 것으로 했다. 검체수 250에서의 실험에서 1부터 4정도의 검체가 발증한다고 하면 그것은 모집단에서 0~4%(EXCEL의 CRITIBINOM관수를 이용해서 산출할 수 있음)정도 발병 가능성을 시사하기 때문에[10], 이 LOAEL은 이 중간의 2% 정도 발병률에서의 값으로 생각했다. 표 0-2를 보면 $\mu - 2\sigma(M/G^2)$의 누적밀도는 2.3%이므로 LOAEL은 거의 $\mu - 2\sigma$ 에 상당한다. 대수정규분포의 경우에는 M/G^2에 상당한다고 할 수 있겠다. 즉, M/G^2 = LOAEL로써, M의 값을 구할 수가 있다. 여기서 M은 기하평균치, G는 기하표준편차를 나타낸다.

마찬가지로, NOAEL은 검체수 250 정도의 표본이면 0.5% 정도의 발병률에서의 용량이므로, 누적확률 밀도의 값 0.0047, 즉 $\mu - 2.6\sigma$ 정도에 해당하는 용량이라고 생각할 수 있다. 대수정규분포의 경우는 $M/G^{2.6}$ = NOAEL에서 M을 구할 수가 있다.

(3) 리스크 계산의 순서

이미 제0장의 그림 0-5와 그 설명에서 기술했지만, 역치 있음의 메커니즘의 경우에 대한 리스크의 개념을 다시 한 번 정리해 두자. 그림 0-5의 좌측은 체내농도의 확률밀도관수 분포이고, 우측이 감수성(개인의 NOAEL)의 누적확률밀도관수 분포인데, 이 두개의 곡선이 겹친 부분에서 리스크가 발생한다. 즉, 리스크란 개인의 체내농도가 개인의 NOAEL을 넘는 사람들의 비율이다. 양쪽의 분포형이 대수정규분포이며, 기하평균치와 기하표준편차를 알고 있다면 리스크는 식(0.2)로 계산할 수 있다고 이미 설명했다. 그러나 이 장에서는 이 식은 마지막 검산에서 쓰기로 하고, 조금 더 원리적인 부분부터 계산하는 방법을 보여주고 싶다. 이렇게 하는 편이 리스크의 의미를 보다 더 잘 알 수 있고 응용도 쉬워진다.

그림 0-5를 한 번 더 살펴보자. 왼쪽 그래프가 체내농도의 확률밀도관수, 오른쪽 그래프가 NOAEL의 누적확률밀도관수이다. 어느 체내농도 구간의 발병률은 왼쪽 그래프의 구간면적(그 구간의 체내농도의 사람비율)과 오른쪽 그래프의 그 구간의 누적밀도값(그 체내농도 이하로 발병하는 사람의 비율)의 곱이므로 체내농도의 전범위에 대해서 이 곱의 값을 총합으로 한 값이 리스크가 된다.

그림 4-1에 계산 순서를 나타냈다.

이 그림에서는 양쪽그래프가 모두 누적확률밀도관수가 되는 것에 주목해 주길 바란다. 밀도관수에서 두 점간의 면적은 두 점의 누적밀도의 차가 되므로 이와 같은 그림으로 바뀌었다.

여기서 체내농도 구간 A~B를 생각하자. 체내농도의 누적확률밀도관수의 A에서의 값을 a, B에서의 값을 b, NOAEL의 누적확률밀도관수에서

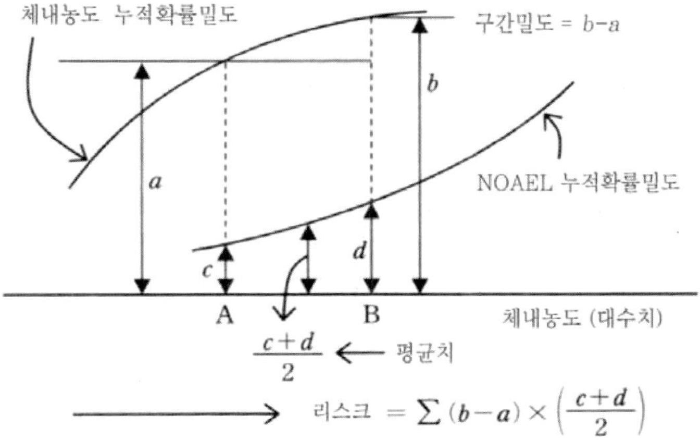

그림 4-1. 리스크 계산 순서

A에서의 값을 c, B에서의 값을 d로 하자.

체내농도가 A부터 B의 구간내의 인구비율은 $(b - a)$이다. 또한 NOAEL의 누적확률밀도의 대표치 값으로 양단의 평균을 내서, $(c + d) / 2$로 하면, 그 구간의 체내농도에서의 발병확률은 $(c + d) / 2$가 된다. $\{(b - a) \times (c + d) / 2\}$는 인구의 크기를 더한 발병확률이다. 모든 체내농도에 대해서 이 값의 합을 구하면 인구 전체의 발병률, 즉 리스크를 구할 수가 있다.

(4) 계산의 프로세스

이제 일본인의 미나마타병 리스크를 계산해 보자.

계산을 하기 위해서는 일본인의 체내농도의 분포와 개인의 NOAEL 분포(감수성 분포)를 확실히 정하지 않으면 안 된다. 여기서는 체내농도로서 적혈구내 수은농도를 사용하겠다. 그것을 정리해 보자.

(i) 일본인의 메틸수은 체내농도 분포

적혈구내 농도에서 기하평균치가 0.01126 mg/kg, 기하표준편차가 1.7

표 4-3. 미나마타병의 리스크 계산

	A	B	C	D	E	F	G
1	적혈구 속 농도분포				감수성 분포		
2	기하 평균치	0.01126	-4.48649866	기하평균치	2.916	1.0702128	
3	기하표준편차	1.7	0.53062825	기하표준편차	2.7	0.993252	
4		체내농도			감수성		리스크
5	섭취량 (mg/일)	혈구중 농도 (mg/kg)	누적밀도	구간밀도	누적밀도	구간 평균치	발증률
6	0.001	0.0044	0.038294494		3.08117E-11		
7	0.00118	0.004652	0.047869314	0.00957482	4.47521E-11	3.7782E-11	3.6175E-13
8	0.0013924	0.00494936	0.060678374	0.01280906	6.75436E-11	5.6148E-11	7.192E-13
9	0.001643032	0.005300245	0.077800734	0.017122361	1.05995E-10	8.6769E-11	1.4857E-12
10	0.001938778	0.005714289	0.10057699	0.022776256	1.72928E-10	1.3946E-10	3.1764E-12
11	0.002287758	0.006202861	0.130578586	0.030001596	2.93061E-10	2.3299E-10	6.9902[illegible]
12	0.002[illegible]			[illegible]	5.15072E-10	[illegible]	
…							
[illegible]		0.147153184	0.99999930[illegible]	[illegible]			[illegible]66E-09
35	0.121500541	0.173100757	0.999999869	5.07361E-07	0.00223265	0.00177643	9.0129E-10
36	0.143370538	0.203718894	0.999999976	1.06326E-07	0.003688783	0.00296072	3.148E-10
37							
38	합계					리스크	4.337E-07

C2 = Ln(B2), C3 = Ln(B3), F2 = Ln(E2), F3 = Ln(E3)

B7: 식 (4.1)

C7: LOGNORMDIST(B7, C$2, C$3)

D7: = C7 − C6

E7: LOGNORMDIST(B7, F$2, F$3)

F7: $\frac{E6 + E7}{2}$

G7: D7 × F7

A7 : A열 7행째 칸의 숫자를 의미한다.
Ln : 자연대수치

인 대수정규분포이다.

기하평균치는 일본인의 평균적인 1일당 메틸수은 섭취량으로 얻어진 값 0.0059 mg/일을 섭취량의 기하평균치라고 가정하고 식(4.1)을 이용해서 적혈구내 농도로 환산해서 구했다. 섭취량의 분포와 대사능의 분포가 합성된 분포에 대한 기하표준편차는 1.7이라고 (2)에서 기술했다.

(ii) 개인의 NOAEL(감수성) 분포

LOAEL이 적혈구내 농도에서 0.4 mg/kg 기하표준편차는 2.7이므로, 0.4 = (M/2.7^2)에서 기하평균치는 2.916 mg/kg 이 된다.

리스크 계산 과정을 표 4-3에 나타냈다. A열의 값은 메틸수은의 하루섭취량(mg/일)이다. B열은 적혈구내 수은농도(mg/kg)이다. C열에는 EXCEL의 관수 LOGNORMDIST(대수정규누적확률밀도)에 평균치 ln(0.01126), 표준편차 ln(1.7)의 값을 입력해서 얻은 누적확률밀도의 값을 나타냈다. 그리고 나서 (b - a)의 값을 구간밀도로 해서 D열에 표시했다. 그 다음에

LOGNORMDIST에 평균치 ln(2.916), 표준편차 ln(2.7)을 입력하여 NOAEL의 분포에 대한 누적확률밀도 값을 E열에 나타냈다. 그 다음에 NOAEL의 구간 대표치로 (c + d) / 2의 값을 제F열에 나타냈다. D열과 F열의 값의 곱을 G열에 표시했다. 그 총합은 최하단의 오른쪽에 표시된 4.3×10^{-7}이다. 이것이 전 인구가 겪을 발병률(리스크)이다. 여기서는 섭취량 값을 쪼개서 대략적으로 계산했는데 원래는 더 세밀하게 구간을 나누는 편이 더 좋다.

제0장의 식(0.2)을 이용해서 계산하면

$$리스크 = F(\frac{\mu_1 - \mu_2}{\sqrt{\sigma_1^2 + \sigma_2^2}}) = F(\frac{-4.486 - 1.070}{\sqrt{(0.531)^2 + (0.993)^2}}) = F(-4.934) = 4.0 \times 10^{-7}$$

이 되어, 대강만 표계산을 해봐도 해석해에 가까운 값을 얻을 수 있음을 알 수 있다.

이 리스크는 10^{-7}정도 이므로 현실적으로 제로라 생각해도 좋다. 일본의 현재 상태에서 미나마타병의 리스크는 없다. 단, 여기서 언급하고 있는 것은 전형적인 미나마타병의 리스크이며, 또한 태아에게의 영향 등은 고려되어 있지 않은 점에 주의해야 한다. 이것은 다음 장에서 고찰하기로 한다.

4-4 10배 안전율의 의미

메틸수은 섭취량의 경우에는 LOAEL을 기준으로 해서 안전율의 10배를 내다 보았으나 NOAEL을 기준으로 10배의 안전율을 예상하는 것이 일반적이다. 여기서는 후자의 케이스에 대해서 10배의 안전율의 의미를 검토해 두고 싶다.

안전율의 의미를 생각한다는 것은 10배가 개인차의 크기(σ)와 비교해서 어느 정도의 크기인가, 즉, 그 안전율의 이하에서 평균치(μ)에서부터 어느 σ 떨어진 값을 허용섭취량으로 하고 있는가를 아는 것이다.

이런 검토를 할 때에는 앞 절에서와 같이 섭취량의 분포를 고려할 필요는 없다. 왜냐하면, 허용섭취량이라는 하나의 섭취량의 경우의 리스크를 판정하는 것이기 때문이다. 여기서 고려해야 할 개인차는 대사능력의 개인차분포와 감수성의 개인차분포 뿐이다. 표 4-3의 계산과 같이 대사능력의 기하표준편차(1.4)를 고려해서 체내농도의 분포를 계산하고 그것과 감수성 분포와 겹쳐진 부분의 크기를 계산한다면 리스크의 값을 얻을 수 있겠지만, 그러한 경우에는 대사능력 분포와 감수성 분포를 합친 하나의 분포를 생각하는 쪽이 더 간단하다. 기하표준편차 1.4 와 2.7의 2개의 분포가 합성된 경우이므로 기하표준편차는 2.85가 된다.

NOAEL은 μ - 2.6σ에 상당하는 용량으로 생각할 수 있다고 앞 절(c)에서 설명했다. 여기서 10배의 안전율을 예상하는 것은 $10 = 2.85^{2.2}$이고, 중

표 4-4. 안전율의 의미 검토

의미	정규분포 경우의 용량	대수정규분포 경우의 용량	누적밀도
개인의 NOAEL 중앙치	μ	M	0.5
집단의 NOAEL (발증률 약 2.5%)	$\mu-2\sigma$*	$M/(G^{2})$*	0.0228
집단의 NOAEL (발증률 약 0.5%)	$\mu-2.6\sigma$*	$M/(G^{2.6})$*	0.0047
10배의 안전율을 예상한 허용량**	$\mu-(2.6+2.2)\sigma$	$M/(G^{2.6+2.2})$	5.88×10^{-7}

* 검체 수 250 정도의 표본과 추정

** 대사능과 감수성 개인차의 기하표준편차는 2.85

심에서 2.2σ 더 떨어지기 때문에, NOAEL의 10분의 1의 용량은 $M/G^{4.8}$에 상응한다.

표 4-4에서 지금까지의 고찰한 것을 정리했다. 4.8σ 떨어진 값에서의 누적확률밀도는 10^{-8}～10^{-7}(5.88×10^{-7})이므로 리스크는 100만분의 1～1000만분의 1 정도가 된다. 기하표준편차의 크기는 물질에 따라서도, 병에 따라서도 변하는데, 3 정도의 크기를 염두에 두면 상당한 영향을 커버할 수도 있다고 생각된다. 이것을 근거로 NOAEL에 10배의 안전율을 예상하면 리스크가 100만분의 1 이하를 보증한다고 말할 수 있다. 여기서는 섭취량을 체내농도로 변환하지 않고 섭취량의 수치 그대로 계산했다. 평균적인 경우에는 체내농도의 경우도 감수성의 경우도 똑같은 계수를 걸어서 변환할 수 있으므로, 섭취량 그대로 처리한다 해도 결과는 변하지 않기 때문이다. 단, 이 계수는 개인에 따라 당연히 다르고, 그 분포는 대사능의 분포 중에 이미 들어있다.

4-5 특수 시나리오

다랑어 어선을 타는 어부가 매일 200～300 g의 다랑어를 먹는다는 것이 화제가 되었는데 이것이 사실이라면 리스크는 어느 정도일까. 매일 250 g의 다랑어(수은치 = 0.383 mg/kg fish)를 1년 내내 먹는다고 한다면 메틸수은의 섭취량은 0.096 mg/일이 된다. 이 경우의 적혈구내 농도는 0.137 mg/kg이다. 이 경우도 4-4절의 경우와 같이 기하표준편차 2.85의 합성분포를 생각하면 기하평균치는 LOAEL이 0.4 mg/kg이므로 $0.4 = M/(2.85^2)$이기 때문에 $M = 3.26$ mg/kg이 된다. 적혈구내 농도 0.137 mg/kg 이하라도 발병할 확률은 ln(3.26)(= 1.181)을 기하평균치로 하고 ln(2.85)(= 1.0487)을 기하표준편차로 한 대수정규분포의 0.0137에 대한 누적확률밀도의 값이다. 이 값은 0.0013이 되고 리스크는 1000분의 1.3이 된다. 식(0.2)에서 μ_1 = ln(0.137), μ_2 = ln(3.26), σ_1 = ln(1.4), σ_2 = ln(2.7)의 값을 넣으면 같은 결과를 얻을 수 있다. 이렇게 먹는다고 한다면 역시 리스크가 높다.

그럼, 과거의 미나마타병이 일어난 시점에서 리스크는 이것으로 계산하면 어떻게 될까? 당시의 메틸수은 섭취량에 대해서는 1960년대 1～1.5 mg/일, 68년 전후로 0.05～0.3 mg/일, 73년 전후로 0.01～0.06 mg/일이었다는 보고가 있다. 각각의 기하평균치를 내서 섭취량이 1.225 mg/일, 0.1225 mg/일, 0.0245 mg/일이었다고 하면 그 적혈구내 농도는 각각 1.718, 0.175, 0.037 mg/kg이 된다.

리스크는

LOGNORMDIST (1.718, 1.181, 1.0487)로 0.27,

LOGNORMDIST (0.175, 1.181, 1.0487)로 0.003,

LOGNORMDIST (0.0373, 1.181, 1.0487)로 1.0×10^{-5}

가 되어, 60년대의 리스크는 약 30%, 68년 전후는 1000분의 3, 73년 전후에는 10만분의 1.2가 된다. 60년대에 이와 같은 어패류를 섭취한 미나마타 어민의 리스크는 1/3, 즉, 3명 중 1명꼴이 되고, 얼마나 높은 리스크였는지를 알 수 있다. 또한 이 숫자는 당시의 실정을 잘 재현하고 있어 여기서의 계산의 타당성을 보여주는 하나의 증거라고 말할 수 있다.

4-6 주의점

여기서는 개인차를 대수정규분포로 표현했다. 그러나 모든 분포형이 대수정규분포를 보인다고는 할 수 없다. 그리고 분포형에 따라 리스크 값도 달라진다. 따라서 다른 분포형의 가능성도 생각해서 해석하는 일이 중요하다. 단, 대수정규분포는 다른 분포형과 비교해서 리스크를 크게 평가하는 경향이 있으므로 그런 한계를 알고 있으면 안정측으로 이것을 사용해도 될 것이다. 이와 관련해서, 일본인의 현재의 메틸수은 섭취량으로 섭취량의 기하평균치 0.0059 mg/일, 기하표준편차 1.5로 계산하였으나 이 분포에서는 0.0245 mg/일을 넘는 사람이 0.02% 정도 포함되었다고 가정하고 있다는 뜻이 된다. 즉, 73년 전후의 미나마타 어민과 거의 같은 양을 섭취하는 사람이 지금도 일본인 중에 0.02%는 있다는 가정에서 계산하고 있는 것이 된다. 이것을 통해 보더라도 대수정규분포는 폭넓은 추정이라는 것을 이해할 수 있을 것이다. 무엇보다도, 4-5절에서 언급한 다랑어선 선원과 같은 케이스는 포함되지 않게, 특별한 집단으로 계산해야만 한다.

이 해석 과정에서는 평균적인 값을 기하평균치로 잡아 계산하고 있다. 데이터원의 정보가 불충분하여 양자의 구별을 할 수 없어서 그러겠지만 이것도 안전측 추정의 하나로 허용된다고 생각하고 있다.

칼럼▶……………………………과학의 묘미, 공부의 재미

WHO는 혈액 중 메틸수은 농도의 최소치에서의 발병 사례를 근거로 허용섭취량을 정했다고 기술하였는데 그것을 보강할 만한 몇 개의 또 다른 데이터가 있다. 여기서는 그것을 적어 보겠다. 어느 결론이 맞는다면, 조사가 진행되는 여러 방면에서 같은 결론이 나오고 더 많은 것을 알게 될텐데 이는 정말 기쁜 일일 것이다.

(1) 모발 중 수은치와 섭취량과의 관계

니이가타 미나마타병에서의 모발 중 수은치의 최소치는 50 ppm(=mg/kg hair)이었다.

Kojima et al.(1972)[12]는 735명의 조사에 근거하여 메틸수은 섭취량(mg/일)과 모발 중 수은치(ppm)와의 사이에 다음과 같은 회귀식이 성립한다는 것을 보여주었다.

$$\text{모발내 수은치} = 150 \times (\text{메틸수은섭취량}) + 1.66 \qquad (4.2)$$

이 식을 이용하면 모발내 수은치가 50 ppm일 때, 섭취량은 0.32 mg/일이 된다.

(2) 체내 반감기와 섭취량

미나마타병 환자의 최소 메틸수은 체내축적량은 100 mg이었다 (키타무라 1971, 1974)[12]고 한다. 사람의 신체를 하나의 상자로 봤을 때 속도론을 이용하는 것을 원컨패드먼트모델(다음 장에 자세한 설명)의 가정이라고 한다.

이 가정을 이용했을 때 정상상태에서는,

$$\text{체내축적량(mg)} = 1.44 \times \{\text{반감기(일)}\} \times \{\text{섭취량(mg/일)}\} \tag{4.3}$$

이 성립된다.

여기서 반감기를 안다면 체내축적량을 가지고 일일섭취량을 알 수 있다. 반감기에 대해서는 많은 연구가 있으나 Alberg et al.(1969)는 연구실의 젊은 사람에게 메틸수은을 섭취하게 해서 자세하게 연구했다[13]. 그 3명의 결과는 70.4 ± 1.4, 74.2 ± 1.5, 73.7 ± 1.5 일이다. 여기서 반감기를 73일로 한다면 체내축적량은 100mg에 대응하게 된다. 메틸수은 일일섭취량은 0.95 mg/일이 된다. 반감기에 대해서는 다른 몇 가지의 실험이나 조사가 있어, 50~270일 정도의 수치가 보고되고 있다. 이것을 고려하면 100 mg의 체내축적량에 대한 섭취량은 1.4~0.26 mg/일이 된다. 최소치를 잡으면 0.25 mg/일이 된다.

(3) 최소섭취량

직접 섭취량을 조사한 케이스에서 발병자의 최소 섭취량은 0.25 mg/일이었다(다께우찌타다오(1973))[12]

지금까지의 결과를 표 4-5에 나타냈다. 어느 것이든 상당히 가까운 값이 되어있다. 이러한 결과를 찾아볼 수 있는 것이 과학의 묘미이기도 하다.

표 4-5. 최소량으로의 발증례에 상당하는 메틸수은의 일일 섭취량 추정치

	최소 메틸수은 섭취량(mg/일)	비고
혈중 농도	0.26	니이가따 미나마타병:WHO
모발 중 농도	0.32	니이가따 미나마타병
반감기	0.26	다수
섭취량	0.25	쿠마모또 미나마타병

[참고문헌]

(1) Joint FAO/WHO Expert Committee on Food Additives(1972), Evaluation of mercury, lead, cadmium and the food additives amaranth, diethylpyrocarbamate and octyl gallate, WHO Food Additives Series, No. 4, FAO Nutrition Meeting Report Series No. 51 a.

(2) Birke, G., Johnels, A. G., Plantin, L. O., et al.(1972), Studies on humans exposed to methylmercury through fish consumption, *Arch Environ Health*, Vol. 25, pp. 77-91.

(3) 玉瀬喜久雄他(1982), 市販鮮魚介類の水銀濃度調査結果について, 食衛誌, 23巻, 5号, 388-392頁.

(4) 中西準子(2003), 雑感, http://homepage3.nifty.com/junko-nakanishi/zak 216-220, 221-225頁.

(5) 喜田村正次ら(1976), 水銀, 講談社サイエンティフィク, 245～246頁.

(6) 五十嵐敦子, 佐々木久美子, 豊田正武, 斉藤行生(1996), 水銀, PCBおよびヒ素の魚介類由来の年次別摂取量および魚体重別汚染レベルの比較調査, 衛生試験所報告, 114巻, 43-47頁.

(7) Shirai, F.(1988), Studies on the relationship between the characteristics of daily food consumption and the concentration of mercury in urine, 食衛誌, 43巻, 923頁.

(8) Masuyama, M.(1977), Individual Variability of Ages of Onset of Intractable Diseases and Incubation Period of Infectious Disease, *Rep. Stat. Appl. Res.*, Vol. 24, pp. 200-206.

(9) Nordberg, G. F. and Strangert, P.(1976), Estimation of a dose-response curve for long-term exposure to methylmercuric compounds in human beings taking into account variability of critical organ concentration and biological half-time, In : Nordberg, G. F.(ed) Effects and Dose-Response Relationships of Toxic Metals, Elsevier Scientific Publishing Company, Amsterdam, pp. 273-282.

(10) 畑村ら訳(1972), 統計的方法 原書第6版, 岩波書店(原著者はGeorge W. Snedector and William G. Cochran).

(11) 原田正純(2003), 私信. その根拠, 二塚信(1979), 水俣病の疫学的研究, とくに患者発生状況とその生活背景, 有馬澄雄編, 水俣病, 20年の研究と今日の課題, 青林社, 95-119頁.

(12) 喜田村正次ら編(1976), 水銀, 講談社サイエンティフィックより再引用.

(13) Aberg, B. et al.(1969), Metabolism of methylmercury(203 Hg) compounds in man, *Arch. Environ. Health*, Vol. 19, pp. 478-484.

제5장 메틸수은이 태아에 미치는 리스크

5-1 연습과제

메틸수은이 전형적인 미나마타병을 일으키지 않을 만큼 섭취량이 낮은 경우에도 여러 가지 신경증상를 나타낸다고 판명되었다. 그리고 이것이 미나마타병이라고 인정하기까지 최대의 쟁점이기도 했다. 그 중 가장 적은 섭취량으로 발생할 수 있다고 생각되는 것은 엄마의 체내에서 메틸수은이 태아로 전해져, 갓 태어난 아이에게 나타나는 신경증상이다. 2000년 7월, 미국학술회의(NRC)는 태아에 주는 영향을 억제할 목적으로 메틸수은의 허용섭취량 표준치를 0.0001 mg/kg bw/일로 해야 한다고 제안했다. bw는 체중을 의미하지만, 체중 50 kg이라면 0.005 mg/일이 되어 일본인의 평균적인 섭취량(0.0059 mg/일)은 이 허용섭취량 표준치를 초과한다. 이 말은 많은 일본인이 이 허용섭취량 표준치를 초과하고 있다는 것을 의미한다. 그러면 이것은 어느 정도의 리스크이며 어떻게 해야 하는가에 대해 생각해 보자. 또한 아마존강 유역의 수은오염에 의한 리스크도 계산해 보자.

(1) 미국에서 제안된 허용섭취량 표준치의 근거를 조사해보자.

(2) 미국의 허용섭취량 표준치에 비춰본 경우 일본인(태아)의 리스크를 산정해 보자.

(3) 몬테카를로 시뮬레이션을 학습해 보자
(4) 아마존강 유역의 수은오염에 의한 리스크를 계산해 보자.
(5) 마지막으로 생선은 위험한가라는 주제에 대해 생각해 보자.

5-2 배경과 기초지식

(a) IRIS에 접속

먼저 미국 환경보호국의 독성 데이터베이스 IRIS[1)]에 접속해 이 허용섭취량 표준치의 도출과정을 추적해 보자.

이것은 어패류를 많이 먹는 펠로제도, 세이쉘제도, 뉴질랜드 주민에 대한 3역학 연구의 결과를 통합해서 얻은 것이지만, 직접 사용한 수치는 펠로제도(덴마크왕국의 자치령으로, 인구의 9%가 어업에 종사)에 사는 900쌍의 모자를 대상으로 한 조사를 바탕으로 하고 있다. 아이 탯줄의 혈액 중 수은치(엄마의 혈액 중 수은치와 같다고 생각함)와 나중에 그 아이의 신경계 영향(보행시기가 늦어짐, 말이 늦어짐, 정신적인 증세, 발작 등)과의 관계가 조사되었다. 그 결과 이들 복수의 몇 개가 엔드포인트에 대한 무독성량(NOAEL)에 대응하는 엄마의 혈액 중 메틸수은 농도로 0.0046~0.079 mg/L(코호트 전체에 대한 산술평균치)라는 값을 얻었다. 미국학술회의(NRC)가 시사한 것에 기초하여, 전 회원을 대상으로 한 테스트에서 얻어진 NOAEL의 0.058 mg/L가 표준치의 바탕이 되었다[2)]. 조사된 모든 영향을 대상으로 한 NOAEL의 기하평균치가 0.068 mg/L인 것과 뉴질랜드의 연구결과와 모순되지 않는 것도 고려해서 내린 결정이었다. 최근에 미국 환경보호국은 NOAEL 대신에 벤치마크 용량이라는 용어를 사용하고 있어, IRIS에서도 벤치마크 용량의 용어가 사용되고 있지만 새로운 용어를 쓰면 또 혼잡해질 수 있기 때문에 여기서는 NOAEL을 쓰는 것으로 한다.

여기서, 엄마의 체내에 대해서 원컴파트먼트 모델(나중에 기술)을 적용해서 체중과 혈액량 등에 대해서 디폴트치(표준적인 값)를 이용하면 혈액중 농도 0.058 mg/L 에 대한 체중당 일일섭취량은 거의 0.0011 mg/kg bw/일이 된다. 여기에 불확실성 계수(UF: uncertainty factor)의 10을 대입해서 허용섭취량 표준치를 NOAEL의 10분의 1에 상당하는 0.0001 mg/kg bw/일(0.1 ㎍/kg bw/일)로 한 것이다. 여기서 불확실성 계수(UF: uncertainty factor)는 4장에서 설명한 안전율과 같은 의미이다.

BOX 미국 환경보호국의 메틸수은에 관한 표준치

〈엔드포인트〉 어린이의 신경증세

NOAEL(엄마의 혈액내 농도)	0.058 mg/L
NOAEL(엄마의 일일섭취량)	0.0011 mg/kg bw/일
불확실성 계수(UF)	10
일일허용섭취량 표준치	0.0001 mg/kg bw/일

(b) 컴파트먼트 모델

컴파트먼트 모델이란 인간의 몸 전체 또는 어느 조직을 상자(compartment)로 보아 화학물질(유해물과 약물)의 체내 동태를 기술하는 모델이다. 여기서는 그 가운데서도 가장 간단한 원컴파트먼트 모델을 사용한다.

체중당 일일섭취량을 D(mg/kg bw/일), 체내의 겉보기 분포용적을 V(L), V안에 화학물질 농도를 C(mg/L)로 하면 정상상태에서는 유입속도와 손실속도가 같기 때문에 식(5.1)이 성립된다.

$$D \cdot bw = kC \cdot V \tag{5.1}$$

여기서 $k = 0.693/T$ 이다. 단, k는 소실속도 정수(일$^{-1}$), T는 체내반감기(일)이다.

흡수율을 고려해서 혈액을 하나의 상자로 생각하면 섭취속도 × 흡수율 × 혈액에의 분배율이 상자에 유입속도가 되므로, 일일섭취량(D)와 혈액 중 농도(C)와의 관계는 IRIS에서 이용하고 있는 디폴트치를 사용하면 식(5.2)로 기술할 수 있다.

$$D(\text{mg/kg bw/일}) = \frac{0.693 \times C \times 0.0746}{0.95 \times 49.5 \times 0.059} \tag{5.2}$$

단, 메틸수은의 흡수율은 0.95, 메틸수은의 체내반감기는 49.5일, 메틸수은의 혈액 분배비율은 0.059, 혈액량(L)/체중(kg)은 0.0746의 디폴트치가 사용되었다.

식(5.2)에서, C = 0.058 mg/L에 대응하는 D의 값이 0.0011 mg/kgbw/일이 되는 것을 각자 확인해주기 바란다.

5-3 미국의 표준치에 대조한 경우 일본인의 리스크

(a) 펠로제도의 주민과 일본인의 차이를 고려하지 않은 경우

만약, 미국학술회의나 미국 환경보호국의 생각이 맞는다고 했을 때, 평균 0.0059 mg/일을 섭취하는 일본인의, 그 태아에 미치는 리스크는 어느 정도가 될 것인가.

태아의 리스크는 엄마의 혈액내 메틸수은치 농도로 결정되므로 엄마의 혈액 중 농도와 태아의 감수성이 어떠한 분포를 하고 있는지를 알아보면 리스크를 산정을 할 수 있다.

여기서 주어진 조건을 정리해 보면 다음과 같다. 분포의 기하표준편차는 4장의 표 4-2에 표시한 값을 이용했다. 사실은 태아의 감수성 분포의 기하평균치에 대해 확실히 계산된 예가 없다. 펠로제도의 결과를 해석해 보면 얻을 수 있겠지만 지금 현재 그 결과를 볼 수가 없다. 여기서는 다양한 연령계층을 포함한 일반인에 대한 영향의 감수성분포 값을 이용했다. 일반적으로 태아만을 빼내서 영향을 보는 경우의 기하표준편차는 보다 적을 것이라고 생각된다. 여기서 평균의 섭취량은 0.0059 mg/일을 체중당으로 고치면 0.000118 mg/kgbw/일로, 여기에 대응하는 혈액내 메틸수은 농도는 식(5.2)를 이용해서 계산하면 0.0063 mg/L이 된다.

혈액 중 농도는 섭취량의 분포와 대사능력 분포의 영향을 받아 그 기하표준편차는 1.7이 된다. NOAEL은 0.058 mg/L이고 NOAEL = $M/G^{2.6}$에 상당하기 때문에, G = 2.7의 경우는 M = 0.767 mg/L이 된다.

이와 같은 경우의 리스크는 평균치 0.0063 mg/L, 기하표준편차 1.7의 대수정규분포의 확률밀도관수와 평균치 0.767 mg/L, 기하표준편차 2.7의 대수정규분포의 누적확률밀도관수를 중복하여 계산할 수 있다. 계산 경과와 결과를 표 5-1에 나타냈다. 여기서는 전체의 리스크는 1.07×10^{-5}, 즉 10만 명 중에 1명으로 아주 작은 리스크라고 할 수 있다. 또한 식(0.2)를 이용해서 계산한 결과는 1.00×10^{-5}이었다. 표 5-1의 계산에서는 일일섭취량의 구분 방법에 그다지 법칙성이 없다. 독자들은 어떤 구분 방법을 쓸지 잘 생각해서 계산하기 바란다.

일본인(이 경우 임산부) 전체에서도 10만 명 중에 1명이라는 작은 리스크이기는 하지만 이것을 더욱 더 낮추는, 다시 말해서 100만 명 중의 1명 정도의 리스크로 낮추고 싶다는 목표가 생겼다고 해보자. 이 경우 어느 정도까지 메틸수은의 섭취량을 감소시켜야 좋은가를 검토해 보자.

이 경우는 일일섭취량의 분포와 섭취량으로 표현된 NOAEL의 분포를 만들어 그것의 중복된 부분을 알아본다. 표 5-2에 그 계산과정을 나타냈다. 일일섭취량은 평균치가 0.0059 mg/일, 기하표준편차가 1.5의 대수정

표 5-1. 메틸수은이 태아에 미치는 리스크

일일 섭취량 mg/일	혈액 중 농도분포			감수성(NOAEL)분포		리스크
	평균치ln(0.00633) = −5.06245			평균치ln(0.767) = −0.26527		
	표준편차ln(1.7) = 0.5306			표준편차ln(2.7) = 0.99325		
	혈액 중 농도 mg/L	누적밀도	구간밀도	누적밀도	구간평균치	
0	0	0		0		
0.002	2.147E-03	2.077E-02	2.077E-02	1.630E-09	8.149E-10	1.69E-11
0.004	4.293E-03	2.322E-01	2.114E-01	8.932E-08	4.548E-08	9.61E-09
0.0059	6.333E-03	5.003E-01	2.681E-01	6.858E-07	3.876E-07	1.04E-07
0.007	7.513E-03	6.267E-01	1.263E-01	1.604E-06	1.145E-06	1.45E-07
0.008	8.587E-03	7.172E-01	9.059E-02	3.054E-06	2.329E-06	2.11E-07
0.009	9.660E-03	7.872E-01	6.993E-02	5.313E-06	4.184E-06	2.93E-07
0.01	1.073E-02	8.402E-01	5.301E-02	8.618E-06	6.966E-06	3.69E-07
0.011	1.181E-02	8.800E-01	3.979E-02	1.323E-05	1.092E-05	4.35E-07
0.012	1.288E-02	9.097E-01	2.972E-02	1.941E-05	1.632E-05	4.85E-07
0.013	1.395E-02	9.318E-01	2.216E-02	2.743E-05	2.342E-05	5.19E-07
0.014	1.503E-02	9.484E-01	1.653E-02	3.759E-05	3.251E-05	5.38E-07
0.016	1.717E-02	9.700E-01	2.163E-02	6.543E-05	5.151E-05	1.11E-06
0.018	1.932E-02	9.823E-01	1.225E-02	1.052E-04	8.529E-05	1.05E-06
0.02	2.147E-02	9.893E-01	7.053E-03	1.590E-04	1.321E-04	9.32E-07
0.022	2.361E-02	9.935E-01	4.133E-03	2.289E-04	1.940E-04	8.02E-07
0.025	2.683E-02	9.968E-01	3.304E-03	3.683E-04	2.986E-04	9.87E-07
0.03	3.220E-02	9.989E-01	2.158E-03	7.064E-04	5.373E-04	1.16E-06
0.035	3.757E-02	9.996E-01	6.907E-04	1.195E-03	9.509E-04	6.57E-07
0.04	4.293E-02	9.998E-01	2.407E-04	1.852E-03	1.523E-03	3.67E-07
0.045	4.830E-02	9.999E-01	9.025E-05	2.686E-03	2.269E-03	2.05E-07
0.05	5.367E-02	10.000E-01	3.604E-05	3.706E-03	3.196E-03	1.15E-07
0.06	6.440E-02	10.000E-01	2.193E-05	6.312E-03	5.009E-03	1.10E-07
0.07	7.513E-02	10.000E-01	4.596E-06	9.668E-03	7.990E-03	3.67E-08
0.08	8.587E-02	10.000E-01	1.117E-06	1.374E-02	1.171E-02	1.31E-08
0.09	9.660E-02	10.000E-01	3.059E-07	1.849E-02	1.612E-02	4.93E-09
0.1	1.073E-01	10.000E-01	9.248E-08	2.386E-02	2.117E-02	1.96E-09
합계						1.07E-05

표 5-2. 섭취량과 리스크

일일 섭취량 mg/일	일일섭취량분포		감수성분포		리스크	리스크누적	첫줄의 섭취량 이하의 사람에게 주는 리스크
	평균치ln(0.0059) = −5.1328		평균치ln(0.7146) = −0.3360				
	표준편차ln(1.5) = 0.405465		표준편차ln(2.8539) = 1.0487				
	누적확률밀도	구간밀도	누적밀도	구간평균			
1	2	3	4	5	6	7	8
생략							
0.003	4.765E-02	4.384E-02	9.013E-08	5.027E-08	2.20E-09	2.22E-09	4.67E-08
0.004	1.689E-01	1.212E-01	3.820E-07	2.360E-07	2.86E-08	3.08E-08	1.83E-07
0.005	3.416E-01	1.727E-01	1.114E-06	7.478E-07	1.29E-07	1.60E-07	4.68E-07
0.0059	5.000E-01	1.584E-01	2.394E-06	1.754E-06	2.78E-07	4.38E-07	8.76E-07
0.007	6.634E-01	1.634E-01	5.148E-06	3.771E-06	6.16E-07	1.05E-06	1.59E-06
0.008	7.737E-01	1.103E-01	9.197E-06	7.173E-06	7.91E-07	1.85E-06	2.38E-06
0.009	8.512E-01	7.750E-02	1.515E-05	1.217E-05	9.43E-07	2.79E-06	3.28E-06
0.01	9.034E-01	5.226E-02	2.343E-05	1.929E-05	1.01E-06	3.80E-06	4.20E-06
0.012	9.600E-01	5.660E-02	4.870E-05	3.606E-05	2.04E-06	5.84E-06	6.08E-06
0.014	9.835E-01	2.344E-02	8.842E-05	6.856E-05	1.61E-06	7.44E-06	7.57E-06
0.016	9.931E-01	9.601E-03	1.458E-04	1.171E-04	1.12E-06	8.57E-06	8.63E-06
0.018	9.970E-01	3.967E-03	2.237E-04	1.848E-04	7.33E-07	9.30E-06	9.33E-06
0.02	9.987E-01	1.668E-03	3.249E-04	2.743E-04	4.58E-07	9.76E-06	9.77E-06
0.025	9.998E-01	1.118E-03	6.940E-04	5.094E-04	5.70E-07	1.03E-05	1.03E-05
0.03	10.000E-01	1.544E-04	1.250E-03	9.721E-04	1.50E-07	1.05E-05	1.05E-05
생략							
합계					1.050E-05	1.050E-05	1.050E-05

규 분포로 한다. 한편, NOAEL 쪽은 평균치 0.7146 mg/일(혈액 중 농도 0.0767 mg/L에 상당하는 일일섭취량)으로 기하표준편차 2.85의 대수정규 분포가 된다. 후자는 개인의 대사능력 분포와 감수성 분포가 합성된 것이다. $(\ln(1.4))^2 + (\ln(2.7))^2 = (\ln(2.85))^2$ 이기 때문이다.

표 5-2의 제1열은 일일섭취량, 제6열까지는 지금까지의 리스크 계산 방법과 같다. 7열째는 A mg/일의 행이면 0～A mg/일까지 섭취량의 사람들의 리스크 누적치이다. 예를 들면, 일일섭취량이 0～0.0059 mg/일까지의 누적 리스크는 4.39×10^{-7}이다. 이 경우의 리스크는 전 인구 중에서의 확률이므로 그 분모에는 0.0059 mg/일을 넘는 사람들도 포함해서 0.0059 mg/일 이하의 사람들 중 어느 정도의 리스크가 있는가에 대한 값은 아니다. 그래서 8열째에는 7열째의 값을, 일일섭취량의 사람들의 인구(2열째의 값)로 나눈 값을 보여주었다. 그 결과를 보면 0～평균치까지 집단의 리스크는 9×10^{-7}, 0～0.007 mg/일까지의 집단리스크는 1.6×10^{-6}이라는 것을 알 수 있다. 이와 관련해서, 모든 사람이 0.0059 mg/일이라면 그 리스크는 LOGNORMDIST(0.0059, ln(0.7146), ln(2.8539))로 2.4×10^{-6}이 된다.

즉, 현재의 평균적 섭취량을 목표로 한다면, 바꾸어 말하면 그것보다 높은 사람들이, 그 이하의 사람들과 같은 섭취량 분포로 바뀐다면 100만 명 중 1명 정도의 리스크로 억제할 수가 있다. 표 5-2의 제6열의 최하단의 1.05×10^{-5}라는 값은 일본인 집단의 리스크이므로, 표 5-1의 최하단의 1.07×10^{-5}와 일치해야 하지만 조금 차이가 있는 것은 2개의 분포를 합성했을 때의 기하표준편차 값을 사사오입해서 구했기 때문이다.

이 리스크는 임산부를 통한 태아의 리스크이므로 아이도 포함해서, 남성이나 1년 이내에 임신할 가능성이 없는 여성은 신경 쓸 필요가 없다. 메틸수은의 체내반감기에 대해서 미국 환경보호국은 평균으로 49.5일로 하고 있고, 제4장의 칼럼에서 인용했던(Alberg가 제안한) 값은 약 70일이었지만, 두 경우 모두 그 정도로 오래 체내에 잔류하지 않고 반년 정도 지나면 혈액 중 농도가 낮아지게 된다.

식에 수치를 넣으면 곧바로 답이 나오는 경우도 필자는 먼저 표 계산을 할 것을 권하고 싶다. 그것은 어떻게 하면 리스크를 삭감할 수 있는가

를 계산해 가는 과정에서 알 수 있기 때문이다. 꼭 표 계산을 생략하지 않기를 바란다

(b) 펠로제도의 주민과 다른 경우

펠로제도의 조사 결과는 사람을 대상으로 한 것으로 그 중에서 가장 민감한 사람의 NOAEL이 채택되었기 때문에 일반적으로는 섭취량과 체내농도와의 관계의 불확실성 계수 이외에는 필요하지 않다고도 말할 수 있는 케이스이다. 그러나 미국학술회의와 현재보호국은 표준치를 결정할 때에 불확실성 계수로 10이라는 값을 선택했다. 이 10이라는 수치를 넣은 근거는 펠로제도 주민과 미국인의 인종적 균일성의 차이를 고려해서 불확실성 계수 3이, 그리고 대사능력의 개인차에 기인하는 것으로 불확실성 계수 3이 여기에 더해져 다시 합성해서 10이 채택되었다. 후자에 대해서는 이미 본 해석 중에서 대사능력 분포의 기하표준편차 1.4로 고려한 것에 상응하다.

항(a)의 계산에서 미국 환경보호국이 가정한 전자의 불확실성 계수는 고려하지 않은 채, 즉, 펠로제도 주민의 감수성 분포에 따른 기하표준편차와 일본인의 것을 똑같이 2.7로 놓고 계산했다. 미국 환경보호국은 만약에 펠로제도 주민의 집단이 그 성장과정에서부터 생각했을 때 인종적으로 균일하고, 그 감수성 분포의 분산은 미국의 것과 비교하면 작을 지도 모른다는 점에서 불확실성 계수의 3을 예상한 것이다. 인종의 균일성에 따른 이와 같은 불확실성 계수를 고려한 일은 종래에는 없었고, 유전자 연구 등의 입증 없이 이 같은 인자를 고려하면, 리스크 평가가 계속해서 자의적으로 되어가기 때문에, 필자는 이 방법이 좋다고는 생각하지 않지만, 여기서는 미국 환경보호국과 같은 가정을 놓고 계산하면 어떻게 되는지를 보여주고 싶다.

불확실성 계수의 3을 예상한다는 것은 일본인의 감수성 분포의 기하표

준편차가 2.7일 때, 펠로제도 주민의 것은 1.7이라는 것을 의미한다. 이 기하표준편차를 이용하면 (a)에서 구한 반수반응용량(M)의 값은 0.767 mg/L이 아니라 0.226 mg/L으로 계산된다. 이 가정 아래서 리스크 계산을 하면 체내 농도분포는 μ_1 = ln(0.0063), σ_1 = ln(1.7), 감수성 분포는 μ_2 = ln(0.226), σ_2 = ln(2.7)이므로 식(0.2)를 이용하면 리스크는 1만분의 7.5 정도가 된다. 항(a)에서 구했던 값과 비교하면 75배 정도 높다.

개인의 NOAEL분포(감수성분포)의 기하표준편차는 다음과 같이 정의된다[3)]는 것을 이용하면

$$\frac{NOAEL(\text{중앙치})}{NOAEL(\text{가장민감한사람})} = \frac{NOAEL(median)}{NOAEL(1\%\text{타일})} = G^{2.33}$$

위의 계산이 된다. 불확실성 계수에 대한 몇 가지의 관용적 법칙은 상호간에 반드시 정합성을 갖지는 못하고, 불확실성 계수 3을 고려한 경우의 계산 값에서 차이가 나온다. 여기에 표시한 값은 리스크치가 최대가 되도록 한 가정하에서 얻은 것이다.

다양한 안전율을 예상하고 위험비(BOX)를 계산해서, 안전 레벨을 구하는 일은 안전관리의 면에서만 보면 좋은 방법이지만, 그러기 위해서 귀중한 식품을 금지하지 않을 수 없게 되는 경우도 있다. 그러한 경우에는 안전율의 의미를 되짚어, 분포에 근간하여 리스크를 계산하는 것이 좋다. 그러면 리스크의 실태를 알 수 있다. 범용성을 위해 만들어진 디폴트치의 안전율이 너무 높기 때문에 외관상 위험하다고 간주되는 경우도 있고 섭취량 등의 데이터가 이중 삼중으로 계산되는 것이 위험하다고 생각되는 경우도 있다. 만약, 이장에서 다루었던 식으로 계산을 한다면, 리스크가 정말로 높은 경우가 있어도 어느 부분이, 그리고 무엇이 원인이 되어 리스크가 높아 졌는가를 알 수 있기 때문에 대책이 용이하다. 또한 어느 경우에는 일정 레벨의 리스크는 감수해야 하는 것으로 사회적 합의를 얻

을 수 있을지도 모른다. 이러한 고도의 리스크 관리를 위해서는 위험비가 아닌 확률적 리스크 계산이 필수적이다.

(c) 데이터의 검증

이 책은 계산과정을 설명하는 것이 주된 목적이지 데이터가 정확한지 어떤지를 검토하는 것이 목적이 아니다. 그러나 여기서 사용한 일본인의 평균적 메틸수은 섭취량이 0.0059 mg/일이라는 수치는 기본이 되는 숫자이므로 검증해 두고 싶다. 이 수치는 후생노동성이 1975년 이후 매년 행하고 있는 토털다이어트스터디(전식사량 조사)의 결과이다. 이것은 국민영양조사, 가계조사 등에 기초하여, 일상적으로 먹는 식품 종류와 양을 정해, 평균적인 모델 식단을 만들어, 그것의 성분 분석을 하는 조사이다. 제일 신뢰도가 높은 조사이기는 하지만, 수만 가지나 되는 식품재료를 대상으로 하는 조사이므로 검증이 어렵다. 이 같은 경우에는 오히려 국민의 체내농도로 검증하는 것이 좋다.

2001년 9월부터 2002년 12월 사이에, 국립 미나마타병 종합연구센터를 방문해서, 모발내 수은치의 분석을 의뢰한 1570명의 모발 중 수은치의 평균치는, 남자 2.66 mg/kg hair, 여자 1.46 mg/kg hair, 최고치는 21.17 mg/kg hair 이었다. 동 센터 방문자라는 편차는 있으나, 그 편차는 평균치를 줄이는 방향으로 작용하지 않는다고 생각할 수 있으므로 일본인의 모발 중 수은치는 상당히 낮다고 판단해도 좋을 것이다[4].

10년 정도 전이지만, 연구실의 대학원생이나 직원의 모발 중 수은치를 측정한 적이 있다. 이것도 이 오더로 하였고, 또한, 브라질의 벨렘에 있는 파라연방대학 학생들의 모발 시료에서도, 7검체에서 2.5 ± 0.8, 16검체에서 1.8 ± 2.1 이었다. 참고로 벨렘의 학생들은 대부분이 육식을 하고 있었다.

식(4.2)에서, 일일섭취량 0.0059 mg/일을 대입해 보면, 모발 중 수은치의 예측치는 2.5 mg/kg hair이 된다. 또한, WHO는 1990년에 모발 중 수은농도(mg/kg hair)와 혈액 중 수은농도(mg/L)와의 사이에는 250 : 1의 관계가 있다고 보고하고 있다. 이 관계식과 식(5.2) 등을 이용하면, 이 섭취량에서부터 추정되는 모발 중 수은치는 1.6 mg/kg hair가 된다. 이러한 관계식은 고농도 시료를 대상으로 해서 나온 것으로, 제로에 가까운 시료에서 어느 정도 유효할까 하는 의문도 있지만, 일단은 지금 얻을 수 있는 모발 중 수은치의 데이터에서 보는 한, 이 책에서 계산에 이용한 평균 섭취량은 타당한 값이라고 판단된다.

(d) 미국의 결과와 우리의 해석 차이

미국학술회의나 환경보호국이 내놓은 표준치와, 일본의 현재 실태는 크게 차이가 있는데도, 왜 리스크는 그다지 크지 않은 것일까.

그것은 미국에서는 모든 케이스에 들어맞는 불확실성 계수를 취하고 있으나, 현실적으로 그 불확실성 계수의 일부는 반드시 필요하지 않기 때문이다. 그러면 왜 그와 같은 큰 안전율을 취하는가 인데, 디폴트 치로서는 모든 경우에 들어맞을 만큼 큰 값이 준비되어 있다. 미국의 경우는 그러한 규제치를 설정해도 특별히 부적합한 것이 없기 때문에, 그것을 사용해서 규제치를 설정하고 있을 뿐이다.

미국에서는 0.0001 mg/kg bw/일의 허용섭취량 표준치를 토대로, 어패류의 메틸수은 표준치를 0.3 mg/kg fish로 했다. 이 값은 일본이 현재 가지고 있는 잠정기준치와 동일하다. 허용섭취량 표준치는 엄격하나, 어패류내의 수은치가 지금의 일본의 수치와 같은 미국에서의 어패류 섭취량이 0.0175 kg/일임에 비해, 일본은 약 0.1 kg/일이기 때문이다. 어패류 0.3mg/kg fish의 기준치라면, 그다지 큰 문제가 되지 않을 뿐 아니라 구제당국이 규제를 희망한다는 요소도 들어있는 것으로 생각된다. 만약, 의에 표시한 것처럼 10이라는 불확실성 계수를 고려하지 않았다면, 미국에서 수은은 전혀 규제할 필요가 없다는 결론이 된다.

만약, 일본이 미국의 허용섭취량을 그대로 받아들여, 그것을 어패류 섭취량으로 나누면, 어패류 중 농도 0.05 mg/kg fish 이하로 해야만 된다. 4장의 데이터로 돌아가서, 평균치에서 이 값 이하의 물고기는 멸치(0.027 mg/kg), 명태(0.04 mg/kg), 오징어(0.046 mg/kg) 밖에 없다. 바지락조개도, 정어리도, 고등어도 먹어서는 안 된다. 더욱이, 여기서 제시한 값은 평균치이다. 흔히, 기준치가 정해지면 그 값을 넘는 것이 두세 개, 심한 경우는 하나만 발견되어도 금지된다. 이 말은 아마 멸치도 안 될 것이다. 그렇게 되면 일본인은 생선을 먹지 말라는 것이 된다.

어패류 등 자연에서 얻는 먹을거리는 종류도 다양하고 같은 종류 중에서도 지역이나 성장단계 등에 따라 다르며 개인차가 있다. 당연히 수은치의 편차도 크다. 사람은 농도가 높은 것과 낮은 것을 무작위로 먹는다. 그리고 최종적으로 개인의 수은 체내농도는 그다지 편차가 크지 않는 일정한 폭 안에 들어가 있다. 그러나 허용 섭취량을 어패류 섭취량으로 나누어 기준치를 정하는 순서는 수은의 상한치의 개체, 수은의 상한치의 종류만의 것을 섭취한 경우에, 허용량을 초과하지 않는 것을 의미한다. 평균치는 상한치의 10분의 1이라는 것임에도 불구하고, 상한치의 생선만을 계속 먹는다고 한다면 위험하다는 것으로, 모든 것을 금지하게 되는 경우도 있다. 수은이 바로 그러하다.

그러한 경우에는 현실에 맞게 먹는 방법을 고려한 리스크 계산을 해서, 정말로 금지해야 하는 것과 주의해야 하는 것, 지금처럼 해도 좋은 것을 구별해 가는 것이 중요하다. 어패류가 일본인에게 중요한 식재료이기 때문에 이와 같이 세밀하게 리스크 평가가 이루어질 필요가 있다.

마지막으로, 본 장에서 나타낸 방법과 사고를 하는데 필요한 사용상의 주의도 언급할 것을 덧붙여 말하고 싶다. 안전을 생각하면, 다량으로 먹는 것에는 특히 엄격한 기준치를 설정하지만, 소량의 경우에는 느슨해도 좋다는 것이 된다. 그러나 여기서 서술했던 것은 다량으로 먹는 것에는 상황을 계속 관찰하여 안전율을 줄이지 않으면 안 되는 현실이다. 이것은 생각해보면 무서운 일이다. 무서운 일이지만, 그것을 하지 않으면 안 된다. 그것이 정말로 무서운 일이 되지 않기 위해서는 몇 가지 주의가 필요하다. 예를 들면, 평균치를 알아낼 목적으로 한 국가 레벨에서의 어패류 수은치의 정기적인 체크, 그리고 사람들의 혈액 중 농도, 또는 모발 중 농도의 분포에 대한 정기적 검사가 필요하다고 생각한다. 매년 1000명 정도의 정기적인 조사가 이루어지기를 바란다. 또한 어떤 경우에는 임산부 등에게 어패류의 먹는 법에 대한 경고를 해주어도 좋다고 생각한다.

5-4 몬테카를로법에 의한 계산

지금까지 대수정규분포의 확률밀도관수를 이용하여 계산했다. 계산이 복잡하다고 생각되는 사람들을 위해, 보다 더 간단한 방법을 소개하겠다. 몬테카를로법을 이용한 예측으로, Crystal Ball(일본어판, 구조계획연구소)이라는 소프트를 사용하여 계산할 수 있다[5)].

다시 한 번 리스크의 정의로 돌아가서, 개인의 체내농도(이 경우는 혈액 중 농도)가 개인의 NOAEL을 넘는 비율이 리스크이므로, 혈액 중 농도 / NOAEL를 산출해서, 그것이 1을 넘는 확률을 계산하면 된다. 리스크란 식(5.3)으로 정의된다.

$$\text{리스크} = \text{확률}\left\{\frac{\text{혈액중농도}(M=0.0063,\ G=1.7\text{대수정규분포})}{NOAEL(M=0.767,\ G=2.7\text{대수정규분포})} > 1\right\} \quad (5.3)$$

몬테카를로법에서는 일정한 규칙으로 난수를 발생시켜, 그 확률을 알 수가 있다. NOAEL의 기하평균치가 0.0063 mg/L에서, 기하표준편차 1.7인 대수정규분포가 되도록, 개인의 혈액 중 농도의 난수를 10000회 발생시킨다. 5-3절 (a)의 경우에는 NOAEL의 기하평균치가 0.767 mg/L이고 기하평균치가 2.7인 대수정규분포가 되도록 난수를 1000회 발생시킨다. 이 두 개의 조합으로 몇 회 체내농도가 NOAEL을 초과하는가를 조사한다. 그리고 5-3절(b)의 케이스에서는 NOAEL의 기하평균치가 0.226 mg/L이고, 기하표준편차가 2.7의 경우에 대해서 반복한다. 여기서 이용하고 있는 혈액 중 농도 / NOAEL에서는 적당한 용어가 없으므로, 일단 여기서는 NOAEL비라고 부른다. 노출마진(MOE: Margin of Exposure)이라는 용어가 가끔 쓰이고 있는데 그것은 여기서 정의한 NOAEL비의 역수이다.

10000회의 난수를 발생시킨 결과, 전자의 케이스에서는 NOAEL비의 최고치는 0.61로 1을 넘는 경우의 수는 제로였다. 항(b)의 케이스에서는 NOAEL비의 최고치는 2.07이 되어 1을 넘는 확률은 0.06%였다. 즉, 리스크는 6×10^{-4}가 된다. 5-3절, 항(b)의 계산에서는 7.5×10^{-4}이었기 때문에 타당한 부분도 있을 것이다. 양자의 수치의 다른 점은 한쪽이 계산에 의한 것에 비해, 다른 한 쪽이 난수에 의한 것에도 기인한다. 난수에 의한 경우에는 일정의 편차가 있다. Crystal Ball에서는 손쉽게 계산할 수 있는 것과 95% 타일 치가 어디 쯤에 있는지 등을 간단히 볼 수 있는 것이 좋다. 또한 복수의 매체로부터 노출되는 경우, 누적확률밀도를 쓰면 계산이 복잡 또는 곤란해지는 경우도 있으나, 그런 경우에도 Crystal Ball은 단순한 확장으로 해결되어 버리는 장점이 있다.

5-5 아마존의 수은오염

칼럼에서 기술했듯이 아마존강 유역에서 수은오염 문제가 일어났다[6]. 우리들이 가장 열심히 조사한 것은 이타이츠바 라는 금의 집산지에서 배

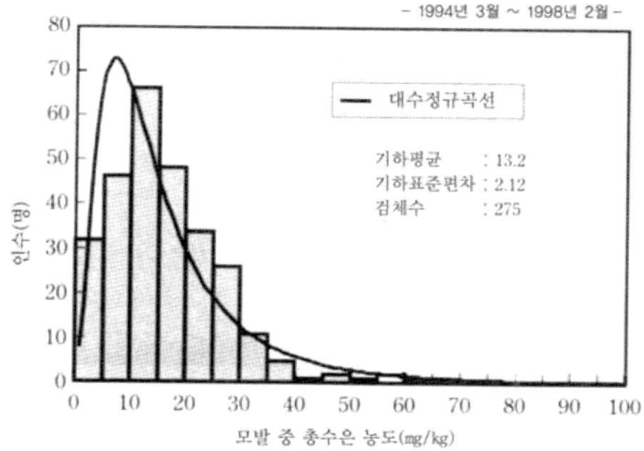

그림 5-1. 바헤이어에서 모발 중 총수은치 도수분포

로 100 km정도 남쪽에 위치하는 바헤이아라는 고립어촌이었다. 여기서 모발 중 수은치의 산술평균치는 17 mg/kg, 기하평균치는 13.2 mg/kg이었다(검체수 275). 그 결과를 그림 5-1에 나타냈다.

여기에서 20대와 30대 여성만 빼보면 시료수는 61이 되어, 산술평균치는 16.4 mg/kg, 기하평균치는 13.0 mg/kg, 기하표준편차는 2.25가 되었다. 모발 중 수은치: 혈액 중 수은치 = 250 : 1 이라는 관계를 이용하면, 여성의 혈액 중 농도의 기하표준치는 0.052 mg/L이 된다. 여기서 리스크는 다음과 같이 정의할 수 있다.

$$\text{리스크} = \text{확률}\left\{\frac{\text{혈액중농도}(M=0.0052,\ G=1.7\text{의 대수정규분포})}{NOAEL(M=0.767,\ G=2.7\text{의 대수정규분포})} > 1\right\}$$

몬테카를로법을 이용해서 계산하면, 괄호안의 값이 1을 넘을 확률은 1.64%, 즉, 리스크는 100명 중 1.6명이다(해석해는 1.79%가 되지만).

이 경우에 대한 NOAEL비의 도수분포를 그림 5-2에 나타냈다. 가로축이 NOAEL비의 값, 세로축이 도수이다. 1.0까지를 표시하고 있어, 1.0을

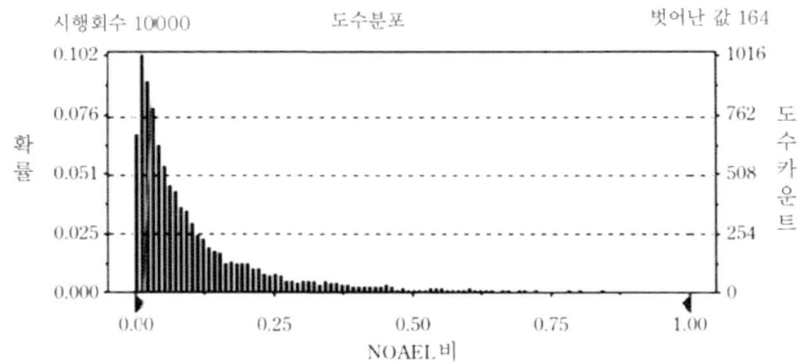

그림 5-2. NOAEL비의 도수분포(아마존, 여성)

넘은 회수가 164회인 것은 오른쪽 위의 「벗어난 값」의 회수에서 알 수 있다. 이 벗어난 회수의 비율이 리스크이다.

이 계산 과정에서 이용된 혈액 중 농도(추정치)의 분포를 그림 5-3에서 나타냈다. 가로축이 혈액 중 농도, 세로축이 도수이다. 이 그림은 오른쪽 끝을 0.275에서 자른 것이다. 이 값은 예측치의 약 98%를 포함한 위치이다. 바헤이아의 경우에는 그 실측치에서 혈액 중 농도의 기하표준편차를 2.25로 했다. 그러나 소수의 실측치에서 분포의 파라미터를 구하는 것이 꼭 좋은 것만은 아니다.

평균치는 실측치에서 구한다 해도, 표준편차는 다른 정보도 참고해서 신중하게 정하는 것이 바람직하다.

이 경우에 실측된 최고의 모발 중 수은치 35.6 mg/kg hair에서 계산된 혈액 중 농도는 0.142 mg/L이지만, 여기서 가정된 분포 아래서의 난수치의 최고치는 1.46 mg/L(모발 중 364 mg/kg hair)이고, 97.5% 타일치로 0.264 mg/L(모발 중 수은치 66.1 mg/kg hair에 상당)이다. 아무리 생각해도 1.46 이라는 수치는 이해하기 어렵다. 이러한 경우에는 난수발생에 또 한 개의 제한을 추가하는 것도 가능하다. 그림 5-3에 따라서 혈액 중 농

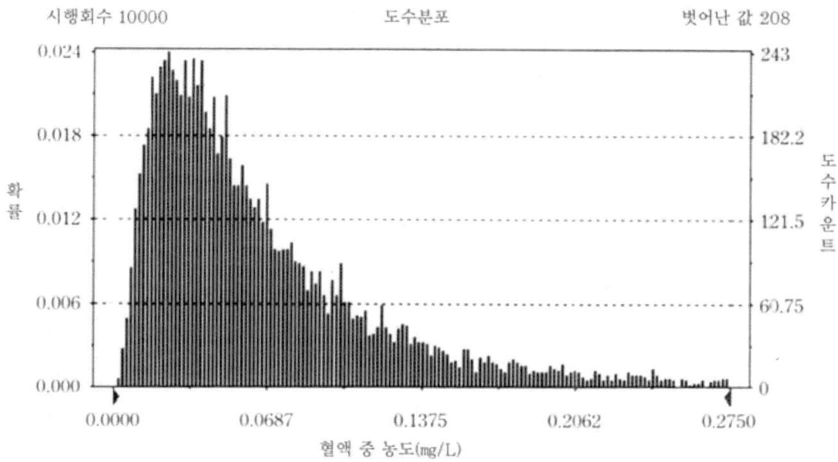

그림 5-3. 혈액 중 농도(추정치)의 도수분포(아마존, 여성)

도는 0.275 mg/L 이하라는 제한을 붙여서 난수를 발생시키는 것도 좋다. 그 경우의 리스크는 1.64%에서 1.24%로 감소한다. 이러한 제한을 추가하여 간단히 계산할 수 있는 것도 Crystal Ball의 장점이다.

5-6 생선은 위험한가?

생선은 수계오염의 영향을 받기 쉽다. 그것을 일본인은 주된 단백질원으로 삼고 있다. 그럼, 어패류를 그만 먹거나 줄여야만 하는 것인가?

어패류와 육류는 어느 쪽이 더 위험한 것일까? 필자의 계산을 보고, 이제 더 이상 생선을 먹지 않겠다는 사람들이 나오는 것도 곤란하므로, 생선을 먹는 것의 장점에 대해서 해석한 예를 인용해 보겠다. 필자 자신의 해석도 아니고 가정 등에는 납득이 되지 않는 부분도 있기 때문에 여기서는 소개로만 끝내고 싶다.

브라함이 쓴『리스크대 리스크』[7]의 제5장「생선을 먹는다」에서 요약한 것이다.

미국과학아카데미(NAS)는 1989년에 심장질환을 감소시키기 위해서 미국인은 단백질원을 생선으로 바꿔야 한다고 권고했다. 한편, 몇몇 주정부기관은 생선에는 많은 발암물질이 함유되어 있으니 특정지역의 어패류에 대해서 많은 경고도 내놓고 있다.

여기서는 먼저, 생선을 먹는 것에 의해 관상동맥성 심질환(CHD)의 리스크가 어느 정도로 감소하는가를 크롬하우트가 네덜란드 사람을 대상으로 한 연구결과를 토대로 계산하고 있다. 그것에 따르면 생선을 전혀 먹지 않는 사람의 리스크를 1이라 하면, 1일 15 - 29 g 먹는 사람의 CHD의 리스크비는 0.56, 45 g 이상이면 0.39가 된다. 미국인의 평균적인 생선의 섭취량은 1일 20 g(10일에 한끼, 한끼 약 200 g)이므로, 그것을 40 g 늘리면, CHD 사망리스크는 12% 감소한다고 예측된다는 것이다. 나까니시(인용자)가 현재 미국의 사망률 데이터를 가지고 계산해 보면 연간 10만 명당 약 100명의 사망을 줄일 수 있게 된다.

이와 관련하여, 미국인의 CHD는 사망률의 35%를 차지한다고 이 책에 쓰여 있다(세계국력도회, 1996 - 97에 의하면, 미국에서의 사인 중 암의 비율은 27%, 심질환의 비율은 34%, 일본은 암이 29%, 심질환이 15%이다. CHD는 반드시 일본 통계인 심질환에는 대응하지 못하고 있는 점에 주의자. 여기서는 연령보정은 처리되어져 있지 않다).

한편, 그들은 생선에 함유된 화학물질에 의한 발암리스크를 계산하고 있다. 여기서는 미국의 식품의약국의 제한치까지 6종의 화학물질이 함유되어 있는 경우의 발암리스크를 계산하고 있으나, 이것은 너무나 비현실적이다. 예를 들면, DDT가 5 ppm이든가, PCB 2 ppm이든가, 다이옥신은 50 ppt(ppm의 100만분의 1)라는 상태지만, 이렇게 대량으로 화학물질이 함유되어 있는 생선은 존재하지 않지만 여기서는 그러한 전제를 하고 있다.

생선을 1일 20 g 여분으로 먹으면 평생 암에 의한 사망은 10만 명 당 7.5명 증대한다고 계산되고 있다. 이것은 연간 사망 수에서 0.1명의 증가를 말한다. 생선의 장점은 약 100명, 리스크는 0.1명이다. 장점은 리스크의 약 1000배가 된다(본문에서는 1200배에서 2300배가 된다. 아마도 과거의 사망률 데이터를 이용하면, 이와 같은 숫자가 된다고 생각함).

확실히 생선에 함유된 잔류성 화학물질의 리스크는 존재한다. 그러나 생선을 먹는 것의 장점은 그것보다 크므로 생선을 많이 먹자. 어패류를 많이 먹는 일본인이 세계에서 가장 수명이 긴 것도 이치에 맞는 것이라고 생각한다.

단, 오염을 줄이는 것이 가능하다면, 그리고 그러한 노력을 한다면 그만큼 리스크도 감소한다. 바다의 오염을 줄이면 큰 은혜를 받는다는 것을 생각해서 바다의 오염에 좀 더 관심을 가져보자. 메틸수은에 의한 어패류의 오염은 자연에 기인한 것이며 불가항력이라고 말해진다.

칼럼▶……………………………………아마존의 수은오염

나는 1992년부터 1998년까지 7년간 아마존강 유역에서 수은오염 조사를 했었다. 아마존강의 수은오염은 사금 채굴이 원인이라고 생각된다. 사금 채굴을 위해 강 밑바닥의 토사를 파서 그 안의 금을 빼내는 것이지만, 그때 수은을 가하면 수은과 금이 합금을 만들어 쉽게 빼낼 수 있다. 수은과 금의 합금은 아말감의 일종으로 그것을 후라이팬과 같은 것 위에 올려놓고, 가스버너로 태우면 수은은 증발하고 금만 남는다. 대기 중으로 날아가는 수은은 금속수은이나 아마존강의 물고기에 농축 되어 있는 것은 메틸수은이다.

1992년에 브라질에 갔을 때, 현지에서는 학자도 포함해서 무기수은과 유기수은을 구별하지 못했다. 수은이 있으면 미나마타병이라고 두려워하고 있어, 수은을 다루는 채굴노동자에 미나마타병이 있다는 말이 돌았다. 그러나 잘 조사해보면 문제는 채굴현장이 아니라 그것보다 수백 킬로미터나 떨어져 있는 하류의 어촌이었다. 아마존강의 지류에 면하고 있는 몇 곳의 고립된 어촌가 있는데, 그곳의 많은 주민은 반농반어로, 생선이 중요한 식재료였다.

아마존강의 하구, 바로 적도 아래에 파라주의 주도(州都) 벨렘이 있다. 여기에 있는 파라연방대학 의사들과 공동으로 우리들은 조사를 계속했다.

주된 조사 장소는 지류 타파죠스강을 면하여 위치하고 있는 바헤이아라는 작은 산촌(散村)이었다. 벨렘에서부터 600~700 km 남서로 이타이츠바라는 마을이 있는데, 그곳에서 배로 바헤이아로 갈 수 있다. 이타이츠바는 금의 집산지이면서 많은 금 중매인이 가게를 내고 있다

1992년에 우리가 처음으로 방문했을 때 그곳은 어수선 했고 각종 사고·범죄가 많은 마을이었다. 그리고 이타이츠바 공항은 북미와 남미에서는 시카고 다음으로 비행기의 발착회수가 많았다. 비행기의 대부분은 금을 사러 오는 상인들이 쓰는 아주 작은 경비행기였다. 우리들은 간염과 말라리아 이외도, 범죄로 인한 불안에 떨면서 현지로 발을 옮겼다.

우리들의 주요한 일은 주민의 모발수집과 문진이었다. 모발은 일본으로 가져가서 수은분석을 했다. 모발 중 수은치는 섭취량과의 상관도 좋고, 혈액 중 농도와의 상관도 좋아, 체내의 수은량의 좋은 지표가 된다. 혈액의 채취를 인정받는 것은 우선 불가능 했다. 모발검사는, 수은오염의 조사를 어느 정도로 쉽게 했는지는 모르겠다. 만약, 이러한 간단한 조사법이 없었더라면 온갖 병이 수은 때문에 생겼거나 또는 몰랐을 거라고 생각한다. 모발 중 수은치의 최대치는 70 mg/kg(ppm)을 넘었다. 산술평균치는 약 16 mg/kg(ppm), 기하평균치는 13 mg/kg(ppm)이었다. 이 평균치를 가진 집단에서는 성인이라도 지각장해의 리스크가 나타나는 함유율이었다. 단, 일본의 미나마타병과 같은 극증환자는 생각하기 어려운 상황이었다. 필자는 100명 중 3명 정도는 메틸수은에 의한 지각장해가 있어도 이상하지 않을 것이라는 예측을 내놓았다(이 때 계산 원리는 3장 또는 이 장에서 표시했던 것과 같으나 엔드포인트를 성인의 지각장해에 두었다). 최종적으로 구마모토대학 조교수(당시) 하라다씨에게 현지에 가서 진찰을 하게 했다. 하라다씨의 진찰에 의하면, 주민 3명에게 메틸수은 중독 증상이 인정되었다.

아마존에서는 메틸수은이 환경내에 배출된 것이 아니었다. 무기수은이 대기 중에 나와 그것이 강으로 흘러들어갔다. 거기서 메틸수은으로 변화한 것 같다. 아마도 미생물이 사이에 끼어있을 것이다. 그러나 아직 잘 알지 못한다. 그것이 생선에 농축되어 인간이 먹는다. 미나마타와 같이 직접메틸수은이 노출된 경우와 비교해서 영향은 미약하지만 무기수은이 있어도 메틸수은 중독이 생긴다는 것을 알았다.

단, 이러한 경우의 대책은 어렵다. 공장을 폐쇄시키면 된다는 것이 아니라 환경 중에 잔류하는 수은이 조금씩 메틸수은으로 변화하기 때문이다. 거기에다 생선 먹는 것을 금지한다고 하면 먹을 것이 없게 된다. 기껏 말할 수 있는 것은 내장을 먹지 말라는 말 정도이다.

[참고문헌]

(1) U. S. EPA(2001), IRIS Methylmercury(Last revised 07/27/2001); USEPA(1995), Mercury Study Report to Congress, Office of Research and Development, Washington, DC. External Review Draft. EPA/600/P-94/002Ab.

(2) Schoeny, Rita(2002), Revisions of EPA's reference dose for methylmercury (Methylmercury EPA Update 06/02). http://www.nescaum.org/committees/aqph/HgConfJune02.html # top

(3) Slob, W. and Pieters, M. N.(1998), Probabilistic Approach for Deriving Acceptable Human Intake and Human Health Risks from Toxicological Studies：General Framework, *Risk Analysis*, Vol. 18, No. 6, pp. 787-798.

(4) 国立水俣病総合研究センター(2003), 同年報, 第 23 号, 78-80 頁.

(5) Evans, James R., Olson/David L., 服部正太訳(1999), リスク分析・シミュレーション入門, 発行株式会社構造計画研究所, 発売(株)共立出版.

(6) 中西準子(1999), アマゾン川流域における水銀汚染に関する研究(平成 8～10 年度科学研究費補助金研究成果報告書).

(7) グラハム, ジョン・D, 他著, 菅原努監訳(1998), リスク対リスク, 昭和堂.

제6장 토양 중의 다이옥신류 해석

6-1 연습과제

일본인은 어패류를 많이 먹기 때문에 필연적으로 다이옥신을 체내로 섭취할 수밖에 없다. 특히 도시의 쓰레기 소각장이나 산업폐기물 소각장 주변에 사는 주민들로서는, 이런 소각장으로부터 배출되는 다이옥신류에 의한 건강영향에 보다 관심이 많을 것이다. 그 영향을 조사하기 위해 대기 중의 농도를 측정하려고 해도 소각장 굴뚝에서 배출되는 다이옥신류는 그 때 그 때의 풍속과 풍향의 영향으로 주변의 공기 중의 다이옥신류 농도는 시시각각 변한다. 1회 또는 2회 정도의 농도 측정으로는 정확한 오염량을 알 수 없다. 그렇다고 해서, 우리들은 대기 중의 다이옥신류 농도를 매일 측정하지 않으면 안 되는 것일까? 그것은 비용이 너무 많이 들어 가능하지가 않다. 또한, 과거로 거슬러 올라가 농도측정을 할 수도 없다.

현재는 많이 좋아졌다고 하지만 과거에는 심한 연기를 배출하던 소각로의 경우 등, 과거의 오염이 어느 정도로 영향을 미치는지도 알아야겠다.

그래서, 과거부터 지금까지의 누적 폭로량을 추정하는 좋은 방법이 있으니 이 장에서는 그 방법을 소개 하겠다.

다이옥신은 환경 중에서 분해되기 어렵고, 지용성이기 때문에 토양 중

유기물에 흡착하기 쉬운 성질을 가지고 있다. 이 때문에 배출된 다이옥신류 일부는 가스 상태와 대기 중의 부유입자에 흡착한 상태로 침강하여 토양 표면에 도달하고, 가스상과 입자 흡착상의 다이옥신류를 포집하면서 내리는 비에 의해서도 토양 표면에 운반되어 거기서 축적된다. 토양은 소위 "피할 수 없는 증거"가 되어 소각장이 가동 되면서부터 현재에 이르기까지 다이옥신류의 배출을 기록하고 있는 것이다. 따라서, 토양 중의 다이옥신을 해석하면, 소각장 가동후의 평균 배출량을 추정할 수 있다. 다행이도, 우리들이 관심을 가지고 있는 것은 다이옥신류에 장기간 노출되면서 수반되는 만성영향으로, 이 리스크를 측정하기 위해서는 장기간의 평균적인 농도를 알 수 있으면 된다.

본 장에서는, 토양 중 농도에서, 소각장 가동에서부터 현재에 이르기까지의 소각장에서의 다이옥신류 배출속도와 그 동안의 평균 노출량을 다음과 같은 순서대로 추정해 간다.

(1) 현재의 토양농도에서, 대기에서 강하되어 온 다이옥신류의 양을 추정한다.

(2) 다이옥신류의 강하량을 기준으로 소각장에서의 배출속도를 추정한다.

(3) 현재에 이르기까지의 소각로 가동 기간 중의 평균 대기 중 농도와 노출량을 추정한다.

6-2 다이옥신류의 토양 중 농도와 대기 강하량

환경청은 1998년도에 실시한 긴급 전국일제조사에서, 배출원 부근의 토양 중 다이옥신류 농도는 평균 5 pg-TEQ/g(0.1～36 pg-TEQ/g)으로 보고되어 있다[pg은 10^{-12} g에 상당함]. (TEQ는 독성등가량의 약자로, 제8장에 상세하게 기술되어 있다. 본 장에서는 전부 TEQ베이스 계산이므로, 이후의 다이옥신류량과 농도에는 TEQ 단위를 붙이지 않았다.) 여기에서는 발생원(굴뚝)에서 500 m 떨어진 지점의 토양 중 다이옥신류 농도가 5 pg/g일 경우, 대기 중에서 강하하는 다이옥신류를 우선 추정하기로 한다.

이를 추정하기 위해서는, 토양 중 다이옥신류가 매년 어느 정도 소실되어 가는지를 알아야 한다. 토양으로 강하하는 양과 토양에서 소실되는 양의 차이가 토양 중 다이옥신류의 증가에 기여한다. 이것을 수식으로 표현하면 식(6.1)과 같이 된다.

$$M(t) = \frac{I}{k} 1 - \exp(-k \cdot t) \tag{6.1}$$

여기서, $M(t)$는 토양 중 다이옥신류의 양, k는 소실속도 정수(0.693 ÷ 반감기와 같다), t는 소각로의 현재까지의 가동연수, I가 구하고 싶은 연간 강하량이다.

토양 중 농도를 깊이 5 cm까지의 평균값으로, 토양의 부피비중을 1.25 g/cm^{3}으로 하면, 측정 지점의 토양 1 m^2 중 $M(t)$는 5 pg/g × 10000 cm^2 × 5 cm × 1.25 g/cm^3 = 312500 pg = 312.5 ng이 된다. 여기서 ng는 10^{-9} g = 1000 pg이다.

토양은 공기, 물 또는 입자로 구성된다. 이들 어느 부분에 화학물질이 존재하기 쉬운가는 화학물질의 수질 용해도, 증기압, 옥탄올 / 물 분배계수 등의 물성치에 의존하지만, 지용성 다이옥신류의 경우는 대부분이 토양입자에 흡착한 상태로 존재한다. 공기 속에 존재하면 대기 중에서 휘발되기 싫고, 물 속에 존재하면 강수의 흐름에 따라 지하수로 침투하기도 하며, 하천 등으로 유출하기 쉬워진다. 단, 대부분이 토양입자에 흡착되어 있기 때문에, 다이옥신류의 소실은 입자의 이동, 즉, 강우에 의한 토양 침식과 바람에 의한 토양 입자의 솟아오름에 주로 소실된다. 다이옥신의 소실에 있어서 분해는 크게 기여하지 않은 것으로 생각되며, 침식, 솟아오름, 분해 등에 의한 토양 중 다이옥신류 반감기(농도가 1/2이 되는데 걸리는 시간)는 25년 정도이다. 따라서, 소실속도 정수(k)는 0.028 년$^{-1}$으로 계산할 수 있다. 식(6.1)의 $M(t)$를 312.5 ng, 소각장의 가동연수(t)를 20년으로 가정하고, I를 구하면, 20 ng/m^2/year (56 pg/m^2/day)이 된다. 환경청의 긴급전국일제조사결과(실측에 의한)에서는 발생원 주변에서의 다이옥신류 강하량은 평균 23 pg/m^2/day (1.9～54 g/m^2/day)로 보고되었고, 여기서 추정된 값은 그 최대치에 가깝다고 해도, 현실적으로 있을 수 있는 수치인 것을 알 수 있다.

6-3 다이옥신류의 배출량

다음 단계로, 다이옥신류가 대기 중에서 토양으로 강하하는 양을 이용하여 소각장에서의 배출속도를 추정한다. 그러기 위해서는 다음 두 가지 메커니즘에 대하여 생각해 보아야 한다.

(1) 토양에 다이옥신류 강하 메커니즘

(2) 소각장의 굴뚝에서 토양 상공까지의 다이옥신류의 수송 메커니즘

(a) 강하 메커니즘

대기 중 다이옥신류는 어떻게 토양에 내려오는 것일까? 이 강하 메커니즘을 생각함으로써 강하량으로부터 대기 중의 화학물질량을 추정하는 것이 가능해진다.

대기 중 다이옥신류의 분배

화학물질은 대기 중에서 기체(가스) 상태로만 존재하는 것이 아니라,

부유입자에 흡착된 상태로도 존재한다. 가스와 입자에서는 지표에 강하하는 속도가 다를 뿐 아니라, 빗물에 들어가는 포집률도 다르기 때문에 강하량에서 대기 중에 존재하는 화학물질량을 추정하려면 가스량, 부유입자 흡착량과 함께 빗물의 포집량을 먼저 밝힐 필요가 있다.

농도가 측정된 토양 1 m^2 면적 위의 대기층을 예를 들면, 대기와 빗물의 용적을 *Va* 와 *Vr*, 대기 중 다이옥신류의 평균농도를 *Ca*, 가스상 존재 비율을 *fag*, 가스와 부유입자의 포집률을 각각 *Wcg* 와 *Wcp*라 하면, 다이옥신류의 가스상 존재량(*Mag*), 입자흡착량(*Map*)과 빗물포집량(*Mar*)은 식 (6.2)～(6.4)로 계산할 수 있다. 여기서 포집률이란 가스상과 입자흡착 각각에 대해서, (빗물 속 농도 / 공기 중 농도)로 정의되어 있다.

$$Mag = (Va - Vr) fag \cdot Ca \tag{6.2}$$

$$Map = (Va - Vr)(1 - fag) Ca \tag{6.3}$$

$$Mar = Vr\{Wcg \cdot fag + Wcp(1 - fag)\} Ca \tag{6.4}$$

다이옥신루는 폴리염화디벤조-*p*-디옥신(PCDDs), 폴리염화디벤조퓨란(PCDFs) 또는 코프라나 폴리염화비페닐(co-PCBs) 혼합물에 대한 총칭이고, 기본 골격의 디옥신, 퓨란 또는 비페닐에 치환하는 염소의 수와 그 위치의 차이에 따라 수많은 이성체가 존재한다.

그림 6-1에서는 PCDDs와 PCDFs 중에 유해성이 있다고 사료되는 17이성체에 대해서, 가스상의 존재비(*fag*)와 입자 흡착상 존재비(1 - *fag*)를 나타냈다(Eitzer와 Hites(1989)). 치환되는 염소의 수가 적을수록 대기 중에서 가스로서의 존재율이 높다. 본 장에서는 이러한 17이성체의 평균치로 가스상의 존재비(*fag*)를 0.3으로 한다.

다음으로 가스와 부유입자의 빗물의 포집률을 생각한다. 가스상 물질의 빗물에 의한 포집률(*Wcg*)은 무차원의 헨리법칙 정수의 역수로 표시된

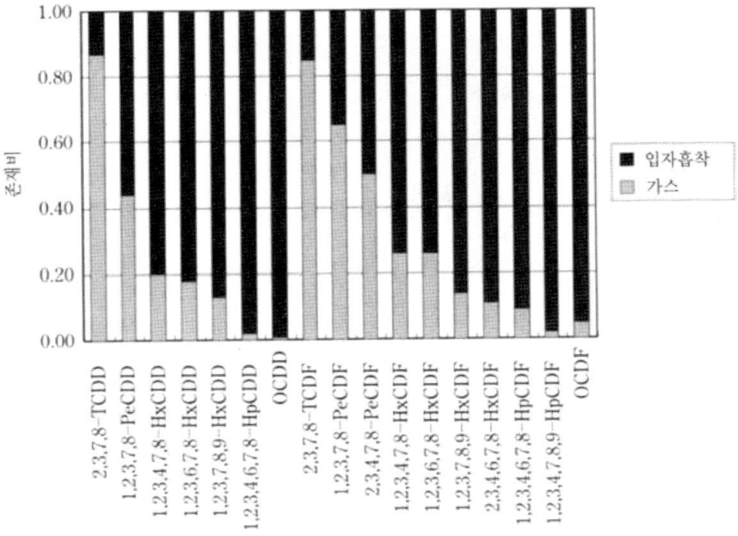

TCDD: 사염화디벤조-*p*-다이옥신, PeCDD: 오염화디벤조-*p*-다이옥신, HxCDD: 육염화디벤조-*p*-다이옥신, HpCDD: 칠염화디벤조-*p*-다이옥신, OCDD: 팔염화디벤조-*p*-다이옥신, TCDF: 사염화디벤조퓨란, PeCDF: 오염화디벤조퓨란 HxCDF: 육염화디벤조퓨란, HpCDF: 칠염화디벤조퓨란, OCDF: 팔염화디벤조퓨란

그림 6-1. 대기 중 다이옥신류의 존재상태

다. 이 물성치도 이성체마다 수치가 다르며, 위의 17이성체에 대한 이 헨리법칙 정수는 0.000055~0.0014이다. 이들 평균치(0.00035)를 이용하면 가스상 다이옥신류의 Wcg는 2900이 되고, 공기 중 농도의 2900배의 농도까지 빗물에 다이옥신류를 포집할 수 있음을 나타내고 있다. 한편, 흡착상태의 다이옥신류의 Wcp는 이성체마다 측정되고 있어, 그것의 수치는 16000~89000로 평균치를 이용하면 Wcp는 31000가 된다.

다음 항(b)에서 해석하는 것처럼 소각장 굴뚝에서의 배기가스는 고온이기 때문에 부력으로 상승하여 바람 아래 방향으로 운반되면서 주위로 확산한다. 이 때문에 연직 방향의 다이옥신류의 대기 중 농도는 유효 굴

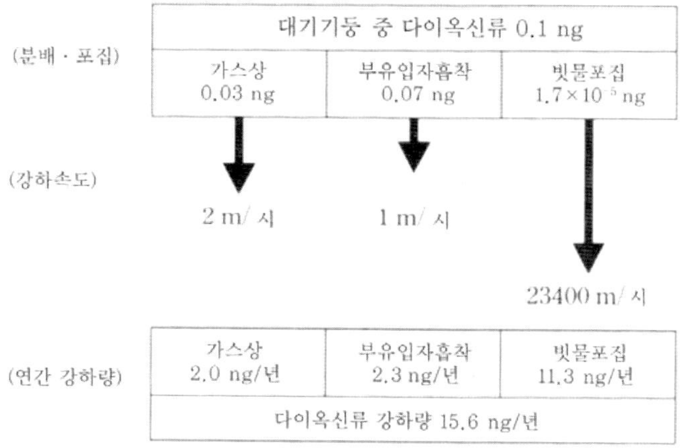

그림 6-2. 대기 중에서의 다이옥신류의 분배와 강하량
(면적 1 m^2, 높이 300 m의 대기기둥을 대상으로 한 계산)

뚝농도(*He*, 굴뚝의 상단에서 나온 배기가스의 부력에 의한 상승 후 지표에서의 높이)를 중심으로 상하 대칭의 정규분포(가우스분포라고도 함)가 된다. 그리고 확산에 따른 중심에서 농도의 정확산을 연직방향의 확산폭(σ_z)으로 표시한다.

보통 고도 $He + 2 \times \sigma_z$ 내에 그 지점 상공의 다이옥신류의 95% 이상이 존재한다. 여기서는 이 고도를 300 m로 해서, 바닥이 1 m^2 에서 높이 300 m의 대기기둥을 가정한다. 일반적인 비의 낙하속도는 6.5 m/초이므로, 이 대기기둥에서 빗방울의 체류시간은 300 m ÷ 6.5 m/초 = 46초가 된다. 따라서 연간 강우량을 1.5 m로 한다면, 이 대기기둥에 항상 존재하는 빗물의 용적(*Vr*)은

1.5 m/연 ÷ (365 일/연 × 24 시간/일 × 60 분/시간 × 60 초/분) × 46 초 × 1 m^2 = 2.2×10^{-6} m^3이 되어, 대기기둥의 전체용적(*Va*) 300 m^3에 비교하면 아주 작은 양이다.

이런 수치와 식(6.2)~(6.4)를 이용해서 가스상, 입자흡착상 또는 빗물

에 포집되는 대기 중 다이옥신류의 비율을 계산할 수 있다. 300 m^3의 대기기둥의 다이옥신류 존재량이 0.1 ng이라고 한다면, *Mag*는 0.03 ng, *Map*는 0.07 ng, *Mar*은 0.000017 ng이 되어 빗물에의 존재량은 상당히 적다. 그 결과를 그림 6-2에 표시했다.

강하속도

대기 중에서 가스상, 입자흡착상으로서 존재하는 화학물질은 이 같은 강하와 강우에 의해 지표에 운반되지만, 각각의 강하속도는 다르다. 가스상 또는 입자흡착상 다이옥신류의 토양에 강하하는 속도는 측정되고 있어, 지표 근방에서 측정된 각각의 값은 2 m/시와 1 m/시이다(Schröder 외(1997)). 연원(煙源)에서 배출되는 다이옥신류는 유효 굴뚝고도를 중심으로 풍하 방향으로 확산해 가면서 운반되기 때문에 다이옥신 농도는 연원에서의 거리와 지상에서의 고도에 따라 달라진다.

여기서는 굴뚝에서 500 m의 지점을 상정하여, *He*를 100 m, 대기 안정도를 *D*(중립)로 하면 뒤에서 나올 식(6.5)와 식(6.7)에서 그 지점을 중심으로 하는 1 m^2 지표의 상공에 존재하는 다이옥신류량(*Ma*)과 고도 1.5 m 농도($C(500,\ 1.5,\ y = 0)$) 사이에 $C(500,\ 1.5,\ y = 0) = 3.78 \times 10^{-3} \cdot Ma$의 관계가 만들어진다. $C(500,\ 1.5,\ y = 0)$에 강하속도를 곱함으로써 단위면적당 가스상과 입자흡착상의 다이옥신류 강하량을 2.3×10^{-4} ng/m^2/시(0.03 ng × 3.78×10^{-3} m^{-3} × 2 m/시) 또는 2.6×10^{-4} ng/m^2/시(0.07 ng × 3.78×10^{-3} m^{-3} × 1 m/시)로 구할 수 있다. 한편, 위에서 기술한 빗방울 낙하속도 6.5 m/초(23400 m/시)를 대기기둥의 높이 300 m으로 나누어 구한 속도정수에 *Mar*를 곱함으로써 강우를 동반하는 다이옥신류의 강하량을 1.3×10^{-3} ng/m^2/시(1.65×10^{-5} ng × 23400 m/시 ÷ 300 m)로 계산할 수 있다.

그림 6-2에 표시한 것처럼 가스상의 연간 강하량은 2.0 ng, 흡착상의 강하량은 2.3 ng, 강우에 따른 강하량은 11.3 ng이 되어, 강우에 의한 강

하(습성침착)는 가스의 직접 토양에 강하나 부유입자 강하의 건성침착과 마찬가지로 중요한 강하 메커니즘임을 알 수 있다. 그림 6-2에 나타낸 것처럼 대기기둥 중의 존재량이 0.1 ng의 경우, 연간 다이옥신류의 강하량은 15.6 ng/m^{2}이다. 6-2절의 계산에서 표층 토양 중의 다이옥신류 농도가 5 pg/g인 경우, 연간 강하량은 20 ng/m^{2}이 된다고 계산된 것에서, 바닥 1 m^{2}의 대기기둥 중에는 0.128 ng의 다이옥신류가 항상 존재하고 있다고 볼 수 있다.

(b) 수송 메커니즘

소각장 주변의 토양 중에 5 pg/g 농도의 다이옥신류가 존재한다고 하면 그 토양 1m^2 상공의 대기기둥 중에는 0.128 ng의 다이옥신류가 존재한다는 것을 알았다. 여기서는 이 대기 중의 다이옥신류의 양과 굴뚝에서의 배출량의 관계를 추정해보자.

그림 6-3은 소각장 굴뚝에서 배출되는 다이옥신류의 대기 중에서의 확산과 수송을 모식적으로 나타내고 있다. 굴뚝에서의 다이옥신류를 포함한 연소 배기가스는 고온 때문에 부력에 의해 상승한다. 이 때, 공기의

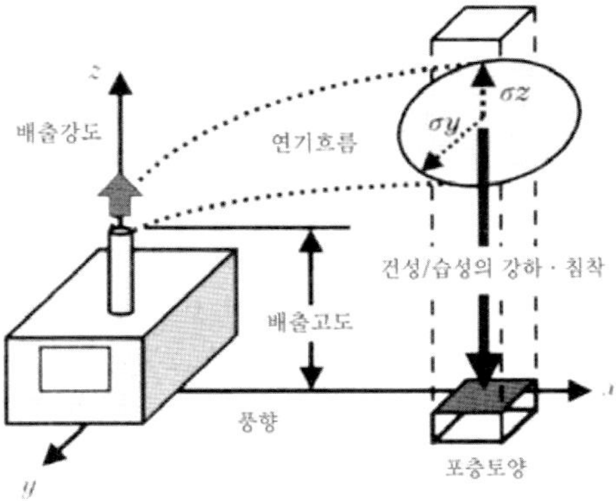

그림 6-3. 소각장에서 배출되는 다이옥신류의 대기 중에서의 수송

흩어짐에 의해 퍼져나가면서(이것을 확산이라 함), 바람 아래의 방향으로 흘러간다. 이 흐름을 연류(프륨)라 부른다. 연원에서 풍하 지점의 대기 중 농도 $C(x,z,y=0)$은 식(6.5)로 계산할 수 있다.

$$C(x,z,y=0)=\frac{Q}{2\pi \cdot U_s \cdot \sigma_y \cdot \sigma_z}\left\{\exp\left(-\frac{(z-He)^2}{2 \cdot \sigma_z^2}\right)+\exp\left(-\frac{(z+He)^2}{2 \cdot \sigma_z^2}\right)\right\} \tag{6.5}$$

여기서 x는 굴뚝에서 풍하가 있는 지점까지의 거리(m), z는 지표에서의 높이(m), y는 풍향에 따른 연류축에서 직각 방향으로 측정한 거리이다. 그리고 Q와 Us는 각각 다이옥신류의 배출속도(g/초)와 굴뚝 상단의 풍속(m/초)이다. σ_y와 σ_z는 확산에 의한 수평방향과 연직방향의 확산폭(m)으로, He는 앞에서 말한 유효 연통고도(m)이다.

위의 식(6.5)를 상공 방향(z축 방향)에 적분함으로써 그 지점 상공에 존재하는 다이옥신류의 양이 구해지고, 배출속도(Q)와 관련지을 수가 있다. 이 적분을 하기 위해서는 확산폭(σ_y와 σ_z)에 대한 지식이 필요하다. 확산폭은 대기와 지표의 상황에 따라 여러 가지 값으로 변화한다. 농도는 수평방향에서는 연류축에서 좌우대칭으로, 연직방향에서는 유효 연통 높이에서 상하 대칭으로 분포하고, 연통에서 떨어짐에 따라 수평방향과 연직방향에 가스는 확산되고 설사 연류축 위에 있다 해도 연통에서의 거리가 멀어지면 상공에 존재하는 다이옥신류의 양은 적어진다. 일반적으로 식(6.6)에서 나타내진 관수($f(x)$)를 정규분포의 확률밀도관수라고 부른다. μ는 평균치, σ는 표준편차이다. 이 식은 위의 식(6.5)와 같은 형태를 하고 있다.

$$f(x)=\frac{1}{\sqrt{2\pi} \cdot \sigma}\left\{\exp-\frac{(x-\mu)^2}{2 \cdot \sigma^2}\right\} \tag{6.6}$$

이 밀도관수를 -∞에서 +∞까지 적분하면, 그 적분치가 1이 되는 것을 이용하면 토양 중 농도가 측정된 지점 상공의 다이옥신류 양은 식(6.7)로 나타난다.

$$M(x) = \int_{-\infty}^{\infty} C(x,y)dz = \frac{Q}{\sqrt{2\pi} \cdot Us \cdot \sigma_y} \qquad (6.7)$$

이 식에서 연통 상단의 풍속(Us)과 수평 방향의 프륨의 확산폭(σ_y)을 구함으로써 대기 기둥내의 다이옥신류 양과 Q를 관련지을 수 있다.

여기서 먼저 Us를 구해보자. 풍속의 고도에 따른 차이는 식(6.8)에서 추정할 수 있다.

$$U_2 = U_1\left(\frac{Z_2}{Z_1}\right)^p \qquad (6.8)$$

단, U_1, U_2는 지상에서의 고도 Z_1, Z_2에서의 풍속이다. 또한 P는 대기안정도에 따라 변동하는 파라미터로, 여기서는 중립(안정도 D)을 가정하고 있으므로 0.25이다(부유입자상 물질 대책검토회(1998). 지표 1.5 m(Z_1)에서 측정되었던 연평균 풍속을 1.5 m/초(U_1)으로 하고, 연통높이(Hs)를 50 m로 하면 Us는 3.6 m/초로 산출된다.

다음으로 σ_y (수평확산폭)을 산출해보자. 확산폭은 소각장 연원에서의 거리(x)와 대기안정도에 의해 변화하고 그 값은 Briggs의 차트에서 알 수도 있고, 계산식에서 산출할 수도 있다(부유입자상 물질 대책검토회(1998)). 아래의 표 6-1에서 대기안정도 D의 경우의 수평 또는 연직방향의 확산폭의 값을 나타낸다.

토양농도 측정 지점의 거리를 연원에서 500 m로 가정해보자. 이 거리에서의 σ_y는 73 m가 되므로, 이러한 값을 이용하면 Q는 0.128 ng × $\sqrt{2\pi}$ × 3.6 m/초 × 73 m = 85 ng/초로 계산할 수 있다. 이 수치는 소각

표 6-1. 대기안정도 D에 따른 확산폭의 수치

연원으로부터 거리(x, m)	수평 확산폭 (σ_y, m)	연직 확산폭 (σ_z, m)
100	15.7	13.8
200	30.8	27.2
300	45.4	40.2
400	59.4	52.9
500	73.0	65.3
600	86.2	77.3
700	99.0	89.1
800	111	101
900	123	112
1000	135	123
1500	190	174
2000	239	221

장에서 토양농도 측정지점에서 수송되어오는 다이옥신류의 양에 기초한 배출속도로, 실제로는 풍향 관계로 다양한 방향으로 배출된 다이옥신류

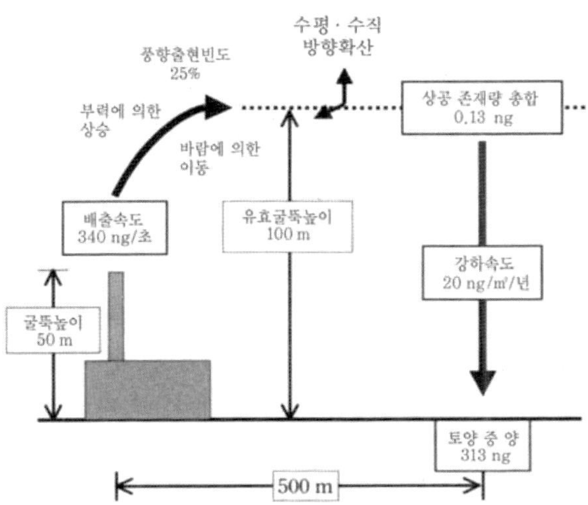

그림 6-4. 토양농도에서 추정된 소각장 배출 다이옥신류의 흐름

는 대기 중으로 수송된다. 방향이나 속도, 대기안정도의 분포를 고려해야 하지만 여기서는 소각장에서 측정지점 방향으로 바람이 부는 연간의 빈도가 25%이고, 다른 풍향의 영향은 없다고 가정하면, 실제로는 연통에서 배출되고 있는 다이옥신류의 속도는 4배인 340 ng/초가 된다.

이렇게 함으로써 겨우, 소각장에서의 다이옥신류의 배출속도와 500 m 떨어진 지점에서의 토양 중 농도 5 pg/g와의 관계가 명확해졌다. 이 관계를 그림 6-4에 정리했다. 그림 안의 값은 20년의 이동 기간 중의 평균적인 값으로 생각할 수 있다.

6-4 노출농도와 노출량

소각장에서의 다이옥신류의 배출속도를 토양 중 농도에서 추정해 왔으니 이제 마지막으로 노출농도와 노출량을 추정해 보자.

이미 설명한 것처럼 소각장 주변의 임의의 지점서 대기 중 농도는 식 (6.5)로 계산할 수 있다. 여기서 *z*를 1.5 m, *He*를 100 m로 하고, 토양농도 측정지점 방향으로 풍향 빈도를 25%로 하면, 측정 지점상의 대기 중 다이옥신류 농도의 20년 동안에 미치는 평균치는 0.48 pg/m^3으로 계산된다. 그림 6-5는 소각장에서 토양농도가 측정된 지점 방향의 높이 1.5 m에서의 대기 중 농도가 굴뚝에서의 거리에 따라 어떻게 변동하는지를 나타내고 있다. 이 그림에서도 금방 알 수 있듯이, 대기 중 농도가 최대가 되는 것은 연원에서의 거리가 500 m 부근의 지점이다. 또한 토양 중 농도는 같은 그림 6-5에 나타낸 것처럼 연원에 가까울수록 고농도가 된다. 즉, 토양 중 농도와 그 위의 지표면 가까이의 대기 중 농도는 비례하지 않는다.

주변에 사는 주민이 1일 24시간, 연 365일, 동일한 장소에서 지내는 일

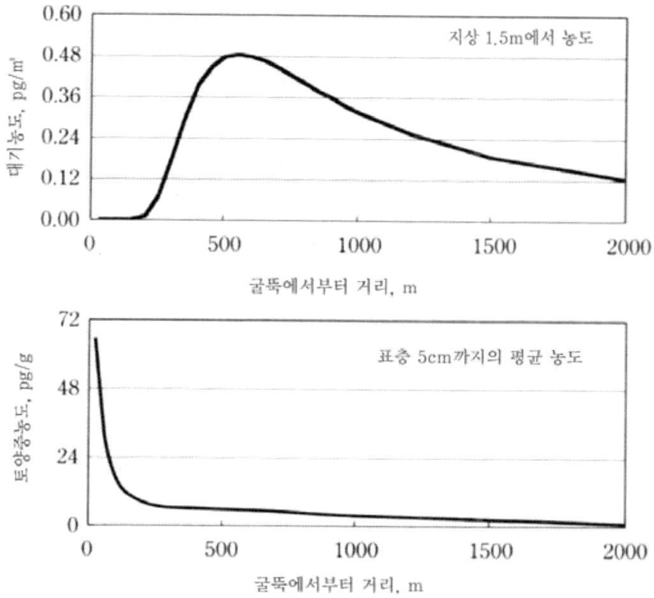

그림 6-5. 추정된 대기 중 또는 토양 중의 다이옥신류 농도

은 거의 없다고 생각되기 때문에, 가령 그렇다고 한다면, 옥외와 실내 대기 중 다이옥신류의 농도가 같다고 가정한다면, 흡입노출에 따르는 용량(화학물질량)을 계산할 수가 있다.

이 최악의 상황에서의 대기흡입에 따른 노출량은 대기 중 농도와 사람의 공기 흡입량의 곱으로 구할 수 있다. 1일당 흡입량을 15 m^3/일로 한다면, 24시간 항상 굴뚝에서 500 m 떨어진 지점에서 지내는 사람의 흡입노출량은 7 pg/일이 된다. 이 수치를 후생성의 식품 경유의 섭취량과 비교하면, 1998년도의 수치는 섭취량이 99.8 pg/일이므로 흡입 경유의 다이옥신류 노출은 전체 노출량에 대해서 커다란 기여는 하지 않는다는 것을 알 수 있다. 주민의 행동을 생각하면 현실에서는 대기흡입에 의한 노출량은 더욱 더 기여율이 낮아진다.

단, 흡입 경유의 노출량은 적어도 소각장에서 배출된 다이옥신류는 다양한 경로로 해역에 수송되어 어패류에 축적된다. 그리고 최종적으로는 인간이 섭취하기 때문에, 소각장에서 함부로 다이옥신류를 배출해도 된다는 논리는 성립하지 않는다.

[참고문헌]

이장에서의 계산은 아래의 논문을 인용했다.

(1) Yoshida, K., Ikeda, S., Nakanishi, J., Tsuzuki, N.(2001), Validation of modeling approach to evaluate congener-specific concentrations of polychlorinated dibenzo-*p*-dioxins and dibenzofurans in air and soil near a solid waste incinerator, *Chemosphere* Vol. 45, pp. 1209-1217.

(2) Schröder, J., Welsch-Pausch, K., McLachlan, M. S.(1997), Measurement of atmospheric deposition of polychlorinated dibenzo-*p*-dioxins(PCDDs) and dibenzofurans (PCDFs) to a soil, *Atmospheric Environment* Vo. 31, pp. 2983-2989.

(3) Eitzer, B. D., Hites, R. A.(1989), Polychlorinated dibenzo-*p*-dioxins and dibenzofurans in the ambient atmosphere of Bloomington, *Indiana. Environ. Sci. Technol.*, Vol. 23, pp. 1389-1395.

확산 폭과 유효연통고도의 자세한 계산방법은 아래를 참고해주기 바란다.

(4) 浮遊粒子状物質対策検討会(1998), 浮遊粒子状物質汚染予測マニュアル 東洋館出版社.

(5) Turner, D. B.(1994), Workbook of Atmospheric Dispersion Estimates, An Introduction to Dispersion Modeling 2nd Edition, Lewis Publishers.

(6) U. S. EPA(1995), User's Guide for the Industrial Source Complex (ISC3) Dispersion Models Volume II-Description of Model Algorithms, Office of Air Quality Planning and Standards, EPA-454/B-95-003b.
このISC3モデルのマニュアルは，米国環境保護局のSupport Center for Regulatory Air Models(SCRAM) (URL：http://www.epa.gov/ttn/scram/)からダウンロードできる.

제7장 다이옥신류의 발생원 탐색

7-1 연습과제

다이옥신이라고 하면, 쓰레기나 산업 폐기물의 소각시설이 오염원이라고 생각하는 사람이 많을 것이다. 분명 소각시설 안에는 배기가스에서 상당히 높은 농도의 다이옥신류가 검출되기도 하고, 주변 토양에서 다이옥신이 많이 발견되기도 한다. 그러나 이것만으로는 소각시설이 주된 오염원이라고 증명되지는 않는다. 실제로 그 밖에 다른 발생원이 없는가에 대해서는 별로 조사되지 않았다. 어쩌다 소각시설에서 발생하고 있는 것을 알았기 때문에 이것이 원인임에 틀림이 없다고 대책을 세워야 한다고 생각한 것 같다.

환경대책을 입안할 경우, 현재의 오염이 무엇에 의해서 일어난 것인가를 먼저 확인하고, 그 다음에 대책을 강구하는 것이 당연한 순서이지만, 다이옥신에서는 그러한 순서를 밟았다고 생각하지 않는다. 그래서, 본장에서는 현재의 다이옥신오염의 원인을 찾아보기로 하자. 마치 환경문제의 범인을 추적하는 탐정과 같다. 탐정에는 그 만의 과학이 필요하다. 환경감식학(environmental forensics)이라는 말도 외국에서는 사용되고 있다.

7-2 현재 다이옥신류의 발생원

다이옥신류어 대해서 관심 있는 사람이라면 매년 환경성에서 발표하고 있는 「다이옥신류의 배출량 목록(인벤토리)」[1]을 읽어봤을 것이다. 1997년부터 2001년까지의 목록에 따르면 매년 총배출량은 감소하고 있지만, 도시 쓰레기 소각이 45~70%, 산업 폐기물 소각이 20~30%, 소형 소각로가 5~15%로 이들을 합하면 거의 90%를 차지하고 있다. 바꿔 말하면 현재 알고 있는 배출원으로는 폐기물 소각 관계가 압도적으로 많다는 것을 알 수 있다. 그러나 이것이 현재의 오염도 또한 폐기물 소각에 따라 야기되고 있음을 증명하는 것은 아니다. 왜냐하면, 다이옥신은 독성이 강하다는 것 외에 환경 중에 상당히 오랜 시간 동안 잔류하기 때문이다. 즉, 현재의 오염은 과거로부터 계속된 배출의 총합이므로 과거의 발생원도 포함해서 조사할 필요가 있다.

7-3 다이옥신류의 종류

다이옥신이라고 하면 정말 한 가지의 물질처럼 생각하기 쉽지만 그 속은 정말로 다양하다. 가장 최근까지는 다이옥신류라고 하면, 폴리염화디벤조-*p*-다이윽신(PCDD)과 폴리염화디벤조퓨란(PCDF)이라는 2개의 그룹 화합물을 가리켰다. 여기서 폴리염화라는 것은 분자 안에 염소 원자가 하나 이상 부가되고 있는 것을 의미한다. 이러한 분자구조를 그림 7-1에 나타냈다. 다이옥신류는 벤젠고리가 2개 있고, 그 주위에는 수소 또는 염소 원자가 붙어있다. 어느 위치의 수소가 염소로 치환되어 있는가를 나타내기 위해서 번호를 붙여두기도 하고, 염소의 치환수와 위치의 차이에 따라 다수의 컨제나(BOX 1참조)가 존재한다.

PCDD와 PCDF 모두 염소수는 1에서 8까지가 가능하고, 그들의 총수는 각각 75와 135종이다. 그러나 독성의 관점 등에서 주로 분석 대상이 되는 것은 염소수가 4에서 8의 컨제나이다. 이들의 총수는 PCDD가 49종, PCDF가 87종이다. 이들 중에서 독성이 제일 강한 것은 2, 3, 7, 8의 4개 위치 모두에 염소가 치환되어 있는 것으로 2, 3, 7, 8-염소치환체(또는 2, 3, 7, 8-컨제나)라고 불린다. PCDD에서 7종, PCDF에서 10종이 존재한다. 우리들이 접하는 많은 다이옥신 농도의 보고치는 이들 2, 3, 7, 8-컨제나의 측정치에 그들의 독성에 상응한 계수(독성등가계수, TEF)를 곱하여 합한 것으로 독성등가량(TEQ)이라 부른다.

그림 7-1에서 PCDD와 PCDF에 추가하여 코프라나 PCB(co-PCB)가 넓은 의미의 다이옥신류의 한 부류로 되어 있다. co-PCB는 폴리염화비페닐(PCB) 중에, 오르트의 위치(그림의 2, 2', 6, 6'의 위치)의 염소수가 한 개 이하의 화합물의 일부로 2, 3, 7, 8-염소치환 다이옥신류와 같은 독성을 가진다. 최근에 들어, co-PCB도 다이옥신류에 포함시키게 되었다.

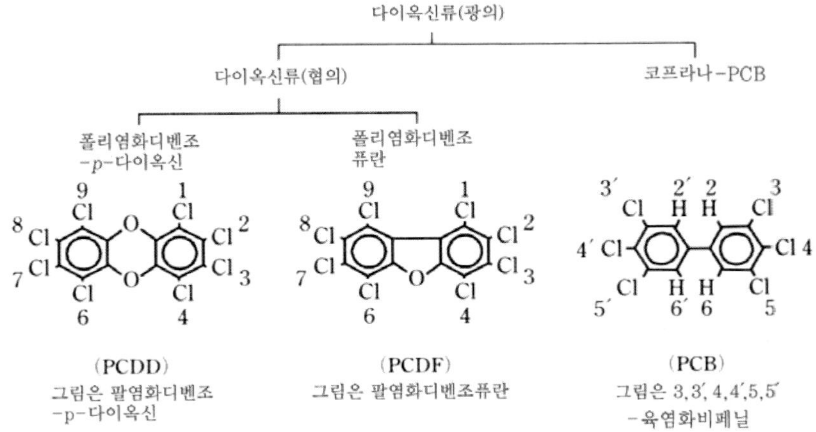

그림 7-1. 다이옥신류의 분자구조

BOX 1 동족체·이성체·컨제나

다이옥신류에 관해서는 동일한 분자골격을 가지고 있으면서 염소수만 다른 화합물질군을 동족체(homologue), 동일 분자식을 가지고 있으면서 구조가 다른 화합물을 이성체(isomer)라고 부른다. 또한 동일한 분자 골격을 가지고 염소 치환기의 수나 위치가 다른 화합물질군 전체를 컨제나(congener: 동족·이성체)라 부르며, 동족체와 이성체를 합한 것이 된다.

7-4 생성원인과 다이옥신류 조성

다이옥신류의 발생원으로는 폐기물 소각이나 공업 등에서 열프로세스(제철·발전 등), 유기염소 화합물의 합성프로세스(PCB, 유기염소계 농약, 염료 등의 합성에서의 부산물), 종이펄프 공업에서 염소표백 프로세스, 자동차 배기가스 등이 있다. 그리고 각 프로세스에서 생성되는 다이옥신류의 컨제나 조성에는 특징이 있다[2),3)]. 일반적으로 화학합성 프로세스에서 부생성하는 다이옥신류는 고농도로 극소수의 특징적인 컨제나에서 생기는데 비해, 연소 프로세스에서 생성하는 다이옥신은 다양한 컨제나를 포함하고 있다고 말할 수 있다.

이처럼 발생원마다의 조성에 차이가 있고, 또한 환경 중에서 분해 등의 변화를 받기 어려운 점 때문에, 환경 중의 다이옥신 오염은 이러한 발생원에 의한 조성이 모아진 것이라고 생각할 수 있다. 그렇다고 한다면, 환경 중에서 관찰된 다이옥신의 조성을 보면 어떤 오염원에 의한 오염인가를 추정할 수 있지 않을까. 본 장에서 이 해석을 다루어 보도록 한다. 그러기 위해서는 통계적인 해석이 필요하다.

7-5 주성분 분석

주성분 분석(principal component analysis)은 다변량 해석의 한 가지 수법으로, 어느 현상에 관해서 그것을 지배하고 있는 몇 가지의 요인을 생각할 때, 그러한 요인을 하나씩 하나씩 개별적으로 취하여 다루는 것이 아니라 종합적으로 취급 하는 것이다[4),5)]. 예를 들면, 경기동향지수, 물가지수 등의 경제지수는 변수에 가중치를 주어서 합계하고, 경제 실태를 알기 쉽게 표시하는 지표이다. 주성분 분석에서는 대상으로 하는 데이터(변수군) 안에서 이와 같은 군(그룹) 전체의 특징을 나타내는 전형적인 지표(주성분)를 찾아내는 것을 목적으로 한다. 이 지표를 가지고 변량군의 정보를 집약해서 소수의 대표적인 지표에 의한 현상을 표현한다든가, 변량간에 존재하는 관계를 명확히 할 수가 있다.

이 주성분 분석을 다이옥신 오염에 적용하면 다음과 같이 된다. n개의 환경시료에 대해서 p종류의 다이옥신 컨제나를 분석한 결과를 표 7-1과 같이 얻었다고 하자.

이때, 변수 x_{ij}는 j번째의 샘플 중 i번째의 다이옥신 컨제나 농도이다. 주성분분석에 의해서 유출된 m개의 주성분($m \leq p$) 중에 제k번째의 주성분은,

$$z_k = a_{k1}x_1 + a_{k2}x_2 + \cdots + a_{kj}x_j + \cdots + a_{kp}x_p$$

로 표시되어 주성분 분석에 의한 각 주성분의 인자부하량 백터(a_{k1}, a_{k2},⋯, a_{kj},⋯, a_{kp})가 얻어진다. 여기서 인자부하량 a_{ki}은 -1～+1의 값을 취하여, 제k번째의 주성분과 제i번째의 다이옥신 컨제나 농도와의 관계 강도를 나타내고 있다. 즉, a_{ki}의 절대치가 큰 컨제나는 주성분 k의 특징적인 컨제나라고 말할 수 있다.

또한, 주어진 데이터의 변동이 주성분에 의해 어느 정도 설명되는가(기여율)가 나타난다. 기여율의 누적이 80%를 넘은 경우는 그 이후의 주성

표 7-1. 다이옥신의 분석결과(각 측정점에 따른 각 컨제나 농도)

샘플	컨제나1	컨제나2	…	컨제나i	…	컨제나p
측정점1	x_{11}	x_{21}	…	x_{i1}	…	x_{p1}
측정점2	x_{12}	x_{22}	…	x_{i2}	…	x_{p2}
:	:	:	:	:	:	:
측정점j	x_{1j}	x_{2j}	…	x_{ij}	…	x_{pj}
:	:	:	:	:	:	:
측정점n	x_{1n}	x_{2n}	…	x_{in}	…	x_{pn}

x_j: 제i번째의 다이옥신 컨제나의 농도를 나타내는 변수
a_{ki}: 인자부하량($|a_{ki}| \leqq 1$, 주성분 z_k와 변수 x_i의 상관을 나타낸다)

분의 기여는 작은 것으로 무시할 수가 있다. 여기서는 l번째까지에서 기여율이 충분히 크다고 한다면 이것들 l번째까지의 주성분에 의해 주어진 데이터가 거의 설명이 된다.

이와 같은 사실을 종합해보면, 환경시료가 관찰된 다이옥신 농도가 주성분 $z_k(k = 1 \sim l)$의 중복(1차결합)으로 나타낼 수 있는 것을 표시하고, 만약 주성분 분석이 각각 다른 발생원에 의한 다이옥신 조성을 대표하고 있다면 그러한 발생원의 중복에 의해 환경시료의 다이옥신 조성이 설명될 수 있다는 것과 같은 의미가 된다.

따라서 환경내의 다이옥신 측정 결과에 주성분 분석을 응용하는 이점으로,

① 그 환경에 영향을 미치고 있는 다이옥신 발생원의 수나 그 조성에 관계하는 정보 없이 환경측정 데이터만으로 해석이 진행되는 것

② 주성분 분석의 결과로 추출된 주성분은 그 환경에 기여하고 있는 주된 다이옥신의 발생원의 수나 특징에 관련한 정보를 제공해 준다고 기대되는 것

③ 다이옥신의 발생원과 그 중복에 의한 오염이라는 모델에 대해서, 주성분 분석은 일차 결합모델이고 자연해석 방법인 것 등을 들 수

있다고 할 수 있다. 설명이 다소 어렵게 되었으나 구체적인 해석 예를 나타내보자.

7-6 도쿄만의 다이옥신 오염원을 추정한다

도쿄만 중앙부에서 채취되어 연대측정 된 바닥슬러지코어(기둥 모양의 연직으로 채취된 바닥슬러지에서 깊은 부분일수록 과거에 퇴적한 오니로 생각됨)와 만내의 7지점에서 채취된 표층바닥슬러지를 대상으로 해서, 사염화부터 팔염화의 PCDD와 PCDF의 135 컨제나를 약 80여개 피크로 정량화한 데이터가 있다(컨제나에 따라서는 개별로 분리되지 않아, 합계의 값으로 구했다)[6),7)]. 어느 쪽의 시료에서도 정량한계 이하의 컨제나를 제외한 데이터를 표 7-2에 나타냈다. 얻어진 82피크를 변수, 측정시료 수 20개를 케이스로 해서 주성분 분석을 하는 것으로 한다. 계산에는 시판되고 있는 통계소프트를 이용할 수 있는데 여기서는 Statistica(Stat Soft Inc.)를 이용했다. 통계소프트에서는 먼저 표 7-2의 데이터에 관해서 상관행렬을 만들고 주성분 분석을 선택해서 계산을 실행하면 된다.

분석결과의 출력으로는 추출된 주성분의 고유치와 누적기여율의 데이터가 먼저 얻어진다(표 7-3). 이 예의 경우, 고유치가 1 이상인 주성분이 4개 얻어졌는데, 누적기여율은 제3주성분까지로 0.94에 달하고 있다. 즉, 도쿄만 바닥슬러지 시료에서 관찰된 다이옥신 농도의 차이는 3가지 요인(주성분)으로 설명할 수가 있다는 것이다.

그 다음에는, 주성분의 해석을 용이하게 하기 위해 통계소프트에서 선택할 수 있는 회전법 중에 바리맥스 회전을 택해 계산한다. 회전후의 각 주성분의 인자부하량 벡터를 표 7-4에 나타냈다. 기여율은 무회전의 경우부터 크게 달라져 있다. 인자부하량이 0.7 이상의 것은 각 주성분의 특징적인 다이옥신 컨제나라고 말할 수 있다. 제1주성분에서는 1,3 6,8-,

표 7-2. 도쿄만의 바닥슬러지(코어와 표층)시료 중의 다이옥신류 분석결과(pg/g건조오니)

동족체	컨제나 염소치환 위치	시료 No.	1	2	3	4	5	6	7	8	9	10	11	12	13	14	15	16	17	18	19	20
		시료의 종류	슬러지 코어	슬러지 코어	슬러지 코어	슬러지 코어	슬러지 코어	슬러지 코어	슬러지 코어	슬러지 코어	슬러지 코어	슬러지 코어	슬러지 코어	슬러지 코어	슬러지 코어	표층 슬러지	표층 슬러지	표층 슬러지	표층 슬러지	표층 슬러지	표층 슬러지	표층 슬러지
		연대/지점	1937	1942	1948	1954	1959	1965	1969	1975	1979	1984	1988	1990	1992	1A	2B	4C	5D	6E	7F	8G
TCOD	1368		4.4	7.6	7.2	8.4	16	68	2300	6200	2700	2200	2800	1900	1800	563	1.203	498	784	232	371	149
	1379		3	4.1	3.8	4.1	7.1	28	780	2100	980	820	1000	730	670	243	446	190	303	95.8	156	59.8
	1369		0.48	0.6	0.41	0.45	0.64	1.5	24	57	25	23	26	19	17	4.53	10.18	4.47	6.30	2.39	3.55	1.48
	1247/1248/1378/1469		1.8	1.7	2	1.6	2.5	4.5	17	39	23	20	24	19	17	7.22	11.78	7.25	9.01	4.20	5.84	2.98
	1246/1249/1268/1478		1.1	1	1.1	0.77	1.2	2	5.2	12	7.1	7.6	10	7	6.4	3.15	4.30	3.81	3.99	2.28	3.63	1.60
	1279		0.52	0.72	0.66	0.5	0.63	1.1	3	5.4	3.6	3	3.9	3.6	2.9	1.78	2.17	1.89	1.84	1.15	1.51	0.74
	1234/1236/1269		0.44	0.27	0.44	0.22	0.54	1.3	3.2	7.5	4.5	5.1	5.9	3.6	3.8	2.06	3.23	2.34	2.74	1.33	1.88	0.99
	1237/1238		0.7	0.83	0.83	0.73	1.2	2.4	26	81	48	47	55	47	43	16.9	27.1	17.2	18.8	6.36	9.94	4.79
	2378		0.23	0.23	0.23	0.23	0.44	0.9	1.9	2	1.7	1.8	1.8	1.8	1.5	1.48	0.50	0.84	0.98	0.70	0.63	0.29
	1239		0.2	0.2	0.2	0.2	0.25	0.49	1.2	2.4	1.8	1.7	2.5	2.1	1.4	0.86	1.16	0.91	1.15	0.54	0.95	0.39
	1278		0.28	0.34	0.32	0.27	0.4	0.7	1.2	1.4	1	1.4	1.5	1	1.2	0.83	1.01	1.07	0.84	0.64	0.63	0.50
	1289		0.2	0.17	0.26	0.08	0.29	0.36	0.43	0.5	0.42	0.47	0.66	0.23	0.44	0.30	0.37	0.38	0.40	0.33	0.32	0.27
TCDF	1368		0.32	0.66	0.21	0.81	0.38	2.7	5.8	0.58	6.9	6.6	0.9	0.83	1.6	8.13	5.37	4.94	5.60	2.56	2.37	1.51
	1468		0.3	0.43	0.49	0.76	1.4	4.1	6.9	4.1	4.5	4.6	4.5	4.5	4.4	3.30	3.57	3.29	3.43	1.66	1.64	1.11
	2468		0.81	1	1	1.5	2.3	7.3	100	220	100	89	110	83	74	26.3	55.5	25.9	43.9	13.1	17.0	8.25
	1247/1347/1378/1348/1246		2.9	3.4	3.8	4.9	7.5	18	27	21	21	23	26	24	21	17.5	17.9	15.0	17.3	9.97	10.1	6.01
	1367/1348/1379/1248		2.1	2.4	2.7	3.5	5.6	14	25	22	19	23	27	23	21	19.4	18.2	13.6	15.1	7.26	8.11	4.60
	1268/1467/1478		1.6	2	2.4	3.2	5.7	15	25	19	17	19	22	19	18	13.1	14.6	11.9	12.9	7.24	7.66	4.24
	1369/1237/2368		1.3	1.7	1.8	2.2	3.8	10	19	15	14	15	17	16	14	10.3	11.3	8.53	10.3	5.24	5.45	3.29
	2467/1238/1236/1469/1678/1234		2	2.4	2.7	3.5	5.7	15	26	24	25	28	31	30	28	18.7	19.8	19.0	20.4	10.5	11.2	7.09
	1278		3.2	3.4	3.3	4	5.6	9.6	13	8.9	8.6	8.8	10	9	8	7.79	8.87	6.35	6.59	3.44	3.92	1.83
	1267/1349		2.3	1.1	2.4	1.5	3.1	6.2	8.6	7	5.9	7.6	7.6	8.1	7.2	4.93	5.32	4.91	4.76	3.37	3.62	1.81
	2348/2378/2347/2346/1249/1279		6.3	6.5	6.9	7.9	12	23	35	26	26	27	31	29	27	24.0	25.2	20.5	22.4	11.81	12.40	7.27
	2367		0.7	0.85	1.2	1.3	2.9	7.4	12	8.9	8.8	9.2	10	9.4	8.8	7.01	8.17	6.32	7.80	3.76	3.76	2.19
	3467/1269		0.67	0.76	0.91	0.97	1.9	4.8	7.2	6.2	7	8	9.2	8.4	8	6.62	6.85	6.84	8.43	4.31	4.56	2.69
	1239		0.1	0.09	0.07	0.11	0.18	0.42	1.2	0.57	0.76	0.77	1	0.78	0.81	0.53	0.56	0.58	0.60	0.30	0.30	0.18
	1289		0.33	0.3	0.82	0.28	0.88	0.68	0.83	1.1	0.72	0.72	0.77	0.66	0.57	0.62	0.75	0.88	0.66	0.32	0.38	0.17
PeCDD	12468/12479		5.2	5.9	5.5	6.2	7.8	19	86	170	100	99	100	93	80	45.0	63.8	38.5	57.9	23.8	33.5	14.8
	12469		1.1	1.3	1.1	1.2	1.7	3.8	8.8	5.6	6.4	5.9	6.3	5.8	5.1	3.27	5.05	3.83	5.79	2.96	3.61	2.19
	12368		2..5	3.2	3	3.4	4.7	12	280	790	380	340	370	300	270	99.3	205	87.3	173	47.0	77.2	30.5
	12478		0.94	1	1	1.3	1.8	3.9	7.3	10	6.3	6.9	6.5	7.4	5.6	4.83	4.20	4.00	4.47	3.38	2.92	1.87
	12379		2.4	2.8	2.4	2.5	3.3	6.6	88	250	130	120	120	100	92	37.8	74.3	35.8	65.5	18.1	30.3	11.9
	12369		0.22	0.65	0.22	0.48	0.53	1.5	5.5	2.7	5.3	1.8	3.2	1.9	1.9	1.77	2.93	2.35	2.84	1.18	1.58	0.88
	12467/12489		1.3	1.4	1.4	1.4	2	3.1	6.5	7.5	7.5	5.4	7.2	5.5	5.1	3.78	4.78	5.17	5.69	3.29	3.82	2.55
	12347		0.62	0.8	0.68	0.69	0.98	2.1	5.3	8	7.3	10	6.8	6.6	5.8	4.38	4.98	4.30	4.87	2.13	2.79	1.39
	12346		0.25	0.33	0.22	0.25	0.4	0.75	1.4	1.7	1.4	1.9	1.8	1.7	1.5	1.07	1.17	1.20	1.22	0.58	0.75	0.39
	12378		0.79	1	0.9	1	1.5	3.3	6.8	5.1	6.9	5.7	6.3	6.1	5.3	4.26	5.22	4.46	5.76	2.80	3.24	2.01
	12367		0.27	0.38	0.28	0.3	0.5	0.93	2.1	2.6	2.4	2.2	2.5	2	2.3	1.63	1.90	1.87	2.06	1.04	1.32	0.76
	12389		0.52	0.85	0.54	0.76	0.78	1.4	2.3	3.7	3.5	2.1	3.6	2.2	2.4	2.08	2.37	2.36	3.62	1.59	1.71	1.17
PeCDF	13468/12468		1.4	1.9	2.4	4.6	9.5	40	64	48	44	55	78	100	87	32.7	54.0	90.9	67.1	23.9	31.0	21.5
	13678		0.34	0.48	0.47	0.63	0.89	1.9	3.8	4.5	5.2	4.8	6.1	5.5	4.8	4.93	4.72	4.79	4.71	2.52	2.94	1.53
	12368/12478/13467/13478/12467		4.7	5.5	6.2	8.5	13	33	53	42	45	46	56	53	47	40.1	45.7	42.9	45.1	23.9	29.0	14.9
	13479/14678		0.41	0.52	0.63	0.95	1.7	3.8	6	5.8	6.6	7.6	9.4	8.8	7.6	7.49	6.31	6.56	6.03	3.66	3.75	1.94
	12479		0.06	0.1	0.1	0.09	0.17	0.31	0.48	0.57	0.85	0.88	0.98	0.74	0.65	1.05	1.04	1.12	1.27	0.46	0.67	0.40
	13469		0.1	0.15	0.15	0.27	0.37	0.85	1.5	1.1	1.5	1.5	1.7	1.4	1.3	1.40	1.78	1.85	1.63	0.82	1.16	0.56
	23468/12469/12347/12346		1.2	1.6	1.7	2.6	4.3	11	29	45	35	35	40	38	34	23.1	30.5	27.8	41.9	13.4	17.4	9.38
	12348		0.64	0.78	0.69	1.1	1.6	3.1	4.4	3.1	3.7	3.6	4.2	3.9	3.4	3.23	3.62	3.70	3.78	1.87	2.20	1.09
	12378		3.2	3.5	3.5	4.1	5.1	7.5	11	8.7	8.7	8.8	9.7	9.2	8.3	7.36	8.76	7.70	9.74	4.56	5.26	2.60
	12367		0.36	0.56	0.61	0.78	1.1	2.5	4.2	3.9	4.6	5.1	5.2	5.2	4.7	4.57	5.03	5.33	5.83	2.89	3.30	1.60
	12678/12379		1.3	1.5	1.5	1.7	2.4	4.7	7.1	6.3	7.4	8.2	9	8.9	7.9	7.47	8.18	8.82	8.75	4.65	5.39	2.70
	23478/12489/12679/12369		1.6	1.9	1.9	2.6	3.6	6.7	12	9.3	12	11	13	13	12	10.3	12.0	12.2	13.1	6.23	7.45	3.91
	23467		1.2	1.5	1.8	2	3.2	7.2	13	13	19	20	24	27	24	18.9	19.8	25.6	28.1	12.2	14.2	7.98
	12349		0.06	0.1	0.09	0.13	0.17	0.44	0.55	0.55	1.3	1.1	1.3	1.5	1.2	1.22	1.18	1.56	1.33	0.69	0.80	0.47
	12389		0.18	0.24	0.21	0.29	0.29	0.42	0.74	0.52	0.88	0.68	0.66	0.77	0.59	0.90	0.94	1.07	1.38	0.52	0.61	0.30

(pg/g건조오니)

동족체	컨제나 염소치환 위치	시료 No.	1	2	3	4	5	6	7	8	9	10	11	12	13	14	15	16	17	18	19	20
		시료의 종류	슬러지 코어	슬러지 코어	슬러지 코어	슬러지 코어	슬러지 코어	슬러지 코어	슬러지 코어	슬러지 코어	슬러지 코어	슬러지 코어	슬러지 코어	슬러지 코어	슬러지 코어	표층 슬러지	표층 슬러지	표층 슬러지	표층 슬러지	표층 슬러지	표층 슬러지	표층 슬러지
		연대/지점	1937	1942	1948	1954	1959	1965	1969	1975	1979	1984	1988	1990	1992	1A	2B	4C	5D	6E	7F	8G
HxCDD	124679/124689		16	17	16	17	28	80	110	90	70	80	92	77	70	50.1	75.5	58.3	77.4	47.1	63.8	28.8
	123468		5.8	7	6.1	5.8	8.4	18	36	62	46	83	66	59	50	39.3	44.7	40.7	40.1	21.2	29.9	12.0
	123679/123689		7.2	8.8	8.5	13	26	91	140	130	89	110	110	96	85	61.8	94.7	67.3	87.1	41.7	62.4	25.8
	123469		0.33	0.64	0.36	0.63	1.4	5.2	7.5	6.2	4.6	5.4	6.3	5.6	5.1	2.93	5.03	3.71	4.04	2.10	3.06	1.22
	123478		0.73	1	0.95	1.3	2.5	8.7	15	9.7	9.5	9.9	11	9	8.4	6.82	9.70	7.51	8.97	4.03	5.44	2.73
	123678		1.4	1.8	1.8	3.9	9	42	70	42	35	36	34	31	28	20.0	33.4	19.8	32.0	10.8	16.8	7.1
	123467/123789		2.7	3.6	2.9	3.9	6.4	20	30	23	21	23	22	20	19	17.1	25.0	20.1	21.5	11.9	16.1	7.9
HxCDF	123468		1.5	1.9	2.9	5.2	13	50	72	51	44	45	55	53	49	21.6	36.4	29.1	31.3	13.1	16.6	8.3
	134678/124678		6	7.1	10	17	44	190	280	170	150	170	220	230	210	74.1	139	160	143	52.4	71.6	37.6
	134679		0.21	0.27	0.42	0.41	0.49	1.8	3	3	3	3.5	4.7	5	4.3	2.75	2.40	3.63	2.74	1.74	1.93	1.12
	124679		0.31	0.56	0.65	0.87	1.6	4.4	6.7	6.1	7.3	8.5	9.4	11	9.1	6.00	7.69	9.44	9.44	4.10	6.01	3.07
	124689		0.94	2.2	3.4	15	49	290	440	230	170	190	200	190	170	50.1	138	83.9	140	31.8	62.4	23.4
	123467/123478		6	6.8	8.1	11	16	37	60	42	46	46	51	53	49	38.0	47.7	43.4	47.0	21.7	27.4	12.8
	123678		1.8	2.3	2.7	3.6	5.1	12	20	15	19	17	20	21	19	16.0	16.4	17.7	19.5	8.75	11.0	5.12
	123479		0.2	0.23	0.24	0.34	0.38	1.1	1.9	1.5	1.3	2.3	2.7	2.4	2.1	1.63	1.66	2.17	1.72	0.87	1.05	0.67
	123469/123679		0.31	0.58	0.55	1.2	2.3	4.2	2.8	4.8	6	8.3	9	8.4	8.1	7.27	7.37	8.61	8.56	3.87	4.69	2.42
	123689		0.32	0.46	0.44	0.8	1.7	6.8	12	6.7	6.9	6.5	7	7.1	6.4	4.19	6.27	4.71	7.06	2.31	3.29	1.54
	234678		1.2	1.7	1.9	2.5	4.1	10	21	21	28	29	31	39	34	21.9	22.1	27.5	27.0	12.5	15.2	8.22
	123789		0.26	0.89	0.42	0.57	0.49	1	1.8	1.3	1.6	1.4	1.9	1.9	1.6	1.21	1.21	1.33	1.73	0.67	0.32	0.42
	123489		0.7	1.1	0.71	1.1	1.2	2.6	6.1	3.5	5.3	4.5	4.6	5.7	5.1	4.80	5.04	5.56	5.51	2.43	3.17	1.62
HpCDD	1234679		55	54	65	100	280	1300	1700	1100	750	850	880	800	740	167	359	248	344	88.6	150	58.0
	1234678		21	27	36	110	340	1800	2700	1500	1100	1100	1100	1000	940	450	1,196	606	1,074	269	529	175
HpCDF	1234678		11	17	28	55	140	510	740	420	360	330	370	330	310	167	359	248	344	88.6	150	58.0
	1234679		0.69	1.5	1.9	2	3.6	11	24	11	14	19	21	27	24	20.1	16.8	28.1	25.0	11.7	13.3	8.66
	1234689		4	9.2	19	72	250	1400	2000	1100	620	800	830	740	660	270	723	358	723	147	300	96.37
	1234789		0.88	1.6	2.3	3.3	7.8	32	56	29	26	28	29	28	28	19.7	30.6	22.9	32.1	10.3	15.1	6.81
OCDD	12345678		380	440	580	1500	5000	24000	30000	17000	12000	13000	14000	11000	11000	5,850	12,835	6,147	11,601	3,033	5,179	1,841
OCDF	12345678		24	43	86	180	520	2300	2800	1700	1200	1300	1300	1200	1100	502	1,051	522	1,051	229	494	188

pg/g 건조오니: 농도를 나타내는 단위. 건조한 슬러지 1g에 함유된 다이옥신의 중량. pg는 10억분의 1mg를 나타낸다.

동족체: TCDD = 사염화디벤조-p-다이옥신

TCDF = 사염화디벤조퓨란

PeCDD = 오염화디벤조-p-다이옥신

PeCDF = 오염화디벤조퓨란

HxCDD = 육염화디벤조-p-다이옥신

HxCDF = 육염화디벤조퓨란

HpCDD = 칠염화디벤조-p-다이옥신

HxCDF = 칠염화디벤조퓨란

OCDD = 팔염화디벤조-p-다이옥신

OCDF = 팔염화디벤조퓨란

컨제나 염소치환 위치: 다이옥신 컨제나의 염소치환 위치를 그림 7-1에 나타낸 위치의 숫자로 표시하였다. /로 끊어서 복수로 적혀있는 경우는 그들의 합계농도

출전: Sakurai et al.(2000)[6], Yao et al.(2001)[7].

주) 이 표의 전체는 http://risk.kan.ynu.ac.jp/masunaga/index_J.htm에서 입수할 수 있음.

표 7-3. 주성분 분석의 결과: 고유치와 기여율

주성분	고유치	기여율(%)	누적고유치	누적기여율(%)
1	64.85	79.08	64.85	79.08
2	6.72	8.19	71.57	87.27
3	5.59	6.81	77.15	94.09
4	1.47	1.79	78.62	95.88

1,3,7,9-, 1,3,6,9- 등의 염소치환의 사염화와 오염화의 다이옥신과 2,4,6,8-사염화의 디벤조퓨란이었다. 제2주성분은 오염화와 육염화의 디벤조퓨란의 컨제나이다. 제3주성분은 칠염화와 팔염화의 대부분의 다이옥신과 디벤조퓨란, 그리고 육염화의 다이옥신이 특징적이다.

표 7-4. 주성분 분석의 결과: 인자부하량

동족체	컨제나(염소치환위치)	주성분 1	주성분 2	주성분 3	주성분 4
TCDD	1368	0.934	0.125	0.317	0.045
	1379	0.932	0.166	0.311	0.034
	1369	0.926	0.112	0.349	0.016
	1247/1248/1378/1469	0.900	0.269	0.339	-0.010
	1246/1249/1268/1478	0.862	0.398	0.286	-0.081
	1279	0.837	0.391	0.363	-0.033
	1234/1236/1269	0.846	0.413	0.310	0.015
	1237/1238	0.883	0.384	0.243	-0.076
	2378	0.631	0.462	0.514	-0.087
	1239	0.771	0.526	0.287	-0.100
	1278	0.616	0.588	0.457	-0.044
	1289	0.539	0.436	0.413	0.064
TCDF	1368	-0.097	0.551	0.308	0.618
	1468	0.352	0.507	0.775	0.010
	2468	0.903	0.193	0.366	0.040
	1247/1347/1378/1346/1246	0.444	0.593	0.657	-0.056
	1367/1348/1379/1248	0.508	0.603	0.578	-0.066
	1268/1467/1478	0.471	0.519	0.703	-0.063
	1369/1237/2368	0.510	0.538	0.656	-0.062
	2467/1238/1236/1469/1678/1234	0.500	0.694	0.496	-0.104
	1278	0.342	0.373	0.816	-0.013

동족체	컨제나(염소치환위치)	주성분 1	주성분 2	주성분 3	주성분 4
	1267/1349	0.453	0.513	0.685	-0.187
	2348/2378/2347/2346/1249/1279	0.402	0.584	0.686	-0.019
	2367	0.420	0.583	0.689	0.020
	3467/1269	0.358	0.819	0.433	0.014
	1239	0.369	0.595	0.659	-0.038
	1289	0.470	0.180	0.440	0.120
PeCDD	12468/12479	0.851	0.362	0.366	0.037
	12469	0.429	0.521	0.691	0.121
	12368	0.923	0.218	0.295	0.055
	12478	0.717	0.426	0.512	-0.017
	12379	0.913	0.262	0.286	0.073
	12369	0.350	0.394	0.631	0.414
	12467/12489	0.639	0.567	0.450	0.177
	12347	0.676	0.586	0.336	0.036
	12346	0.604	0.657	0.420	-0.076
	12378	0.437	0.689	0.540	0.130
	12367	0.602	0.676	0.394	0.114
	12389	0.611	0.605	0.295	0.287
PeCDF	13468/12468	0.254	0.804	0.399	-0.224
	13678	0.453	0.835	0.282	0.070
	12368/12478/13467/13478/12467	0.377	0.749	0.539	0.020
	13479/14678	0.399	0.825	0.357	-0.080
	12479	0.188	0.905	0.101	0.318
	13469	0.244	0.846	0.386	0.210
	23468/12469/12347/12346	0.606	0.694	0.335	0.102
	12378	0.371	0.609	0.662	0.096
	12348	0.295	0.725	0.607	0.083
	12367	0.308	0.876	0.333	0.138
	12678/12379	0.305	0.875	0.361	0.070
	23478/12489/12679/12369	0.317	0.834	0.433	0.101
	23467	0.240	0.947	0.167	0.021
	12349	0.185	0.966	0.096	0.062
	12389	0.047	0.836	0.225	0.443
HxCDD	124679/124689	0.409	0.494	0.731	0.055
	123468	0.628	0.670	0.266	-0.074
	123679/123689	0.506	0.463	0.709	0.064
	123469	0.457	0.481	0.737	-0.043
	123478	0.366	0.534	0.750	0.110
	123678	0.338	0.306	0.879	0.125
	123467/123789	0.344	0.596	0.679	0.180

동족체 컨제나(염소치환위치)		주성분 1	주성분 2	주성분 3	주성분 4
HxCDF	123468	0.425	0.419	0.789	-0.119
	134678/124678	0.333	0.522	0.753	-0.178
	134679	0.422	0.798	0.344	-0.235
	124679	0.301	0.881	0.325	-0.048
	124689	0.297	0.178	0.934	-0.037
	123467/123478	0.335	0.698	0.627	0.040
	123678	0.335	0.788	0.504	0.057
	123479	0.344	0.814	0.401	-0.170
	123469/123679	0.252	0.930	0.146	-0.031
	123689	0.314	0.475	0.812	0.084
	234678	0.393	0.856	0.282	-0.107
	123789	0.374	0.697	0.511	-0.028
	123489	0.229	0.815	0.473	0.153
HpCDD	1234679	0.307	0.245	0.911	0.036
	1234678	0.269	0.190	0.934	0.099
HpCDF	1234678	0.274	0.282	0.911	0.086
	1234679	0.103	0.881	0.394	-0.036
	1234689	0.259	0.137	0.949	0.019
	1234789	0.244	0.456	0.841	0.116
OCDD	OCDD	0.246	0.154	0.948	0.047
OCDF	OCDF	0.282	0.138	0.940	0.002
기여율		0.265	0.360	0.314	0.020

출처: 배리막스법

주) 이 표 전체는 http://risk.kan.ynu.ac.jp/masunaga/index_J.htm에서 입수할 수 있음.

표 7-5. 도쿄만 바닥슬러지 시료 중 다이옥신류의 주성분 분석 결과

주성분	기여율	특징적인 다이옥신 컨제나[a]	기원의 추정[b]
제1주성분	27%	1,3,6,8-또는 1,3,7,9-염소치환의 사염화에서 오염화의 다이옥신, 2,4,6,8-사염화디벤조퓨란	CNP[3]
제2주성분	36%	오염화와 육염화의 디벤조퓨란의 상당부분	연소[2]
제3주성분	31%	칠염화와 팔염화의 다이옥신과 디벤조퓨란의 대부분, 및 육염화의 다이옥신과 디벤조퓨란의 상당부분	PCP[3]

[a] 이성체 또는 복수의 이성체를 합한 피크에서 인자부하량이 0.7 이상인 것

[b] CNP = 클로로니트로펜, PCP = 펜타클로로페놀.

문헌은 유래를 추정하기 위해 참고한 다이옥신류의 이성체 조성 데이터에 나와 있음.

이러한 특징을 발생원의 다이옥신 조성과 비교하면 표 7-5와 같은 기원 추정이 되었다. 이 중에 클로로니트로펜(CNP)은 논에 뿌리는 제초제이다. 또한 펜타크로로페놀(PCP)도 일본에서는 논에 뿌리는 제초제로 대량으로 사용되던 화합물이다.

이상으로 도쿄만 다이옥신 오염의 원인으로 연소 유래 이외도 2종류의 농약 유래의 다이옥신류가 중요하다는 결과가 나왔다. 이것은 일본의 다이옥신 오염을 올바르게 인식하는데 있어서 중요한 의미를 가지고 있다.

7-7 농약 유래의 다이옥신류

일본의 다이옥신 오염의 주요 원인으로 농약을 지적하기 전까지, 농약 문제는 거의 주목 받지 못했다. 그것은 일본의 PCP나 CNP 중의 다이옥신류의 발표된 데이터가 너무 적기도 했다. 그래서 그들 스스로가 그러

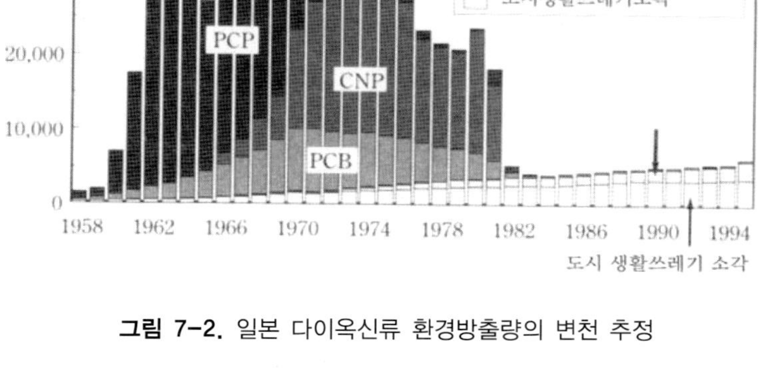

그림 7-2. 일본 다이옥신류 환경방출량의 변천 추정

BOX 2 펜타클로로페닐(PCP)

목재의 방부제나 제초제로 폭넓게 사용된 약제로, 일본에서는 논농사용 제초제로 1950년대 후반에서 1970년 전반까지 광범위하게 사용되었다. 농약으로의 사용총량은 175000톤(원체)에 달한다. 고염소의 PCDD와 PCDF를 함유했다. PCP에 유래하는 다이옥신오염은 세계 각국에서도 나타나고 있다. 물고기 독성이 강했기 때문에 1970년대 이후는 CNP로 급속하게 바뀌게 되었다.

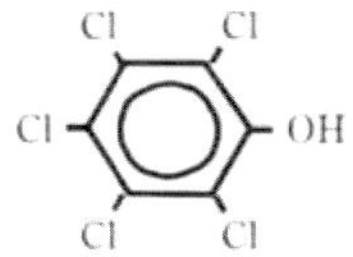

그림 7-3. PCP의 분자구조

한 농약 중에 정말로 다이옥신이 고농도로 함유되어 있는가를 확인하고 싶어졌을 것이다. 그러나 PCP나 CNP도 현재에는 거의 사용되지 않기 때문에, 농가를 찾아서 헛간에서 사용하고 남아있는 것들을 수집했다. 분석결과에 의하던, 1960년대에서 1970년대 전반에 생산되었던 것에는 고농도의 다이옥신이 존재했음이 확인되었다[9].

이러한 결과를 이용해서 과거 40년간의 농약과 폐기물 소각에 의해 환경에 배출된 다이옥신류의 양을 추정하면 그림 7-2처럼 된다. 이 그림에 따르면 1960년대에서 1970년대의 방출량이 상당히 높아졌다. 이 추정의 타당성은 그 후의 바닥슬러지코어의 분석, 보존 식품의 분석, 보존 모유의 분석에서도 확인되었다.

BOX 3 클로로니토로펜(CNP)

PCP를 대신해서 1970년대에 대량으로 사용되었던 논농사용 제초제, MO제라고 불린다. CNP의 사용지역과 담낭암의 발생에 상관이 있다는 역학조사 결과에 의해 1994년에 사용 중지되었다. 이 인과관계는 확실하지 않다. CNP 중에 다이옥신이 함유되어 있다는 것은 1981년에 처음으로 보고되었다[8]. 그러나 당시의 분석기술에서는 고농도로 함유되어 있던 1,3,6,8-,TCDD 등 몇 개의 독성이 낮은 이성체로 밖에 보고되지 않았다. 그 후, 저자들이 농가에서 쓰다 남은 CNP제를 분석해서, 1970년대까지 생산된 제품에는 비교적 고농도의 2,3,7,8-컨제나를 함유하고 있다는 것을 1999년 1월에 발표했다[9]. 이에 대해서 생산기업은 원료가 2,4,6,-트리클로로페닐이기 때문에, 독성이 강한 2,3,7,8-치환체는 부생하지 않는다고 주장하였고, 농림수산성도 그 주장을 지지했다. 그러나 1999년 7월에 생산기업과 농림수산성이 갑자기 2,3,7,8-치환체의 존재를 인정하였고, 농림수산성은 농가에 남아 있던 CNP제의 회수를 생산기업에 지시했다. 현재 제제로써 약 8000톤이 회수 보관되어 있다.

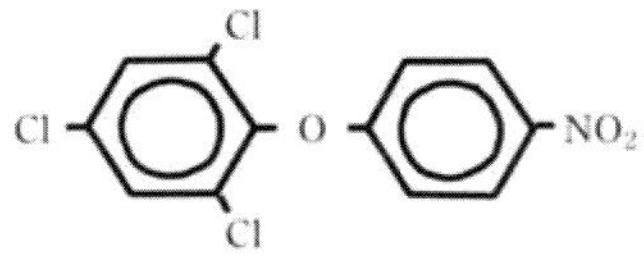

그림 7-4. CNP의 분자구조

7-8 발생원별 기여율을 추정 한다

이야기를 다시 도쿄만의 바닥슬러지 오염으로 되돌려 보자. 바닥슬러지의 다이옥신 조성을 지배하고 있는 요인으로 주요한 것이 3가지 있는데, 그것은 연소, CNP, PCP로 추정되었다. 그러면 이들 기여 비율은 어느 정도나 되는 것일까? 표 7-5에서 주성분 분석에 의한 기여율이 나와 있는데 이는 각 오염원의 기여의 크기를 표시하고 있는 것일까. 도쿄만의 바닥슬러지 샘플마다의 차이(변동)에 대한 기여의 크기를 나타내고 있는 점에서 보면 그렇게 말할 수 있다. 그러나 주성분 분석 과정에서 데이터를 컨제나 마다 정규화하고 있기 때문에 실제의 다이옥신 농도로 나타내고 있는가 하는 점에서 보면 그렇지 않다.

따라서 실제 농도에 따른 기여의 크기를 추정하기 위해서는 다른 방법이 필요해지는데 여기서는 중회귀분석을 이용하기로 한다. 즉, 각 발생원에 대한 다이옥신의 컨제나 조성의 데이터를 수집하여, 그것을 어떤 비율로 합쳐야 각 바닥슬러지 시료 중의 조성에 가까워질 것인가를 계산한다는 것이다. 계산에서는 샘플 j 중의 다이옥신컨제나 i의 농도 x_{ji}는 세 가지 발생원 중에 제q번째의 발생원의 컨제나 i의 농도 C_{qi}를 b_q배 해서(b_q가 구하려는 기여율에 해당한다), q = 1～3에 대해서 합한 것($\sum_{q=1}^{3} b_q \cdot C_{qi}$)이 된다. 이렇게 해서 구한 $\sum_{q=1}^{3} b_q \cdot C_{qi}$로 관찰된 x_{ji}의 잔차(殘差) 2승의 각 컨제나에 대한 총합, 즉 $\sum_{i=1}^{p} (x_{ji} - \sum_{q=1}^{3} b_q \cdot C_{qi})^2$이 최소가 되는 b_q를 구한다. 이 경우 컨제나를 케이스로 하여 중회귀분석을 실행하면 계수 b_1～b_3을 추정할 수 있다.

중회귀분석의 계산에는 표계산 소프트에 부속되어 있는 분석도구인 회귀분석을 이용할 수 있다. 또한 회귀계산을 하는 경우는 다이옥신의 동족체별로 하는 것이 더 정확히 추정할 수 있다는 것을 알았다. 그 이유는 발생원에서부터 측정한 환경시료까지 다이옥신이 수송되는 동안 화합물의 물성 차이(용해성, 휘발성, 흡착성 등)에 의해 컨제나 마다 움직임이 달라지는데 동일동족체에 속한 이성체 간에는 물성이 유사하고, 환경 중 움직임의 차이는 아주 조금 밖에 되지 않기 때문이다.

여기서는 연소 유래의 다이옥신 컨제나 조성으로 간토우지방에서의 대기 강하물 중의 다이옥신 조성[10)]과 PCP와 CNP 중의 컨제나 조성[11)]의 보

표 7-6. 발생원과 도쿄만 바닥슬러지에 의한 사염화디벤조퓨란의 조성

TCDF 컨제나	발생원 조성(조성비율)			도쿄만 표층바닥슬러지중 TCDF(pg/g)						
	PCP	CNP	연소	1A	2B	4C	5D	6E	7F	8G
1368	0.0148	0.0002	0.0251	8.1	5.4	4.9	5.6	2.6	2.4	1.5
1468	0	0.0024	0.0201	3.3	3.6	3.3	3.4	1.7	1.6	1.1
2468	0.1637	0.7302	0.0447	26.3	55.5	25.9	43.9	13.1	17.0	8.3
1347/1347/1378/1346/1246	0.0349	0	0.1077	17.5	17.9	15.0	17.3	10.0	10.1	6.0
1367/1348/1379/1248	0.1042	0.2102	0.0576	19.4	18.2	13.6	15.1	7.3	8.1	4.6
1268/1467/1478	0	0.0083	0.1167	13.1	14.6	11.9	12.9	7.2	7.7	4.2
1369/1237/2368	0	0.0005	0.0719	10.3	11.3	8.5	10.3	5.2	5.5	3.3
2467/1238/1236/1469/1678/1234	0.0558	0.0282	0.1675	18.7	19.8	19.0	20.4	10.5	11.2	7.1
1278	0.1639	0	0.0412	7.8	8.9	6.3	6.6	3.4	3.9	1.8
1267/1349	0.3826	0.0069	0.0359	4.9	5.3	4.9	4.8	3.4	3.6	1.8
2348/2378/2347/2346/1249/1279	0.0802	0.0080	0.1689	24.0	25.2	20.5	22.4	11.8	12.4	7.3
2367	0	0.0032	0.0748	70.	8.2	6.3	7.8	3.8	3.8	2.2
3467/1269	0	0	0.0616	6.6	6.9	6.8	8.4	4.3	4.6	2.7
1239	0	0.0017	0.0040	0.5	0.6	0.6	0.6	0.3	0.3	0.2
1289	0	0	0.0023	0.6	0.7	0.9	0.7	0.3	0.4	0.2
합계	1.00	1.00	1.00	168.3	202.1	148.6	180.1	84.9	92.5	52.2
중회귀분석으로 얻어낸 회귀계수	PCP			2.6	2.3	2.7	-	2.3	2.9	0.7
	CNP			28.2	65.4	27.5	50.5	13.0	18.0	8.5
	연소			116.2	123.8	108.5	118.1	64.2	67.3	41.0

출전: Ogura et al.(2001)[10], 마스나가 외(2001)[11], Sakurai et al.(2000)[6]

고치를 이용해서 계산을 진행한다. 표 7-6에서는 사염화디벤조퓨란의 발생원 조성과 도쿄만 표층바닥슬러지에서의 측정 결과를 나타냈다. 회귀분석에서는 환경에서 관찰된 조성 데이터를 종속변수로 하고, 3개의 발

생원 조성을 독립변수로 해서 입력했다. 출력 결과의 예를 표 7-7에 나타냈다.

만약 발생원 데이터의 사염화다이옥신의 총농도를 모아 놓으면(조성비율로 해두면), 출력데이터의 회귀계수가 각 발생원의 상대적인 기여의 크기가 된다. 다른 동족체에 대해서도 마찬가지로 회귀계산을 진행할 수가 있다. 단, 칠염화나 팔염화의 다이옥신에서는 그 중에 속하는 이성체의 수가 적기 때문에 회귀분석을 하기 위한 변수의 수가 부족하게 된다. 이와 같은 경우에는 몇 가지의 동족체를 합하여 같이 계산할 필요가 있다. 이렇게 계산을 진행해서, 그 결과를 총합하면 환경에서 관찰된 다이옥신의 총농도에 대한 각 발생원의 기여율을 구할 수 있다.

어느 발생원에 관해 마이너스의 기여가 얻어진 경우에는 그 발생원을 제외하고 다시 계산하면 된다. 또한 얻어진 결과에서 2,3,7,8-염소치환체만을 선택하던 TEQ농도에 대한 기여율도 계산할 수 있다. 도쿄만의 바닥 슬러지코어에 대해 계산한 결과를 그림 7-5에 나타냈다. 이에 따르면 다이옥신 총량에 관해서 1960년에는 주로 PCP 유래의 다이옥신에 의해 오염되었다는 것, 1970년대에는 CNP 유래의 다이옥신류가 증가했다는 것 등을 알 수 있다. 이들 제초제에서의 오염은 그런 제초제의 사용이 종료되면서 저감되어가고 있으나, 그 저감속도는 그림 7-2에 비교해서 아주 서서히 나타나고 있어, 농약 등에 일단 축적된 것이 조금씩 해역으로 유출되고 있는 것을 시사한다.

또한 연소 유래의 다이옥신은 1970년대에 최대가 되어, 그 후는 아주 천천히 감소하고 있는 것으로 시사되었다. 한편, TEQ로 표현한 경우에는 연소에서 생성하는 다이옥신은 독성이 강한 것의 조성 비율이 높기 때문에, 총량으로 나타낸 경우보다 연소 기여율이 큰 것으로 나타났다.

7-9 발생원 정보와 환경대책

일본인이 다이옥신을 체내에 섭취하는 경로로 음식물이 대부분을 차지하고 있는데 그 중에서도 어패류 섭취가 큰 비중을 차지한다. 어패류의 오염은 해역의 오염을 반영하고 있다. 즉, 연안환경의 오염은 일본인의 다이옥신 섭취에 영향을 주고 있다고 할 수 있다.

본 장에서 알아본 바와 같이, 현재의 연안환경의 오염은 농약 유래의 다이옥신에 의한 기여가 절반 정도를 차지하고 차지하고 있는 것 같다. 그러나 농약 유래 다이옥신류의 환경방출은 1960~70년대에 심했으나, 현재는 거의 멈춘 것으로 생각된다. 즉, 20~40년 전에 국토에 살포된 농약 중에 포함되어 있던 다이옥신류가 현재까지도 일본의 수역환경을 오염시키고 있는 것이다. 이것은 다이옥신류가 환경 중에서 분해되기 어렵고 이동하기 어려운 점과도 관계가 있다. 한편, 연소 유래의 다이옥신류에 대해서도 마찬가지라고 말할 수 있고, 현재의 오염은 과거의 배기가스 등에서의 오염이 누적된 것이다. 이런 것들은 다이옥신류 대책에 있어서 귀중한 시사점이 된다. 하나는, 한번 환경에 나와 버린 오염물질은 오래도록 영향을 준다는 것이고, 두 번째는 현재의 다이옥신 방출을 급속하게 막는다 해도, 섭취량의 감소에는 직결되지 않으며 완만한 효과 밖에 기대할 수 없다는 것이다. 소각으로부터의 방출량 삭감이 일본인의 섭취량 삭감으로 직접 연결되는 것은 대기오염을 통한 경로이지만, 그 기여가 식물을 통한 경로와 비교해서 굉장히 작다(10% 이하)는 것과 과거 수십 년 동안에 환경에 방출된 다이옥신 총량과 비교해서 현재의 방출량이 적다는 것이 그 원인이다. 질소산화물 등의 대기오염 대책이 바로 효과를 기대할 수 있는 것과는 아주 대조적이다. 이와 같은 정보가 분명히 밝혀진 후의 환경대책은 어떻게 해야 하는 것일까? 먼저 현재의 발생원을 낮추는 일이 대책이라고 하는 지금의 정책을 재평가해

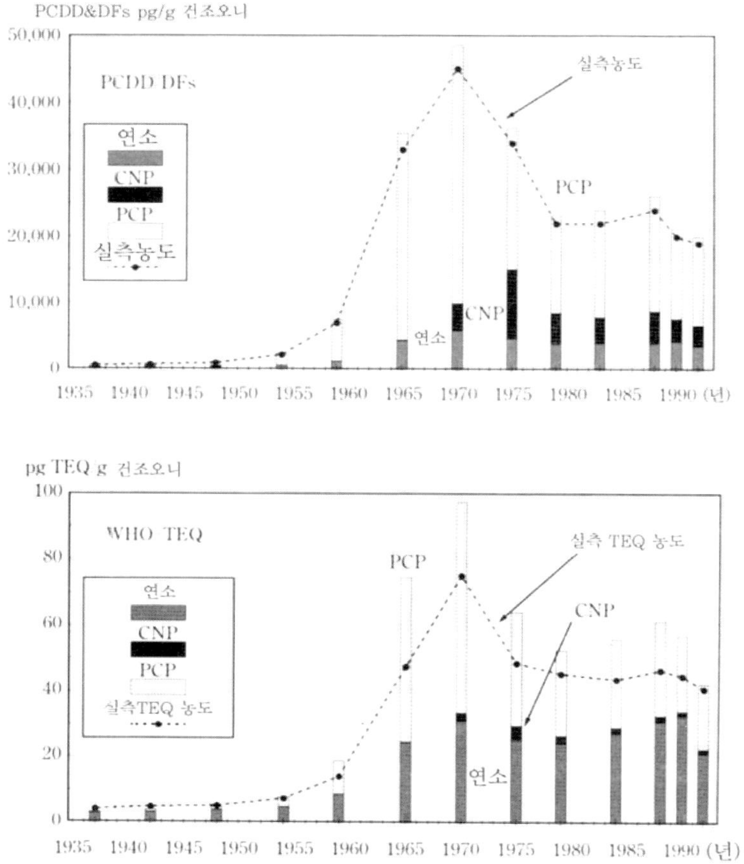

그림 7-5. 도쿄만 바닥슬러지코어 중 다이옥신 유래의 추정
윗그림: 다이옥신총량[PCDD/DFs]
아랫그림: 독성등가량[TEQ]

야 하겠다.

다이옥신 섭취의 대부분의 원인은 과거의 행위에 있었다. 일본인의 식사에서 다이옥신 섭취량이 과거 20년간 차츰 감소하고 있다는 조사 결과는[12] 여기서의 결과와 맞아 떨어진다. 과거에 사용했던 농약 유래 오염의

표 7-7. 중회귀분석의 결과 출력예

종속변수: 도쿄만 표층바닥슬러지 1A

회귀통계	
중상관R	0.9471
중결정R	0.8969
보정R	0.8688
표준오차	2.9785
관측수	15

분산분석표

	자유도	변동	분산	관측된 분산비	유의F
회귀	3	849.1	283.02	31.90	1.008E-05
잔차	11	97.6	8.87		
합계	14	946.6			

	계수	표준 오차	t	P-값	하한 95%	상한 95%	하한 95.0%	상한 95.0%
절편	1.42	1.41	1.01	0.336383	-1.69	4.52	-1.69	4.52
PCP	2.63	7.89	0.33	0.745415	-14.74	20.00	-14.74	20.00
CNP	28.16	4.36	6.47	0.000046	18.57	37.75	18.57	37.75
연소	116.21	15.17	7.66	0.000010	82.82	149.59	82.82	149.59

영향이 점차 낮아지고 있는 것이 현재 상태이다. 현재의 발생원 대책에서는 그 낮아지는 속도를 아주 조금 가속하는 효과 밖에 기대하지 못한다. 엄청난 에너지와 자금을 요하는 긴급한 대책은 효과에 따른 레벨에 맞추어야 한다. 또 한 가지는, 발생원 대책 이외에 생선 다식자 등의 고리스크 집단에 대한 정보 제공이나 지도가 필요하지 않을까? 그러한 소프트한 대책으로 노출을 줄일 수 있는 부분도 많을 것이다.

7-10 오염원 해석의 한계와 전개

본 장에서 제시한 오염원 해석법은 다이옥신류에 많은 컨제나가 존재한다는 것에서 가능하게 되었다. 현재의 다이옥신류의 분석은 독성이 높은 2,3,7,8-컨제나만을 분석하는 것이 주류이다. 조금 더 상세한 경우도 염소수별 동족체 조성의 보고가 추가될 뿐이다. 이처럼 한정된 정보에 기초한 오염원을 해석하는 것은 불가능하지는 않더라도 정확하지 않게 된다. 독성이 없는 컨제나도 측정함으로써 보다 환경오염이 올바르게 파악할 수 있겠지만, 그러기 위해서는 분석의 노력이 더 많이 요구된다. 단, 오염의 정도를 알면 되는 경우와 오염원을 조사하고 싶은 경우에는 서로 같은 분석을 하지 않는다. 목적에 따라서 그 분석의 정도를 바꿀 필요가 있다.

소개한 도쿄만 다이옥신의 오염원 해석은 비교적 잘 된 것 같다. 그러나 아직 과제가 남아있다. 예를 들면 다이옥신의 농도는 컨제나에 따라 크게 달라진다. 일반적인 중회귀분석을 이용하면, 농도가 큰 컨제나에 이끌려진 결과를 얻게 된다. 다시 말해, 농도 10의 컨제나에 대해 9까지 근사할 경우, 농도 100의 컨제나에 대해서는 99까지 근사하도록 계산한다. 그러나 컨제나의 농도가 100이든, 10이든 오차는 10% 정도로 같은 경우에는 농도 1C의 컨제나에 대해서 9까지 근사시킬 때 농도 100의 컨제나에 대해서는 90까지 맞추면 좋을 것이다. 후자와 같은 회귀의 계산방법을 가중중회귀분석이라 부르는데, 앞서 서술한

$$\sum_{i=1}^{n}(x_{ji} - \sum_{q=1}^{3} b_q \cdot C_{qi})^2$$

을 최소로 하는 대신에

$$\sum_{i=1}^{n}(\frac{1}{x_{ji}}(x_{ji} - \sum_{q=1}^{3} b_q \cdot C_{qi}))^2$$

를 최소가 되도록 계산하면 된다. 이 방법에 의한 것이 보다 타당한 결과를 얻을 수 있는 경우가 있다. 연습문제로 표 7-6의 데이터를 가중중회귀 분석에 의해 재계산을 해보기 바란다. 또한 본 장에서는 다이옥신류라는 측정에 상당한 노력이 필요한 화합물을 대상으로 했기 때문에 반복 측정은 1회만으로 하고 있으나, 환경이나 발생원에서의 반복측정이 가능한 경우는 유효분산 최소자승법[13]을 이용해서 푸는 것이 가장 좋다고 생각된다.

[참고문헌]

(1) 環境省, ダイオキシン類の排出量の目録(排出インベントリー).
http://www.env.go.jp/air/report/h14-04/index.html(平成 14 年 12 月)

(2) Evers, E. H. G., Klamer, H. J. C., Laane, R. W. P. M., Govers, H. A. J.(1993), Polychlorinated dibenzo-*p*-dioxin and dibenzofuran residues in estuarine and coastal North Sea sediments : Sources and Distribution, *Environ. Toxicol. Chem.*, Vol. 12, No. 9, pp. 1583-1598.

(3) Masunaga, S., Takasuga, T., Nakanishi, J.(2001), Dioxin and dioxin-like PCB impurities in some Japanese agrochemical formulations, *Chemosphere*, Vol. 44, No. 4, pp. 873-885.

(4) 有馬哲, 石村貞夫(1987), 多変量解析のはなし, 東京図書.

(5) Johnson, R. A. and Wichern, D. W. (1988), Applied Multivariate Statistical Analysis, 2/E, Prentice-Hall, Inc.[西田俊夫訳(1992)多変量解析の徹底研究, 現代数学社].

(6) Sakurai, T., Kim, J.-G., Suzuki, N., Matsuo, T., Li, D.-Q., Yao, Y., Masunaga, S. and Nakanishi, J.(2000), Polychlorinated dibenzo-*p*-dioxins and dibenzofurans in sediment, soil, fish, shellfish, and crab samples from Tokyo Bay area, Japan, *Chemosphere*, Vol. 40, No. 6, pp. 627-640.

(7) Yao, Y., Masunaga, S., Takada, H., Nakanishi, J.(2002), Identification of polychlorinated dibenzo-*p*-dioxin, dibenzofuran, and coplanar polychlorinated biphenyl sources in Tokyo Bay, Japan, *Environ. Toxicol. Chem.*, Vol. 21, No. 5, pp. 991-998.

(8) Yamagishi, T., Miyazaki, T., Akiyama, K., Morita, M., Nakagawa, J., Horii, S., Kaneko, S.(1981), Polychlorinated dibenzo-*p*-dioxins and dibenzofurans in commercial diphenyl ether herbicides, and in freshwater fish collected from the application area, *Chemosphere*, Vol. 10, No. 10, pp. 1137-1144.

(9) Masunaga, S.(1999. 1. 28), Toward a time trend analysis of dioxin emission and exposure, *Proceeding of the 2nd International Workshop on Risk Evaluation and Management of Chemicals*, pp. 1-10.

(10) Ogura, I., Masunaga, S., Nakanishi, J.(2001), Atmospheric deposition of polych-

lorinated dibenzo-*p*-dioxins, polychlorinated dibenzofurans, and dioxin-like polychlorinated biphenyls in the Kanto Region, Japan, *Chemosphere*, Vol. 44, No. 6, pp. 1473-1487.

(11) 益永茂樹, 高菅卓三, 中西準子(2000), 農薬中のダイオキシン類の BPX 5 カラムによる全異性体分析, 横浜国立大学環境科学研究センター紀要, Vol. 26, No. 1, 1-9 頁.

(12) 豊田正武(1999), 食品中のダイオキシン汚染実態調査研究(平成 10 年度)トータルダイエットからの一日摂取量, 厚生省.

(13) Watson, J. G., Cooper, J. A., Huntzicker, J. J.(1984), The effective variance weighting for least squares calculations applied to the mass balance receptor model, *Atmospheric Environmernt*, Vol. 18, No. 7, pp. 1347-1355.

제8장

댐의 효용을 계산한다

8-1 연습과제

최근에는 쓸모없는 공공사업의 하나로 거론되기도 하는 댐이나 하구언 건설, 그리고 댐이 야기하는 생태리스크에 관해서는 9, 10장에서 다루기로 하자. 그러나 댐이 만들어지는 데에는 그럴만한 이유가 있다. 여기서는 먼저, 댐이 있어서 물을 얼마만큼 자유롭게 이용하고 또 홍수를 막을 수 있는가를 계산해 보자. 그러기 위해서 다음 순서대로 연습해 보자.

(1) 강우량이나 하천에 흘러들어 가는 수량을 알아본다.

(2) 댐 건설로 이용할 수 있는 수량이 어느 정도나 늘어날 것인가를 계산해 본다.

(3) 댐 건설로 홍수를 어느 정도나 막을 수 있는가를 계산해 본다.

(4) 실제로 이용할 수 있는 물을 늘리려고 한다면, 홍수대책을 세울 수 없게 되고, 홍수대책을 목적으로 하면 이용할 수 있는 물이 적어지게 된다.

마지막으로, 이 두 가지 사이의 균형점에 대해서 생각해 보자.

8-2 댐을 만드는 이유

일본은 원래 몬순지대에 있어서 강우량은 비교적 많은 것으로 여겨지고 있다. 실제로 연간 강우량은 약 1700~1800 mm로 세계평균인 950 mm의 약 2배가 된다. 그러나 국민 1인당의 강수량을 비교하면 그렇게 많은 것이 아니고 세계 평균인 30000 m^3/인/연의 4~5분의 1에 불과하다. 그래도 그 정도면 충분한 양인 것만은 틀림없다. 그런데도 왜 댐이 필요한가라고 하면, 하천의 유량이 일정하지 않기 때문이다. 유량이 일정하면 물을 담아둘 필요도 없다. 유량이 일정하지 않은 이유는 비가 편중되어 내리기 때문이다. 비 내리게 하는 것을 자유롭게 할 수 있다면 좋겠지만, 물론 가끔 인공강우를 시도하기도 하지만, 일반적으로는 아직 불가능하다. 따라서 강우를 담아두는 것으로 유량을 조절할 수밖에 없다.

그래서 많은 사람들을 위해 저수지인 댐을 건설하는 것이다. 물을 저장함으로써 강우가 많을 때는 담아두고, 적을 때는 흘려보내서 갈수일 때는 음료수, 농업용수로 취수할 수 있는 물의 양을 늘릴 수가 있다.

한편, 강우시에는 물을 담아둠으로써 하류의 홍수를 막을 수가 있다. 하천의 유량변동의 크기를 나타내는 것으로 「하황(河況)계수」라는 지표가 있다. 이것은 연간 최대유량을 최소유량으로 나눈 것이다. 이 값의 예를 표 8-1에 나타냈다. 외국의 하천에 비해 일본 하천의 하황계수가 대단히 크다는 것을 알 수 있다. 일본의 하천은 경사져서, 비가 내리면 금방 흘러가 버리기 때문이다. 이처럼 유량이 안정적이지 않은 일본의 하천에서 유량조정은 굉장히 큰 의미가 있다.

댐에는 유량조절 이외의 효용도 있다. 댐에 의해 수위의 낙차를 만들어, 위치에너지를 운동에너지로 바꿔서 전기를 만들어낼 수가 있다. 이처럼 댐의 목적은 여러 가지가 있는데, 그런 목적이 종합된 댐을 다목적댐이라 한다.

표 8-1. 하황계수

나라	하천면	하황계수
일본	토네가와	1,782
일본	구로베가와	5,075
일본	요도가와	114
일본	쯔꾸고가와	8,671
유럽	라인강	16
영국	템즈강	8
프랑스	세느강	34

*)토목학회 관서지부편, 하천사전, Kodansha에서 인용

칼럼▶………………………………………세계 최고(最古)의 댐

댐이란 저수, 취수, 수위의 상승, 또는 퇴사를 위해 하천이나 골짜기를 가로질러 만든 구조물을 말한다. 하천을 따라 이어지는 구조물은 둑이나 제방이라 부른다.

문헌적으로 세계에서 가장 오래된 댐은 기원전 2900년경에 이집트의 메네스왕이 멤피스로 물을 끌어오기 위해 20 km 상류의 나일강의 코세이슈에 만들었다고 전해지는 높이 15 m, 길이 450 m의 적석댐이다. 실제 유적으로 확인되고 있는 가장 오래된 댐은 1985년 독일의 고고학자 슈바인흐르트가 카이로 남쪽 32 km의 헤르완에서 발견했던 쿠흐왕조시대(기원전 2750년경)로 추정되는 사드엘카파라댐이다.

8-3 하천 유량 데이터의 수집

먼저 하천 유량의 데이터를 찾아보자. 전국의 일급 하천을 관리하고 있는 곳은 국토교통성이므로, 먼저 국토교통성의 홈페이지(http://www. mlit.go.jp)에 접속해 보자. 정보 중에 「하천관계」을 클릭하면 하천국의 홈페이지에 들어갈 수 있다. 그 중에서 「물정보 국토 데이터 관리센터」을 선택해서 몇 가지 데이터베이스 중 「수문수질 데이터베이스」라는 항목을 택한다.

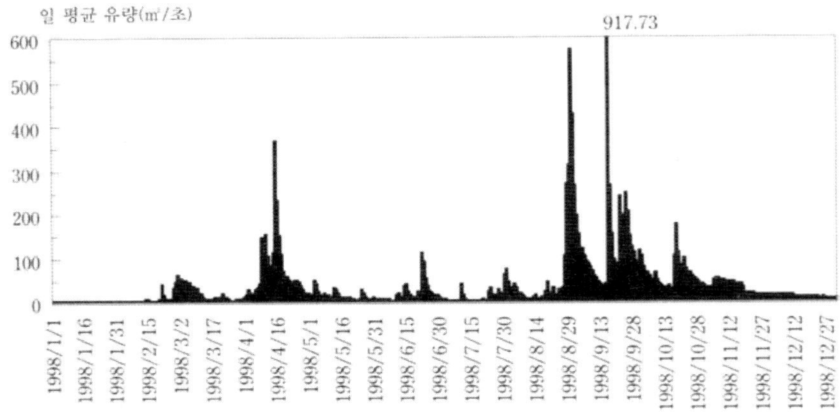

그림 8-1. 도네가와수계 아즈마천 무라가미의 일일평균 유량의 변화(하이드로그래프)

그 중에는 국토교통성 하천국이 소관하는 수문수질에 관련된 관측소의 데이터가 공개되어 있는데 여기서 각지의 우량, 하천 수위, 수량 및 수질 데이터를 볼 수 있다. 이 연습에서는 도네가와의 지류인 아즈마천의 무라가미를 예로 들어 보겠다. 검색에서 이 관측소를 선택한다. 이 지점의 일일 유량데이터는 1989~1998년 10년간 게재되어 있는데, 이 데이터를 다운로드 받을 수 있다. 1998년의 일일 유량데이터를 표 8-2, 그것을 그래프로 한 것(하이드로그래프라 함)이 그림 8-1이다.

이것을 보면, 하천의 유량 변화가 아주 크다는 것을 금방 알 수 있다. 1월, 2월의 동계에는 적고, 9월의 태풍철의 유량은 아주 크다. 참고로, 이 지점의 1998년의 풍수(豊水)유량, 평수(平水)유량, 저수(低水)유량, 갈수유량(BOX 2 참조)은 각각, 46.88, 19.97, 10.34, 5.14 m^3/초이다. 하황계수는 190정도 되나 이것은 일본의 하천 중에서는 그다지 크지 않다.

표 8-2. 하천유량 데이터(도네가와수계 아즈마천 무라가미관측소, 1998년, 일평균 유량 m^3/초)

월 일	1월	2월	3월	4월	5월	6월	7월	8월	9월	10월	11월	12월	합계
1	5.05	5.18	66.24	17.55	19.91	9.28	11.20	48.56	270.86	120.00	37.68	19.29	
2	5.14	5.14	57.58	31.38	16.79	9.04	10.53	34.74	201.35	107.38	37.80	18.42	
3	5.14	5.24	53.42	24.70	54.10	11.95	9.43	27.59	158.69	82.36	38.08	18.32	
4	5.79	5.29	51.08	20.02	44.20	12.67	8.46	45.57	124.49	72.24	52.14	18.15	
5	4.86	5.24	49.56	21.36	25.82	9.05	7.81	37.89	106.59	61.43	56.34	20.88	
6	4.83	5.13	46.88	30.45	18.94	8074	7.50	22.23	97.53	54.98	55.33	20.57	
7	4.83	5.16	41.76	37.95	17.59	9.01	7.40	20.82	90.32	51.90	52.00	18.29	
8	5.02	5.77	40.97	43.16	23.30	8.09	7.35	14.24	81.65	69.51	50.45	19.28	
9	5.56	5.87	37.27	152.83	20.50	8.23	7.33	11.34	72.39	51.21	51.41	18.18	
10	5.32	5.61	34.39	157.68	14.25	18.81	44.21	10.14	62.37	43.25	50.15	17.41	
11	5.21	5.37	22.49	109.33	12.95	22.49	19.14	9.49	58.01	38.60	49.48	17.43	
12	5.61	5.81	13.03	86.06	34.24	16.20	9.78	9.49	50.13	36.45	48.19	15.08	
13	5.35	6.93	12.24	70.29	30.47	14.18	7.92	16.623	44.82	34.25	47.18	13.56	
14	5.29	8.54	10.48	115.79	21.31	41.18	7.40	19.92	42.54	40.50	45.32	15.49	
15	5.74	10.39	10.52	370.99	15.29	44.52	7.34	11.34	43.13	33.68	45.58	16.17	
16	5.98	8.33	10.71	234.13	13.06	29.75	7.34	14.01	917.73	29.17	44.96	16.88	
17	5.87	7.86	12.21	155.66	16.42	20.86	7.18	13.23	268.28	106.41	43.85	16.49	
18	6.65	7.30	13.32	113.02	16.23	15.21	6.82	29.23	161.36	182.14	36.71	16.46	
19	7.55	6.99	10.52	75.10	15.45	13.11	6.70	47.53	100.47	118.14	24.68	13.69	
20	6.45	9.28	14.33	60.56	10.34	27.08	8.98	23.89	79.25	79.51	23.50	11.15	
21	6.08	45.56	21.59	53.34	8.56	16.15	7.31	17.48	90.09	88.45	21.32	13.36	
22	5.99	10.89	15.00	48.36	7.79	118.17	7.01	36.64	244.35	105.50	24.82	14.87	
23	5.84	12.58	14.68	45.29	7.79	95.56	29.31	18.84	203.13	77.11	20.23	12.30	
24	5.81	10.48	12.51	53.81	10.56	57.45	36.31	14.43	253.51	71.05	20.86	12.71	
25	5.50	10.00	8.08	54.23	32.87	38.32	20.31	31.79	210.59	63.33	20.73	14.34	
26	5.25	9.78	7.55	49.05	23.99	29.39	21.02	37.79	153.40	58.34	20.28	12.62	
27	5.40	36.58	8.23	39.22	16.13	23.04	32.12	109.32	129.08	54.20	19.97	10.07	
28	5.19	49.44	10.37	31.89	12.35	18.92	22.50	273.17	117.06	49.68	18.51	11.54	
29	5.21		10.30	24.50	12.35	19.28	23.15	318.49	93.80	46.38	17.45	10.48	
30	5.04		12.06	21.43	16.17	13.93	63.97	578.52	87.03	44.00	18.09	9.12	
31	5.13		14.44		10.64		79.66	430.27		40.36		9.03	
합계	171.68	325.74	743.81	2349.13	600.36	780.66	552.49	2334.61	4614.00	2111.62	1093.09	471063	16149
평균	5.54	11.63	23.99	78.30	19.37	26.02	17.82	75.31	153.80	68.12	36.44	15.21	44.24

*국토교통성 홈페이지 수문수질데이터베이스(http://www1.river.go.jp/)에서 인용함

BOX 1 **유량의 측정**

하천의 유량은 어떻게 측정되는 것인가? 유량은 하천의 단면적에 유속을 곱하여 구하지만, 유속을 수시로 측정하는 것은 어려운 일이다. 하천에 수위 측정용 지주가 있는 것을 본 사람도 많을 것이다. 수위와 하천단면, 그리고 수위와 평균속도와의 관계를 미리 측정해 놓고 수위를 측정하면 유량을 추계할 수 있다

BOX 2 **풍수유량, 평수유량, 저수유량, 갈수유량**

어느 해의 하천의 일평균 유량을 큰 것에서부터 작은 순서대로 나열해서, 95번째, 185번째, 275번째, 355번째의 것을 각각, 풍수유량, 평수유량, 저수유량, 갈수유량이라 부른다. 갈수유량보다 적은 물수요 밖에 없다면 댐의 필요성은 없을 것이다. 만약, 평수유량분을 취수하고자 하는 경우에는 댐이 없으면 연간 약 절반의 일수로 필요한 수량을 얻을 수 없게 된다.

8-4 우량에서 유량을 측정한다

필요한 장소의 하천 유량 데이터를 입수할 수 있는 경우는 실제로 매우 드물다. 그러한 경우에는 다른 데이터에서 유량을 추정해야만 한다. 자주 이용되고 있는 다른 데이터로는 유역에서 측정된 강우량 데이터가 있다. 강우량에서 하천유량을 추정하는 계산의 방법으로는 단위도법, 저류관수법, 탱크모델 등이 있는데 이것을 간단히 소개해 보자.

단위도법 예를 들면 1시간 마다 강우 강도 데이터를 얻을 수 있는 경우, 거기에 유역면적을 곱해서 구해진 유역내 강우량의 시간변화를 구한다. 그것의 어떤 비율이 어떤 시간의 지연과 시간적인 폭의 크기를 가지고서 하천에 유출되고 있는 것으로 가정하고, 그것을 시간마다 적산한다

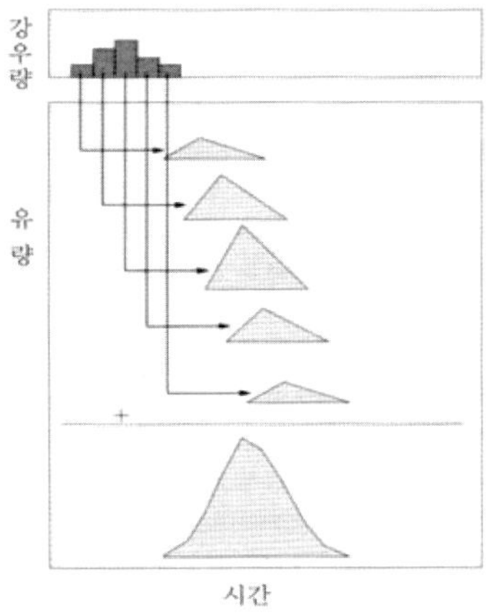

그림 8-2. 단위도법에 의한 유량 추정

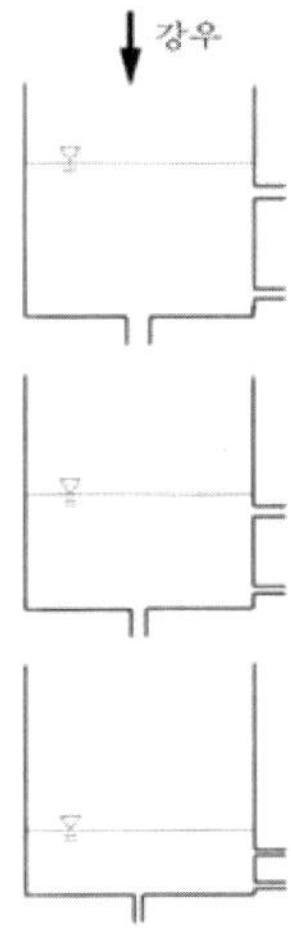

그림 8-3. 탱크모델에 의한 유량 추정

(그림 8-2). 이 경우 강우량 중에 증발이나 지하침수로 유출되지 않는 부분이 있으므로 그 부분을 제외하고 유효우량을 계산 대상으로 한다. 강우량에서 유출되는 비율은 유출률이라 한다. 강우에 대한 유출의 형태는 사전에 실제장소 또는 비슷한 지리적 조건의 장소에서 확인해 놓을 필요가 있다.

저류관수법 유역에 내린 비는 일단 유역내에 저류(貯留)되어, 그 저류량에 따라서 유출된다고 생각하는 모델이다. 유출량 Q는 유역내 저류량 S에 대해서,

$$Q = k \times S^p$$

의 식으로 나타내진다. 이 경우 k와 p는 유역의 특징을 나타내는 계수로 이해할 수 있고, 실제 장소에서 검토하는 것이 바람직하다. S는 단위도법과 같은 식으로 유효우량을 원래대로 계산하는 것이 된다.

탱크모델 유역의 강우 저류와 유출의 모델로서 바닥과 측면에 구멍이

뚫린 탱크를 몇 단 겹친 것이 탱크모델이다(그림 8-3). 1단째의 측면의 구멍에서 나온 물의 합계가 하천으로의 직접 유출에 해당한다. 바닥의 구멍에서 하단의 탱크로 들어가는 것은 지하침수에 해당한다. 2단째의 탱크에서의 측면 유출은 일단 지하에 들어간 물이 다시 지표나 하천에 유출된 경우에 해당한다. 하층 탱크에서의 측면 유출은 오랜 시간동안 하천에 유출되는 부분에 해당한다. 실제의 유출패턴에 맞게 탱크의 구성을 조정하여, 강우량에 해당하는 물을 흘려서 시뮬레이션 한다.

이런 방법들을 이용하여 강우량에서 하천의 유량을 추정할 수 있다.

8-5 물 부족을 없애기 위해서는 어느 정도 용량의 댐이 필요할까?

그러면 얻어진 유량 데이터를 이용해서, 댐을 조성함으로써 어느 정도 이용 가능한 수량을 늘릴 수 있을까를 계산해 보자. 여기서는 매일 유량 데이터에 기초하여 표계산 소프트를 이용해서 시뮬레이션 해보도록 하자. 실제로는 댐을 건설하는 장소와 취수지점이 다른 경우가 많겠지만 여기서는 편의상 양쪽을 같은 장소로 한다.

대상지점인 도네가와 무라가미에서 얻어진 유량 데이터의 첫 년도인 1989년부터 시뮬레이션을 시작한다. 표 8-3이 표계산 소프트의 입력예이다.(여기서는 Microsoft사의 EXCEL을 사용). 1열째에는 연월일, 2열째에는 앞에서 얻은 일일 평균유량이 m^3/초 단위로 입력되고 있다. 이 단위에서는 다루기 어렵기 때문에 그것을 3열째에서는 m^3/일 단위로 변환했다. 이 변환은 3열째에 「= 왼쪽 옆 셀 × 60 × 60 × 24」라는 관수를 입력하는 것으로 계산할 수 있다.

그런데 하천에는 유지용수라고 불리는 것이 있다. 이것은 취수하지 않고 하류에 흘려보내야 하는 최소의 양을 말한다. 하천의 물이 없어지게 됨으로써 발생하는 문제를 방지하기 위해 흘려보내는 유량이다. 여기서는 1.00 m^3/초 = 86400 m^3/일이라고 하자. 그러면 실제로 이 하천에서 취수 가능한 유량은「하천유량 - 유지유량」이 되어, 이것을 4열째에 기입한다. 단, 이것이 마이너스가 된 경우는 취수 불가능이라고 생각해서 제로를 넣기로 한다.

이와 같은 경우, 이 셀에 관수 입력은 조건문을 입력하게 된다. 예를 들면,

If(하천유량 〉 유지유량, 하천유량 - 유지유량, 0)

와 같이 입력된다. 이것이 의미하는 것은 만약「하천유량 〉 유지유량」이 참이라면「하천유량 - 유지유량」의 값을 빼고, 거짓이라면 제로의 값을 취한다는 의미이다. 다음으로, 5열째에 취수하고 싶은 양을 입력한다. 취수 수요량은 매일 변화하는 것이 보통이다. 예를 들면 농업용수의 수요는 모내기시기에 많고 작물을 경작하지 않는 겨울에는 적다. 그런 경우는 매일 다른 값을 입력하는 것이 좋다. 여기서는 수도나 공업용수를 가정하여 연간 수요는 변동하지 않는 것으로 계산한다. 예를 들어 도시용수로 50만 m^3/일의 수요가 있다고 가정하자. 이것은 100만 명 정도 인구의 도시에 해당하는 것으로 생각하면 된다. 6열째에는 취수 가능량에서 취수 수요량을 제외한 양, 즉, 댐에 저류 가능한 양을 입력한다. 단,「취수 가능량 〈 취수 수요량」의 경우는 전량을 취수하므로 이 값은 제로가 된다. 이 경우도 조건문을 셀에 입력하게 된다. 예를 들면,

If(취수 가능량 〉= 취수 수요량, 취수 가능량 - 취수 수요량, 0)

이다. 또, 오른쪽 옆의 열에는 취수 가능량이 취수 수요량보다 적은 경우에 댐에서 방류를 희망하는 양으로 입력한다. 여기도 조건문이 되어,

If(취수 수요량 〉 취수 가능량, 취수 수요량 - 취수 가능량, 0)

이다. 그러나 댐은 반드시 희망하는 댐 방류량을 방류할 수 있는 것은 아

표 8-3. 댐의 이수 시뮬레이션

1열 연월일	2열 하천유량 m^3/초	3열 하천유량 m^3/일	4열 취수가능량 m^3/일	5열 취수수요량 m^3/일	6열 댐에의 저류량 m^3/일	7열 희망 댐 방류량 m^3/일	8열 실제 댐 방류량 m^3/일	9열 실제취수 가능량 m^3/일	10열 과부족 m^3/일	11열 댐저수량 m^3
										7,000,000
1989/1/1	4.77	412,128	325,728	500,000	0	174,272	174,272	500,000	0	6,825,728
1/2	4.77	412,128	325,728	500,000	0	174,272	174,272	500,000	0	6,651,456
1/3	4.77	412,128	325,728	500,000	0	174,272	174,272	500,000	0	6,477,184
1/4	4.77	412,128	325,728	500,000	0	174,272	174,272	500,000	0	6,302,912
1/5	4.77	412,128	325,728	500,000	0	174,272	174,272	500,000	0	6,128,640
1/6	4.65	401,760	315,360	500,000	0	184,640	184,640	500,000	0	5,944,000
1/7	4.77	412,128	325,728	500,000	0	174,272	174,272	500,000	0	5,769,728
1/8	4.77	412,128	325,728	500,000	0	174,272	174,272	500,000	0	5,595,456
1/9	4.99	431,136	344,736	500,000	0	155,264	155,264	500,000	0	5,440,192
1/10	5.13	443,232	356,832	500,000	0	143,168	143,168	500,000	0	5,297,024
1/11	5.15	444,960	358,560	500,000	0	141,440	141,440	500,000	0	5,155,584
1/12	6.04	521,856	435,456	500,000	0	64,544	64,544	500,000	0	5,091,040
1/13	5.03	434,592	348,192	500,000	0	151,808	151,808	500,000	0	4,939,232
1/14	4.77	412,128	325,728	500,000	0	174,272	174,272	500,000	0	4,764,960
1/15	4.58	395,712	309,312	500,000	0	190,688	190,688	500,000	0	4,574,272
1/16	4.44	383,616	297,216	500,000	0	202,784	202,784	500,000	0	4,371,488
1/17	4.44	383,616	297,216	500,000	0	202,784	202,784	500,000	0	4,168,704
1/18	4.44	383,616	297,216	500,000	0	202,784	202,784	500,000	0	3,965,920
1/19	4.95	427,680	341,280	500,000	0	158,720	158,720	500,000	0	3,807,200
1/20	5.97	515,808	429,408	500,000	0	70,592	70,592	500,000	0	3,736,608
1/21	17.77	1,535,328	1,448,928	500,000	948,928	0	0	1,448,928	948,928	4,685,536
1/22	6.79	586,656	500,256	500,000	256	0	0	500,256	256	4,685,792
1/23	5.77	498,528	412,128	500,000	0	87,872	87,872	500,000	0	4,597,920
1/24	6.97	602,208	515,808	500,000	15,808	0	0	515,808	15,808	4,613,728
1/25	6.22	537,408	451,008	500,000	0	48,992	48,992	500,000	0	4,564,736
1/26	5.63	486,432	400,032	500,000	0	99,968	99,968	500,000	0	4,464,768
1/27	5.78	499,392	412,992	500,000	0	87,008	87,008	500,000	0	4,377,760
1/28	5.60	483,840	397,440	500,000	0	102,560	102,560	500,000	0	4,275,200
1/29	5.05	436,320	349,920	500,000	0	150,080	150,080	500,000	0	4,125,120
1/30	5.00	432,000	345,600	500,000	0	154,400	154,400	500,000	0	3,970,720
1/31	5.16	445,824	359,424	500,000	0	140,576	140,576	500,000	0	3,830,144
이하생략										

물수요량 = 500,000 m^3, 댐유효저수량 = 10,000,000 m^3, 유지유량 = 86,400 m^3, 초기저류율 = 70%

니다. 댐의 저수량이 희망 방류량을 넘는 경우는 희망 댐 방류량만큼 방류하고, 넘지 않으면 저수량을 전량 방류하는 것으로 한다. 이 관수도 조건문으로,

If(전날 댐 저수량 〉 희망 댐 방류량, 희망 댐 방류량, 전날 댐 저수량)이 된다. 이것은 실제로 댐 방류량이다(8열째). 9열째는 취수 가능량과 실제 댐 방류량을 더한 실제 취수 가능량을 입력한다. 10열째의 과부족의 난에는 관수로 「실제 취수 가능량 - 취수 수요량」을 입력한다. 이 난이 마이너스가 된 경우는 수요가 미치지 못한 것이 된다. 마지막 열은 댐의 저수량을 나타내는 것으로 여기서는 「전날 댐 저수량 + 댐에의 저수량 - 실제 댐 방류량」이라는 관수를 입력하게 되는데, 댐의 저수량이 무한한 것은 아니다. 그것은 최대치가 댐의 만수 저수량으로 제한되므로 여기도 조건문을 입력한다. 즉,

If(전날 댐 저수량 + 댐에의 저수량 - 실제 댐 방류량 〈 댐 만수량, 전날 댐 저수량 + 댐에의 저수량 - 실제 댐 방수량, 댐 만수량)이 된다.

이것으로 1일째의 시뮬레이션을 했다. 2일째 이후는 1열째에 입력했던 수식과 똑같이 하면 되므로, 1열째의 셀을 아래의 열과 함께 복사해 두면 편리하다. 실제로 시뮬레이션을 시작하려면 저수량의 초기치를 넣어줄 필요가 있다. 여기서는 유효 저수용량의 70%의 저수율이었다고 하자. 이번에는 위와 같은 조건에서, 10년간에 물 부족을 일으키지 않을 만한 댐의 유효저수량을 구해보자.

실제 댐의 유효저수량은 어느 정도나 될까? 일본에서의 최대는 오쿠타다미댐으로 4억5800만 m^3이다. 30번째에서 약 1억 m^3. 이들은 모두 상당히 큰 댐이다. 일본의 많은 댐은 수십만 ~ 수천만 m^3 정도이다. 여기서는 1000만 m^3에서부터 시뮬레이션해 보자. 1989년의 시뮬레이션 결과를 그림 8-4에서 나타냈다. 1월부터 2월 그리고 11월부터 12월에 걸쳐서 하천에서의 직접 취수 가능량의 부족은 댐 저수량에서 보충되었다. 그러나

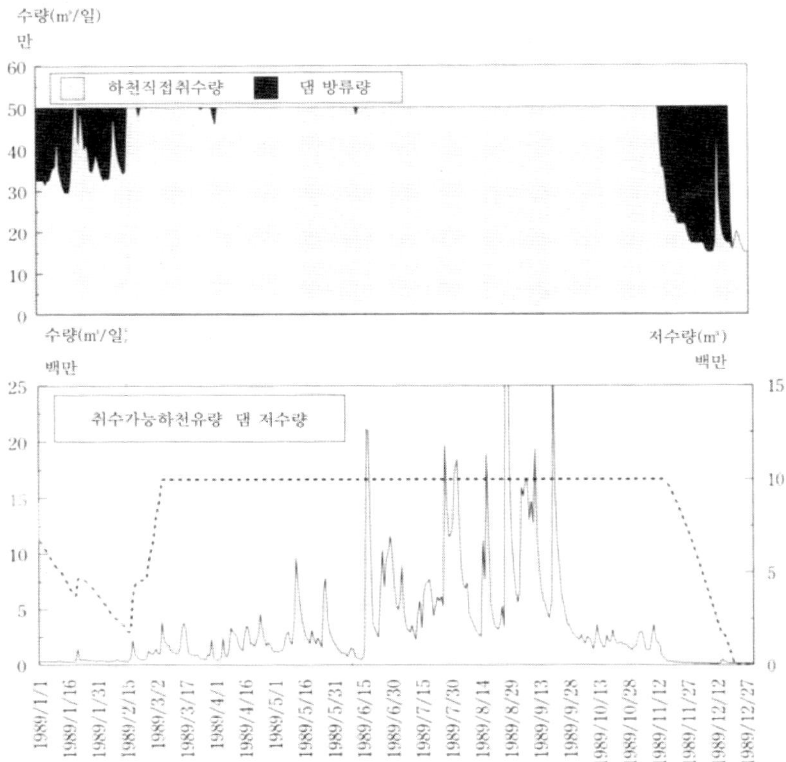

(윗그림) 용수 취수 가능량과 그 내역의 일변화
하천 직접 취수량: 하천에서 취수한 용수량(단위: m^3/일)
댐방류량: 댐에서의 방류로 공급한 용수량(단위: m^3/일)
(아랫그림) 취수 가능 하천유량과 댐 저수량의 변화
취수 가능 하천유량: 하천유량 - 유지유량(좌축, 단위: m^3/일)
댐 저수량: 댐의 저수량(우축, 단위: m^3)

그림 8-4. 하천의 취수량과 댐의 보급량의 일변화(1989년)

연말에 댐의 저수량이 급격하게 저하되어, 연말의 10일간은 저수량이 바닥을 드러내 물수요를 따라가지 못하는 결과가 되었다. 1998년까지 10년간의 시뮬레이션 결과에서는 그 사이에 물부족이 되었던 일수는 합계

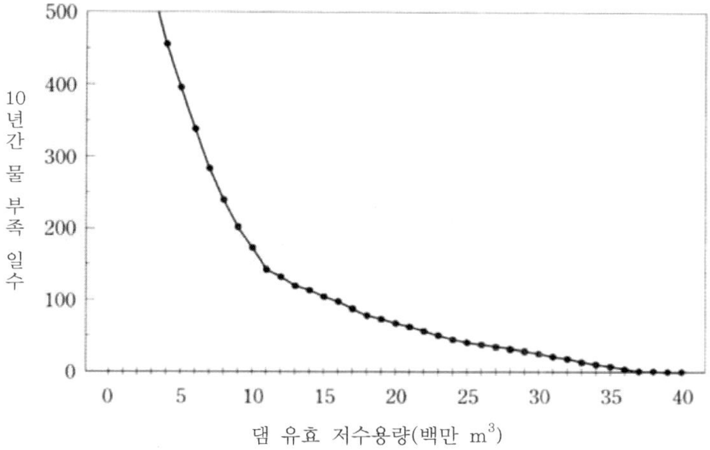

그림 8-5. 댐 유효 저수량의 차이에 따른 물 부족 일수의 시뮬레이션 결과

173일로, 1989년이 10일, 1990년이 17일, 92년이 8일, 93년이 70일, 94년이 39일, 96년이 12일, 97년이 17일이었다. 1993년의 물 부족이 가장 심했다.

최근 10년간에 급수제한이 필요한 날을 없애기 위해서는 어느 정도의 댐 용량이 필요할까. 댐 유효 저수용량을 바꿔서 시뮬레이션 해본 결과가 그림 8-5이다. 1100만 m^3까지 용량을 늘려가는 동안에는 상당히 효율성 좋게 급수제한 일수를 줄일 수가 있다. 10년간 완전히 급수제한을 없애기 위해서는 3900만 m^3의 용량이 필요하다고 추정된다. 이것은 취수수요의 78일분에 해당하는 양이다.

8-6 댐으로 인해 안정적으로 이용할 수 있는 수량은 얼마나 늘어날까?

앞 절에서는 댐을 계획하는 입장에 서서, 갈수에 대응하는데 필요한 댐의 용량을 시뮬레이션으로 추정했다. 이번에는 조금 다른 관점에서 전망해보자. 즉 댐이 있는 덕택에 자유로이 이용할 수 있는 수량은 어느 정도나 늘었을까?

10년간의 급수제한을 완전히 피하고 싶다고 하자. 이 경우 댐의 용량과 안정적으로 이용할 수 있는 수량의 관계를 구해보자. 그러기 위해서는 댐 유효 저수용량을 제로(댐을 만들지 않았을 경우)부터 늘려가면서, 각각의 용량에서 수요 수량을 바꿔서 10년간 물부족 일수가 제로로 되는 수요 수량을 조사해가면 된다. 그 결과는 그림 8-6에 있다. 댐이 없는 경우에 안정적으로 취수할 수 있는 수량은 15000 m^3/일이었던 것이 댐 용량을 10만 m^3까지 늘리면, 약 4배 이상인 65000 m^3/일로 증가했다. 10만 m^3는 취수량의 약 2일분에 해당하는 용량이다. 용량을 늘리면 안정 취수량도 증가하지만, 100만 m^3보다 더 증가하더라도 늘어가는 모습이 둔화됨을 알 수 있다.

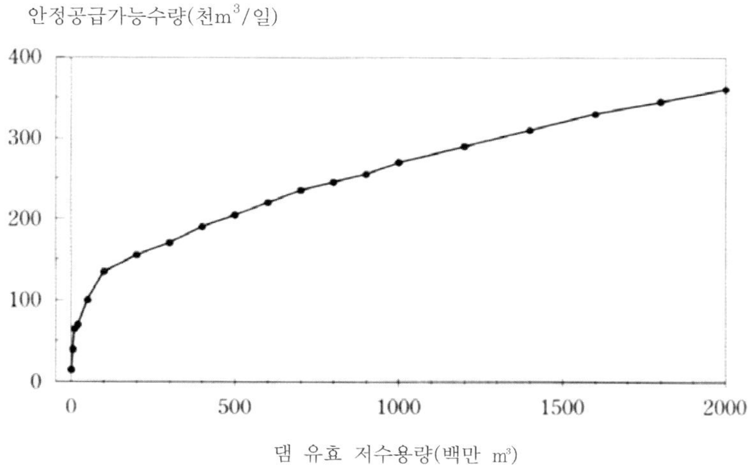

그림 8-6. 댐 유효 저수량의 차이에 따른 안정공급 가능 수량의 변화

8-7 홍수를 막는다

댐의 또 한 가지 역할은 홍수방지이다. 이 경우 이수와는 정반대의 의미로 댐을 사용하는 것이다. 다시 말해 이수의 경우는 될 수 있는 한 댐을 만수로 유지하는 것이 중요하지만, 홍수방지로는 댐을 비워두는 것이 좋다.

일반적으로 홍수방어 계획을 입안하는 경우에는 먼저 대처해야 할 최대의 홍수량을 정한다. 과거에 일어났던 최대의 홍수를 대상으로 하는 경우도 있으나 많은 경우는 확률계산에 의해 100년에 한 번이나, 200년에 한 번 일어날듯 말 듯 한 홍수를 대상으로 하는데 이것을 계획홍수라고 한다. 그러나 치수공사를 하는데 장기간을 요하기 때문에 잠정적으로 규모를 축소시켜 계획을 세우는 경우도 많다.

홍수방어 계획은 강폭의 넓이, 하도(河道)의 굴삭, 제방의 높이를 올리는 등, 하천이 흘려보낼 수 있는 유량을 늘리는 방법이나 댐과 같이 홍수를 일시적으로 저류해서 피크유량을 줄이는 방법 등이 포함된다. 제방높이나 강가의 굴삭은 장래에 추가공사를 시행하는 것도 용이하므로 잠정계획으로 따를 수 있지만, 댐 건설이나 강폭의 넓이는 나중에 다시 할 수가 없기 때문에 최종적인 계획에 따라 공사를 하게 된다.

계획홍수 유량을 정하려면 일반적으로 다음과 같이 한다. 먼저, 계획홍수에 대응하는 계획 총우량을 정한다. 다음으로, 내린 비의 지역분포나 시간분포를, 과거에 실제로 내린 비의 데이터를 바탕으로 그것이 계획우량보다 적은 경우는 몇 배를 확대하는 것으로 결정된다. 이 데이터를 바탕으로 유출량을 산출한다. 홍수의 경우에는 이수의 경우와 달리 매일 매일의 세밀한 유량데이터가 필요하다.

BOX 3 **100년에 한 번의 홍수**

과거 100년간의 강우량과 유량 데이터가 있으면 알겠지만, 그 중에 최대의 것이 100년에 한 번의 홍수라는 것이다. 실제로는 그처럼 오랫동안의 데이터가 갖추어 있지 않는 경우가 많다. 이 같은 경우에는 데이터의 빈도분포를 정규분포에 근사시켜, 100년에 한 번 정도로 일어날 발생확률을 가진 홍수의 크기를 정하게 된다.

8-8 댐에 의한 홍수량의 감소를 추정한다

여기서는 실제의 경우와는 다르겠지만, 이미 준비한 일평균 유량 데이터를 써서 댐에 의한 홍수 유량의 감소효과를 시뮬레이션 해보자. 1989년부터 1998년간의 일유량에서 최대인 것은 1994년 9월 30일이다. 이 날을 포함해 유량이 적었던 9월 10일부터 10월 10일까지의 1개월간에 대해 계산한다. 9월 10일에는 태풍시즌이 들어있기 때문에 댐을 비어두고 있는 것으로 한다. 홍수시의 방류 방식으로는,

① 정해진 유량까지 방류하고 그것을 넘는 분량을 저류한다「일정방류방식」

② 정해진 유량까지 유량의 일정 비율을 방류하고, 그것을 넘으면 초과 분량의 전량을 저류한다「일정률 일정량 방류방식」

③ 특별한 조작을 하지 않고, 댐의 상용 홍수방출이라고 불리는 방류시설에서 자연히 방출시킨다「자연조절방식」등이 있다. 당연히 어떤 경우도 댐이 만수가 된 다음에는 그대로 전량 방류시킨다. 여기서는 ①의 일정방류방식을 채택한다.

이수의 경우와 마찬가지로 매일의 유량에 기초하여 표계산 소프트를 이용해서 시뮬레이션 해보자(표 8-4). 제4열의 댐에의 희망 저수량은 하

천유량이 이 이상은 흘려보내지 않는다는 일정유량 이하의 경우는 제로이고, 그것을 넘은 경우는 초과분이 들어간다. 식은 논리식이 되어,

If(하천유량 〉 일정유량, 하천유량 - 일정유량, 0)

이 된다. 댐에 충분한 빈용량이 있는 경우는 희망 저류량을 전량 저류할 수 있고, 충분하지 않는 경우는 댐이 만수가 되기 전까지는 저류한다. 실제로 저류 가능한 양을 5열째의 댐 실저류량에 입력한다. 구체적으로는

If(전날 댐 저류량 + 댐 희망 저류량 〈 댐 유효량,

댐 희망 저류량, 댐 유효용량- 전날 댐 저류량)

이 된다. 다음으로 댐에서부터의 방류인데, 댐방류 가능량(6열째)은 하천유량이 일정 방류량 이하의 경우는 그 차가 되고, 그것을 넘어선 경우는 제로가 되므로, 논리식

If(하천유량 〈 일정유량, 일정유량 - 하천유량, 0)

을 입력한다. 실제로 댐에서 방류되는 양은 댐에 물이 채워져 있는 경우뿐이므로, 7열째의 댐 실방류량은

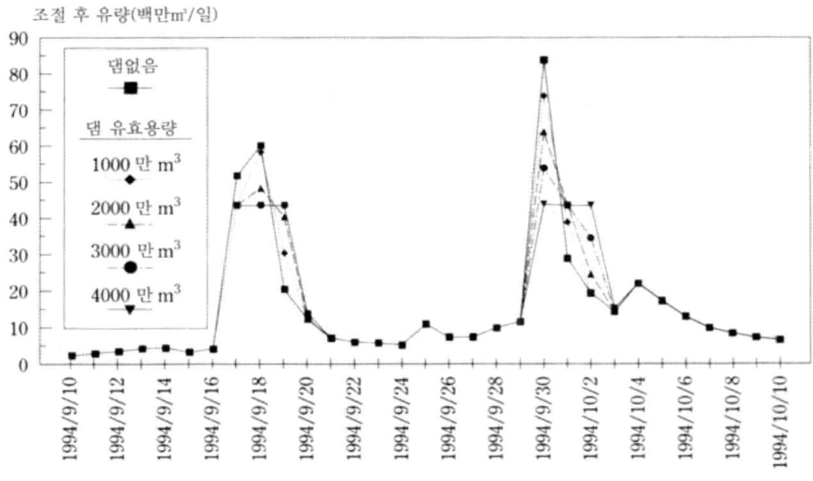

그림 8-7. 댐에 의한 유량조절 효과: 댐 유효량의 차이에 따른 조절 후 하천유량 변화

표 8-4. 댐에 의한 홍수조절의 시뮬레이션

1열 연월일	2열 하천유량 m^3/초	3열 하천유량 m^3/일	4열 댐으로의 희망 저류량 m^3/일	5열 댐으로의 실제 저류량 m^3/일	6열 댐방류 가능량 m^3/일	7열 댐 실제 방류량 m^3/일	8열 댐 저류량 m^3	9열 안정화 후 유량 m^3/일
초기치								
1994/9/9	11.38	983,232					0	
9/10	22.89	1,977,696	0	0	41,222,304	0	0	1,977,696
9/11	29.30	2,531,520	0	0	40,668,480	0	0	2,531,520
9/12	35.93	3,104,352	0	0	40,095,648	0	0	3,104,352
9/13	44.81	3,871,584	0	0	39,328,416	0	0	3,871,584
9/14	46.36	4,005,504	0	0	39,194,496	0	0	4,005,504
9/15	33.67	2,909,088	0	0	40,290,912	0	0	2,909,088
9/16	43.36	3,746,304	0	0	39,453,696	0	0	3,746,304
9/17	594.75	51,386,400	8,186,400	8,186,400	0	0	8,186,400	43,200,000
9/18	691.61	59,755,104	16,555,104	11,813,600	0	0	20,000,000	47,941,504
9/19	231.83	20,030,112	0	0	23,169,888	20,000,000	0	40,030,112
9/20	137.21	11,854,944	0	0	31,345,056	0	0	11,854,944
9/21	76.90	6,644,160	0	0	36,555,840	0	0	6,644,160
9/22	63.87	5,518,368	0	0	37,681,632	0	0	5,518,368
9/23	61.54	5,317,056	0	0	37,882,944	0	0	5,317,056
9/24	55.79	4,820,256	0	0	38,379,744	0	0	4,820,256
9/25	121.06	10,459,584	0	0	32,740,416	0	0	10,459,584
9/26	80.51	6,956,064	0	0	36,243,936	0	0	6,956,064
9/27	80.49	6,954,336	0	0	36,245,664	0	0	6,954,336
9/28	109.97	9,501,408	0	0	33,698,592	0	0	9,501,408
9/29	128.44	11,097,216	0	0	32,102,784	0	0	11,097,216
9/30	966.20	83,479,680	40,279,680	20,000,000	0	0	20,000,000	63,479,680
10/1	329.39	28,459,296	0	0	14,740,704	14,740,704	5,259,296	43,200,000
10/2	218.90	18,912,960	0	0	24,287,040	5,259,296	0	24,172,256
10/3	159.65	13,793,760	0	0	29,406,240	0	0	13,793,760
10/4	249.72	21,575,808	0	0	21,624,192	0	0	21,575,808
10/5	194.35	16,791,840	0	0	26,408,160	0	0	16,791,840
10/6	145.28	12,552,192	0	0	30,647,808	0	0	12,552,192
10/7	109.96	9,500,544	0	0	33,699,456	0	0	9,500,544
10/8	91.95	7,944,480	0	0	35,255,520	0	0	7,944,480
10/9	79.32	6,853,248	0	0	36,346,752	0	0	6,853,248
10/10	71.09	6,142,176	0	0	37,057,824	0	0	6,142,176

일정유량 = 500 m^3/초 = 43,200,000 m^3/일, 댐 유효용량 = 20,000,000 m^3의 경우

If(전날 댐 저수량 〉 댐 방류 가능량, 댐 방류 가능량, 전날 댐 저수량)이 된다. 8열째의 댐 저수량은 「전날 댐 저수량 + 댐 실저수량 - 댐 실방류량」으로 구해진다. 댐에 유량조정을 시행한 후의 유량은 9열째로, 「하천유량 - 댐 실저수량 + 댐 실방류량」이 된다. 여기서는 일정 유량으로 일평균 유량 안에 연 2번째로 컸던 값인 500 m^3/초 = 4320만 m^3/일, 댐 유효용량을 20000만 m^3으로 계산한 결과를 표 8-4에 나타냈다. 댐의 용량을 10000만 m^3에서 40000만 m^3까지 변화시켰을 때 조정 후의 하천유량을 그림 8-7에 나타냈다. 홍수시의 유량은 대단히 크기 때문에 홍수조절을 위해 필요한 댐용량도 아주 커진다.

8-9 이수와 홍수조절의 배반

한 가지의 목적만을 가진 댐의 운용은 간단하지만, 다목적으로 사용하는 경우는 간단하지 않다. 이수를 위해서는 될 수 있는 한 만수가 되게 하는 것이 좋으나, 홍수조절을 위해서는 비워두는 것이 좋다. 일본에서는 많은 댐이 다목적댐으로, 양쪽 모두 만족시킬 수 있게 할 필요가 있다. 홍수 때문에 목표로 하는 저수율을 만수보다 얼마간 낮게 설정해 놓는 것이 보통이나, 연중 같은 목표로 설정해 놓을 필요는 없다. 그림 8-1에 나타낸 것처럼 유량은 계절에 따라 변하는 것을 어느 정도 예상할 수 있기 때문에 장마나 가을의 태풍시즌 전에는 저수율을 낮추고, 그 후에는 만수에 가깝게 하는 식으로 운용된다. 그러나 비가 내리는 방식이 매년 바뀌어서 항상 뜻대로 되는 것은 아니다. 바로 이점이 댐 관리자의 능력을 보여주는 것이라고 말할 수 있다.

8-10 연습

과제로 해봤던 이수와 홍수방지 2개의 시뮬레이션을 합치는 것으로 양쪽의 목적을 가진 댐의 시뮬레이션을 할 수 있다. 정해진 유효용량에서 양쪽의 요구를 어떻게 다 만족시킬 것인가에 도전해보길 바란다. 또한, 본 장에서 이용한 표나 표계산 시트는 http://risk.kan.ynu.ac.jp/masunaga/index_J.htm에서 입수할 수 있다.

[참고문헌]

(1) 国土交通省ホームページ内の水情報国土データ管理センター(http://www1.river.go.jp/)

(2) 中村靖治(1994), 絵で見る　ダムのできるまで, 山海堂, (第5刷)

(3) 土木学会関西支部(2000), 川のなんでも小事典, 講談社, (第2刷)

제9장 생물의 환경리스크

9-1 생물이 절멸할 리스크를 계산한다

환경문제에서는 인간의 건강리스크 뿐만 아니라 생물 다양성에 주는 영향도 생각할 필요가 있다(나까니시(1996)). 인간과 마찬가지로 생물에의 영향도 불확실하고, 또한 인간이 생태계에서 자연의 축복을 받고 살아가고 있는 이상, 인간이 생물에 끼치는 영향을 제로라고는 할 수는 없다. 후자에 대해서는 리스크 평가가 필요해진다.

생태계에의 영향평가는 주로 물질순환과 에너지 생산 등의 생태계 기능에의 인위적 영향을 평가하는 것(HEP, habitat evaluation procedure, 다나까(2002))과 주로 절멸 위기종의 존속성에의 영향을 평가하는 것(절멸리스크 평가, 나까니시(1996), 오까다(1999), 마쓰다(2000))이 있다. 여기서는 건강리스크의 사고방식과 매우 비슷한 후자를 소개하겠다.

우리들 가까이에 있는 자연이 세대를 거쳐감에 따라 급격하게 없어져가고 있다. 우리들은 자연의 축복 없이는 살아갈 수가 없다. 지금 있는 자연을 다음 세대에 남겨주는 「지속가능성」이 바로 환경보호 근거의 하나이다. 환경기본법 제1조에서도 「현재 또는 미래 국민의 건강에 문화적인 생활의 확보에 기여함과 동시에 인류 복지에 공헌하는 것을 목적으로 한다」라고 기술되어 있다.

생태리스크의 평가점은 각각의 개체의 죽음을 빠르게 하는가, 늦추는가가 아니라, 생물의 자손을 끊어지지 않게 하는 것이다. 따라서 1년마다 어느 생물개체군(어느 지역에 있는 생물종의 집단)의 절멸리스크와 그것에의 인위적 영향을 평가한다. 인위적 영향이란 화학물질의 노출뿐만 아니라 댐 등에 의한 서식지 차단, 토지개발, 난획, 유입한 외래종과의 투쟁 등도 포함된다.

절멸리스크를 계산하기 위해서는 생존율과 번식률 모두에 주는 영향을 평가할 필요가 있다. 개체수, 생존율, 번식률의 기초 정보를 가지고 지역개체군의 절멸리스크를 평가하는 수법을 개체군 존속가능성 분석(PVA) = population viability analysis)이라 한다(마쓰다(2000)).

이 장에서는 아래와 같은 순서로 분석한다.

(1) 연어 · 송어류의 생명표를 가지고 개체수의 증가율을 추정해 본다.

(2) 증가율을 정하기 위한 오이라 · 로트카의 방정식을 풀어본다.

(3) 증가율을 변동시키는 요인으로 어떤 것이 있는가를 생각해 본다.

(4) 개체군 동태에 확률적인 변동을 고려해 본다.

(5) 환경조건을 바꿔 증가율이 어떻게 변동하는가를 계산해 본다.

또한, 본 장에서는 표계산 소프트 EXCEL(Microsoft사)을 이용해서 계산하고 설명한다. EXCEL 파일본체, 본 장에서 소개하는 웹사이트, 또는 질문이나 회답 등은 모두 http://risk.kan.ynu.ac.jp/matsuda/2003/dam.html에서 열람 · 입수할 수 있다. 이것을 활용하기 바란다.

9-2 연어 · 송어류의 생명표에서 개체수 증가율을 추정한다

절멸리스크를 계산하기 위해서는 태어난 알이 부화되어, 성장하고, 성숙해서, 암컷인 경우는 산란하여 차세대에 어느 정도의 알을 남기는가를

표 9-1. 곤들매기의 생활사 파라미터(Morita and Yokota(2002)에서)와 개체수 증가율

	A	B	C	D	E	F	G	H
1		연 생존율 = 0.4		개체군증가율 = 1.019			$\sum L_a M_a E_a / 2\lambda^a = 1.000$	
2	연령	생존율	수컷 성숙률	암컷 성숙률	몸길이 (mm)	산란수	$L_a M_a E_a / 2$	$L_a M_a E_a / 2\lambda^a$
3	0	1.0000						
4	1	0.0350	0	0.000	75	0	0	0.000
5	2	0.0140	0.84	0.092	141	129	0.0830	0.080
6	3	0.0056	1	0.839	178	201	0.4719	0.446
7	4	0.0022	1	0.964	206	264	0.2849	0.264
8	5	0.0009	1	1.000	224	307	0.1375	0.125
9	6	0.0004	1	1.000	232	330	0.0591	0.085
10	7+	…	1	1.000	232	330	…	…

추정하지 않으면 안 된다. 담수어인 곤들매기는 성숙까지 수년이 걸려, 산란한 이듬해에도 살아서 산란을 계속한다. 곤들매기의 생존율, 성숙률, 산란수는 표 9-1과 같이 비교적 잘 조사되어 있다. 또한, 표 9-1의 오이라·로트카식에 대해서는 나중에 설명하기로 한다.

부화해서부터 산란하기까지의 평균세대 시간도 개체군의 소멸과 성장을 좌우한다. 부화해서부터 a세까지 살아남는 개체의 비율을 a세의 생존율이라고 하고 L_a라고 표시한다. a세의 산란기에서 이듬해의 산란기까지의 1년마다의 생존율(연생존율)은 생존의 비 L_{a+1} / L_a로 나타낸다. 0세에서 1세까지의 초기생존율(부화율 포함)은 낮고 환경조건 등에 의한 연변동도 심하다. 성장에도 개체차가 있어, 2세에 성숙하는 것도 있고, 4세가 되어도 성숙하지 않는 개체가 있다. a세의 전 개체 중에서 성숙하는 개체의 비율을 a세의 성숙률이라 한다. 여기서는 M_a라고 표시한다. a세에서의 평균 산란수를 E_a라고 한다. 표 9-1과 같이 이들은 수컷과 암컷이 서로

다르다. 많은 어류는 성숙 후에도 성장을 계속해서 산란수는 연령과 함께 계속 증가한다. 단, 7세 이후는 성장이 둔화되므로, 여기서는 7세 이상의 산란수는 일정하게 했다.

초기생존율 0.035는 표 9-2의 2종에서 매년 생존율의 기하평균이다. 그 다음 a세까지의 생존율은 연생존율을 0.4로 가정해서 $0.035 \times 0.4^{a-1}$에서 부여된다. 태어날 때의 성비는 1 : 1이므로, 산란 총수의 절반은 암컷이 된다. 곤들매기는 태어난 날부터 2개월 정도 전에 산란기를 맞는데, 산란기의 개체수를 조사하기 위해, 여기서 1세로 나타낸 것을 0+세로 쓰기로 한다. $L_a M_a E_a / 2$는 각 연령에서의 번식에의 기여를 나타내는데, 3, 4세에서의 번식이 주로 많음을 알 수가 있다. 모든 연령에 걸친 합 $\sum_a L_a M_a E_a/2$이 순 증식률을 나타낸다(사카이 외(1999)). 표에는 6세까지 밖에 적혀 있지 않지만 7세 이후도 계속 살아있기 때문에 6세 이후는 초항 0.0591, 공비 0.4의 등비급수이며, 그 합은 0.0591/(1-0.4)이다. 결국,

$$\sum_a L_a M_a E_a / 2 = 0.977 + (L_6 M_6 E_6 / 2) / (1 - 0.4) = 1.076$$

이 된다. 이것이 1보다 클 때, 개체군은 계속 증가한다. 단, 초기생존율이 매년 변동할 때, 뒤에 기술한 것처럼 기하평균을 내는 것이 반드시 타당하다고는 할 수 없다. 개체군이 없어지는 것은 연령별 생존율, 성숙률, 산란수의 평균치와 분산 뿐만 아니라, 그것들의 많은 나이가 연속하는가

표 9-2. 곤들매기의 초기생존율의 연변화(Morita and Yokota(2002)에서). 근연종(오쇼로코마)의 데이터도 포함.

*S. leucomaenis**						*S. malma***	
1965	1966	1967	1968	1969	1970	1992	1993
0.03	0.022	0.159	0.031	0.048	0.024	0.023	0.026

*미우라(1977), **기타노(1995)

어떠한가에도 따른다(마쓰다(2000)의 153쪽 참조).

표 9-1과 같은 생명표는 행열을 이용해서도 나타낼 수가 있다. 이것을 레스리 행렬이라고 한다. 표 9-1에 대응하는 행렬은 이하와 같이 나타낸다(이와사(1990)).

$$\begin{pmatrix} N_{1,t_{+1}} \\ N_{2,t+1} \\ N_{3,t+1} \\ N_{4,t+1} \\ N_{5,t+1} \\ N_{6+,t+1} \end{pmatrix} = \begin{pmatrix} 0 & 0.207 & 2.949 & 4.451 & 5.369 & 5.772 \\ 0.4 & 0 & 0 & 0 & 0 & 0 \\ 0 & 0.4 & 0 & 0 & 0 & 0 \\ 0 & 0 & 0.4 & 0 & 0 & 0 \\ 0 & 0 & 0 & 0.4 & 0 & 0 \\ 0 & 0 & 0 & 0 & 0.4 & 0.4 \end{pmatrix} \begin{pmatrix} N_{1,t} \\ N_{2,t} \\ N_{3,t} \\ N_{4,t} \\ N_{5,t} \\ N_{6+,t} \end{pmatrix} \tag{9.1}$$

단, 오른쪽 세로 벡터의 성분 $N_{x,t}$는 t년 x세의 암컷 개체수를 나타낸다. 행열의 i행 j열의 요소($A_{i,j}$라고 한다)는 금년(t)의 j세 1마리에서 다음해(t + 1)의 i세가 몇 개체 만들어질까를 나타내는 것으로, $A_{i+1,j}$는 생존율, $A_{1,j}$는 j세의 암컷 어미의 성숙률 × 산란수 × 성비 × 1세까지의 초기생존율의 곱이다. 7세 이상에 대해서는 6세와 성숙률, 연생존율, 산란수가 모두 같다고 간주하였기 때문에 6세 이상의 개체수를 모아서 나타내고 있다.

매년 같은 레스리 행렬에서 이듬해의 개체수와 연령구성이 계산된다고 한다면, 언젠가는 어떠한 공통의 개체수 증가율 λ에 따라, 다음의 관계를 충족시킨다고 생각할 수 있다.

$$\text{이듬해의 } a\text{세의 개체수}(N_{a,t+1}) = \text{금년의 } a\text{세의 개체수}(N_{a,t}) \times \text{개체수 증가율}(\lambda) \tag{9.2}$$

즉, 어느 연령의 개체수도 다음 해에 λ배가 되는 상황이 될 것이다(식 (9.1)에서는 6세 이후를 6+ 로 정리하고 있으나, 충분한 고령까지 늘린

큰 행렬을 생각해도 같은 결과를 가져올 것이다). 어느 해의 전 개체수를

$$N_t = N_{1,t} + N_{2,t} + \cdots \tag{9.3}$$

즉, 「모든 연령에 걸친 개체수의 합」이라고 하면, 이때 연령 조성($N_{1,t}/N_t$, $N_{2,t}/N_t, \cdots$)은 연령에 상관없이 일정한데, 이것을 안정 연령구성이라고 한다. 그런데 식(9.1)의 행렬 계산에서 이듬해의 $a+1$세의 개체수는 금년의 a세의 개체수에 생존율(0.4)를 곱한 것이므로,

$$N_{a+1,t+1} = 0.4N_{a,t} \tag{9.4}$$

라는 관계가 성립된다. 식(9.2)와 (9.4)에서 $N_{a+1,t} = 0.4N_{a,t}/\lambda$, 즉 「금년의 $a+1$세의 개체수는 금년의 a세의 개체수에 연생존율을 곱해, 개체군 증가율로 나눈 것과 같다」은 관계가 성립된다. 이것을 반복하면

$$N_{a,t} = (0.4/\lambda)^{a-1}N_{1,t} \tag{9.5}$$

이라는 관계가 성립된다. 이러한 것을 모식적으로 나타내면, 표 9-3과 같이 된다. 개체군 증가율이 1.019, 연생존율이 0.4로 되어, 2000년의 1세가 3498개체(그 전년도의 알이 100000개) 있었다고 한다면, 2001년의 2세와 3498개체 중에 4할이 살아남기 때문에 1399개체, 2001년의 1세는 전년보다 2할 증가하므로 3565개체로 2001년의 1세와 2세의 비율은 0.4 / 1.019로 39%가 된다. 안정 연령구성에서 안정되어 있으면, 어느 해의 연령간이라도 같은 비가 성립된다.

한편, 번식의 관계에서

$$N_1\ \ , N_{1,t+1} = \lambda N_{1,t} = L_1(M_2E_2N_{2,t}/2 + M_3E_3N_{3,t}/2 + \cdots) \tag{9.6}$$

이라는 관계가 성립된다. 식(9.6)의 괄호 안은 t년에 태어난 암컷의 알의 총수

이다. 이 식의 a세의 개체수 $N_{a,t}$ 에 위의 식(9.4)의 관계를 대입하면,

$$\lambda N_{1,t+1} = [L_1 M_2 E_2 (0.4/\lambda)/2 + L_1 M_3 E_3 (0.4/\lambda)^2/2 + \cdots] N_{1,t} \tag{9.7}$$

이 된다. $L_1\ 0.4^2$는 3세까지의 생존율 L_3이라는 것에 주의해서, 양쪽을 $\lambda N_{1,t}$로 나누면, 개체수와 상관없는 하나의 관계식이 된다.

$$1 = L_1 M_1 E_1/2\lambda + L_2 M_2 E_2/2\lambda^2 + L_3 M_3 E_3/2\lambda^3 + \cdots \tag{9.8}$$

이것을 오이라・로트카(Euler-Lotka)의 방정식이라고 하는데, 이것을 가지고 장기적인 개체군 증가율 λ를 구할 수가 있다. 식(9.1)의 행렬의 경우, 6세 이상을 종합하고 있으므로 조금 더 공부할 필요가 있지만, BOX 1에 결과만 표시한다.

또한 7세 이후는 생존율이 적으므로 무시하면, λ는 1.01이 되어 자연증가율을 약 절반으로 과소평가 해버리게 되므로 주의하자. 이처럼 연 1%의 증가율과 감소율을 논하는 경우는 고령어가 1% 있는 것을 무시할 수 없다. 또한 고령어의 알은 어린 물고기의 알보다 크고 산란수 이상의 효과가 있을 지도 모른다.

생물은 갑자기 늘었다 줄었다 하는 것이 아니다. 대개 개체수를 유지

표 9-3. 가상적인 연령구성의 연차변화

	A	B	C	D	E	F	G
1		개체군증가율	1.019	연 생존율	0.400	비	0.392
2	번식률	연령/년	2000	2001	2002	2003	2004
3	0.000	1	3498	3565	3633	3703	3774
4	0.208	2	1373	1399	1426	1453	1481
5	2.949	3	539	549	560	570	581
6	4.451	4	211	216	220	224	228
7	5.369	5	83	85	86	88	90

BOX 1 **오이라·로트카방정식을 풀자**

위의 사이트에서 참조할 수 있는 EXCEL 파일의 워크시트「표 9-1, 표 9-2」을 열어, 해 찾기를 꺼낸다. 그런 후 먼저 λ의 거짓 수치로서 1을 셀 E1에 넣어두고, 식(9.8)의 오른편의 각항을 셀 H4부터 H9에 넣어둔다. 단, H9는 7세 이상의 번식도 고려하고 있기 때문에 등비급수 공식에서「= G9/H$1 ^ A9/(H$1 - F$1)」하고 있다. 이 합계를 셀 H1에 넣는다. 변화시키는 셀을 E1으로 해서, 목적셀 H1의 수치가 1에 일치하도록 지정하여 풀면, λ의 값이 셀 E1로 얻을 수 있다. 또한, 손으로 적당한 값을 셀 E1의 λ에 넣어보고, 셀 H1이 1이 되는 λ의 값을 찾아도 좋다. H1의 값이 1보다 크면 λ를 크게 하고, 작으면 λ를 작게 하면, 정답에 이르게 된다. 그래서 얻어진 λ는 1.019인데, 장기적으로 연 1.9%씩 계속 증가하는 것을 나타낸다.

또한 워크시트「표 1」의 셀 B4의 초기생존율 값을 바꿔보고, 증가율이 어떻게 변하는가를 조사해 보자.

하면서, 서서히 변하는 경우도 있다. 생명표에는 3자리 이상의 유효숫자가 필요하다. 3자리 숫자의 정밀도를 단기간의 야외조사로 얻어내는 것은 실제로 곤란하다. 2자리 숫자의 정밀도 조차도 만족시킬 수 없는 때도 있는데, 연 10% 정도 이상의 급격한 증가 또는 감소 경향이 없으면 증감조차 판별할 수 없을 우려가 있다.

9-3 확률적인 변동을 고려해서 개체수 변동을 생각해 보자

앞 절의 내적 자연증가율의 산출에 의하면, 대략적인 증감은 알았다. 그래도 실제의 개체수는 ① 생존과 번식이 확률 과정이기 때문에 결과가 좋을 때도 있고 나쁠 때도 있다 ② 환경조건의 좋고 나쁨에 따라 생존율과 번식률의 기대치 자체가 변하는 것(환경변동성)에도 좌우된다(이와사 · 하코야마(1997)).

생존은 확률현상인데 생존율 4할이라 해도 1개체가 이듬해 0.4개체 살아남는 것은 아니다. 100개체가 있어도 다음해 정확히 40개체 살아남는 것은 드문 일이다. 연생존율 *S*에서 *n*개체부터 다음해 *m*개체 살아남을 확률 $B(n,m,s)$는 2항 분포이므로 $[n!/m!(n-m)!]S^{n-m}$이 된다. 이듬해의 개체수의 95% 신뢰구간의 상한과 하한의 개체수는 이듬해 살아남을 개체수가 *m*개체 이하가 되는 누적확률$((\sum_{m'=0}^{m} B(n,m,S))$이 각각 2.5%와 97.5%가 되는 개체수를 말한다. 이것은 EXCEL에서는 Critbinom(*n*, *S*, 0.025)와 Critbinom(*n*, *S*, 0.975)으로 구할 수가 있다. 연생존율 0.4일 때, 금년 100개체이면, Critbinom(100, 0.4, 0.025)의 값은 31일이 되어, Critbinom(100, 0.4, 0.975)에서는 50이 되므로 31~50의 범위가 되어 갑자기 절멸할 염려는 거의 없다. 그러나 금년 10개체이면 1에서 7개체가 되어, 격감할 염려가 있다. 이처럼 개체수가 적을 때 발생할 확률변동의 영향을 인구학적 확률성(demographic stochasticity)이라 한다.

환경 확률성(environmental stochasticity)에 대해서는 특히 번식률과 초기생존율이 환경조건에 따라 영향을 받기 쉽다. 곤들매기의 경우는 표 9-2에 나타낸 것처럼 초기생존율이 그 해에 따라 크게 바뀌었다.

식(9.1)의 연령구성 행렬모델에서 계산했던 것처럼 평균이라면 곤들매기는 증가해야만 한다. 그렇지만 인구학적 확률성과 환경 확률성에 의해 운 나쁘게도 줄어들게 된 경우가 있다. 그래서 절멸리스크가 나온 것이다.

BOX 2와 같은 계산기 실험을 해서 얻은 개체수 변동의 일례가 그림 9-1이다. 초기생존율의 기하평균을 이용한 자연증가율은 연 2%의 증가였으나 300개체를 넘지 않고, 반드시 증가하는 것도 아니다. 재계산을 반복해도 난수를 이용하고 있기 때문에 그때마다 다른 결과가 나온다. 이러한 예와 같이 100년 이내에 절멸하는 경우도 있다.

2세 이상의 개체수의 환경 수용력을 50개체부터 250개체, 초기 개체수를 환경수용력의 절반이라고 가정했다. 이때 3세 이상의 암컷은 수 개체

BOX 2 확률변동을 감안한 개체수 변동을 계산해보자

위의 사이트에 있는 EXCEL 파일의 워크시트 「실험」은 다음과 같은 순서로 절멸 리스크를 계산한다. 먼저, 표와 같이 파라미터를 정한다.

다음으로, 연령별 암수별 연별 개체수의 계산이나 초기 개체수가 위와 같이 5행째에 정해져 있다(위의 숫자는 난수의 재계산 때마다 바뀐다). A : G열은 암컷, H: M 열은 수컷을 표시한다. 예를 들면 셀 C5의 15개체수는 0년째 1세의 암컷의 수가 된다. 셀 N5가 2세 이상의 총 개체수인데, 이것이 D1의 환경수용력을 넘으면, 밀도조절이 작동한다. 간단히 하면, 초기 개체수는 2세 이상을 전체적으로 환경수용력의 절반으로 해서, 또는 암수 동수로 해서, 1세도 포함시켜 생존율(셀 B1)을 이용해서 E5 = B1 * D5와 같이 λ = 1일 때의 안정 연령 분포의 값을 대입했다. 즉, B5에서 G5 또는 H5에서 M5를 37, 15, 6, 2, 2, 1, 1로 했다.

	A	B	C	D	E	F	G	H
1	생존율	= 0.4*1	환경수용력	100	산란수계수	1	초기생존율계수	1
2		수컷	0.1	0.84	0.96	1	1	
3		성숙률 란 수	123	191	251	292	314	

	A	B	C	D	…	G	H	I	…	M	N	O	P
4	연령	0	1	2	…	5+	0	1	…	5+	총수 〉 1세	총수	수컷부모수
5	0	37	15	6	…	1	37	15	…	1	50	124	24
6	1	58	18	7	…	1	53	16	…	0	50	166	24

셀 D6은 1년째 2세의 암컷의 수치이지만 밀도조절을 계산하기 위해서 먼저 V6에 Critbinom(C5, B1, Rand())라는 식을 놓고, 0년째 1세의 암컷의 수(셀 C5)에서 연 생존율 B1에서 확률적으로 살아남은 수를 놓는다. AF6에 2세 이상의 총개체수를 계산해서, 이것이 D1의 환경수용력을 넘으면, 그 만큼 각 연령의 개체수를 다시 나누어 뺀다. 즉, 밀도 의존적 생존율 K/N에 의해 각 개체수가 살아남는다고 가정했다. 이것이 셀 D6에 있는 Critbinom(V6, 1/$AG6, Rand())이다. 단, 이것도 확률과정으로 했기 떄문에 밀도조절 후의 개체수는 반드시 *K*가 되지는 않는다. 이렇게 해서, 암수 모두 1년마다 생존 개체수를 계산한다.

0년째의 산란수는 먼저 0년째의 수컷 어미 수를 셀 P5로 계산해서, 1마리라도 수컷 어미가 있다면 암컷은 모두 수정된다고 가정한다. 셀 Q6에는 2세의 암컷 중에 성숙해 있는 개체수를 Critbinom(C5, C2, Rand())로 계산한다. 여기에 2세의 산란수 C3을 곱해, 같은 식으로 3세에서 6세 이상까지의 전 개체의 산란수의 합을 계산한다. 이 알의 초기생존율을 환경 확률성을 고려해서 셀 R6에 = Offset (J1, 0, Int(Rand()*8))로 준다. (Int(•)는 인수의 소수점 이하를 털어버린 정수). 여기서 셀 J1에서 Q1까지의 초기생존율의 어떤 하나의 값을 무작위로 한 개 선택했다. 산란수(Q6)와 초기생존율(R6)의 곱의 절반이 1세 암컷(수컷)의 평균 마리수이며 셀 S6에 부여한다. 실제로 성비나 생존수가 우연히 치우칠 수 있으므로, Critbinom (INT(Q6/2), R6, Rand())라는 2항 분포가 1세 암컷의 마리수가 된다.

이것을 셀 T6에 부여한다. 셀 B6에는 이 값을 그대로 참조하고 있다. 수컷에 대해서도 거의 같다. 즉, 이 실험에서는 1세의 기대 가입 마리수가 적을 때는 알에서 1세까지의 초기생존율이라도 2항 난수에 따른 인구학적 확률성을 고려하고 있다.

이렇게 해서, 0년의 개체수에서 1년째의 각 연령의 개체수가 계산되고, 같은 식으로 그 이후의 개체수도 계산된다.

밖에 없다. 인구학적 확률성이 무시할 수 없는 크기인 것이다. 초기성존율은 8년에 한 번의 빈도로 평년의 5배 높은 해가 있고, 나머지는 0.22에서 0.48의 사이이다. 대부분의 개체수는 점차 감소하는 경향이 있으며, 어쩌다 크게 가입하는 모습은 그림 9-1에도 표시되어 있다. 그림 9-1에서는 개체수가 격감한 후, 72년째에 1세 물고기가 많이 들어가는 「풍년」이 왔으나, 개체수를 회복시키지 못하고 절멸해버렸다.

그림 9-1에 표시한 것처럼, 개체수는 상당히 심하게 변동한다. 환경수용력의 절반의 개체수에서 시작했지만 몇 번인가 환경수용력(2세 이상이 100개체) 이상으로 늘어나는 경우가 있다. 표 9-3의 행렬의 개체군 증가율이 2%가 되더라도, 환경수용력 이상으로는 증가하지 않는다. 알이 300알 태어난다 해도, 2세까지의 생존율이 1.3%이므로, 2%의 확률로 전멸한다. 어미가 손가락으로 셀 수 있을 만큼 밖에 없다면, 전멸할 리스크가 있어 100년 안에 언젠가 절멸할 확률은 25% 정도 된다.

절멸리스크를 충분히 낮추는데 필요한 개체수의 최저수준을 최소 존속

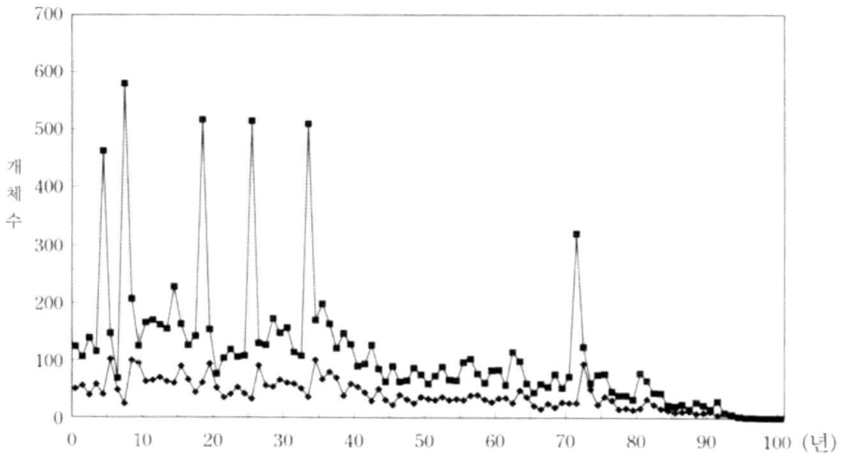

환경변동확률성, 인구변동확률성, 밀도조절(환경수용력은 100성숙개체)를 참고하고 있다. ■은 전 개체수, ◆은 2세 이상의 개체수를 나타낸다(Morita and Yokota(2002)를 참고로 작도)

그림 9-1. 표 9-1, 9-2의 생명표를 이용한 개체수 변동의 일례

개체수(MVP = Minimum Variable Population)라고 하는데 보통 100년 후까지의 절멸리스크가 5% 이하의 수준을 이용한다(다카타니 · 다니하라 1996). 여기서도 리스크가 0이 아님을 알 수 있다. 단, 그 이하의 리스크라면 상관없다는 의미가 아니라, 보전대책의 긴급성의 기준으로 이용되고 있다고 이해하면 좋겠다. 표 9-3에 표시한 것처럼 K = 200에서는 MVP라고 할 수 없다. 그렇지만 생존율이나 초기생존율 등의 평균치나 분산(또는 자기상관) 값을 조금 바꾼다면, 정량적인 결론은 달라지며 이용한 값은 정밀도가 충분히 높은 값이라고 말할 수 없다. 또한 어느 지역에서 추정한 값이 다른 곳에서도 똑같다고는 할 수 없는데 하물며 근연종에서 같다고는 절대 말할 수 없을 것이다.

[참고문헌]

(1) 巌佐庸(1990), 数理生物学入門, HBJ 出版局.

(2) 巌佐庸, 箱山洋(1997), 個体数変動の確率性と絶滅のリスク評価, 遺伝, 裳華房, 別冊 9, 106 頁.

(3) 北野聡(1995)河川型オショロコマにおける成長と繁殖の個体群内変異, 北海道大学水産学部博士論文, 112 頁.

(4) 松田裕之(2000), 環境生態学序説, 共立出版.

(5) 三浦泰蔵(1977), 個体群の動態——魚類を中心として——. 大沢文夫編「集団と生態」生物科学講座 8, 朝倉書店, 38-104 頁.

(6) Morita, K. and Yokota, A.(2002), Population viability of stream-resident salmonids after habitat fragmentation : a case study with white-spotted charr (*Salelinus leucomaenis*) by an individual based model, *Ecological Modelling*, Vol. 155, pp. 85-94.

(7) 中西準子(1996), 環境リスク論, 岩波書店.

(8) 岡敏弘(1999), 環境政策論, 岩波書店.

(9) 酒井聡樹, 高田壮則, 近雅博(1999), 生き物の進化ゲーム 進化生態学最前線：生物の不思議を解く, 共立出版, 192 頁.

(10) 田中章(2002), 何をもって生態系を復元したといえるのか？——生態系復元の目標設定とハビタット評価手続き HEP について, ランドスケープ研究, Vol. 65, No. 4, pp. 1-5.

제10장 댐은 허물어야 하는 것일까

10-1 배경과 기초지식

「물을 다스리는 것은 나라를 다스리는 것」 즉, 「치수치국(治水治國)」은 산이 많고 논농사를 해온 일본의 오래된 국책이었다. 2차대전 후, 일본에서는 치수이스(治水利水)를 목적으로 댐이 많이 건설되었다. 댐은 홍수를 막아주며, 농업용수를 확보하고 수력발전을 할 수 있기 때문이다.

그 댐이 지금, 좋지 않은 공공사업의 본보기로서 비판을 받고 있다. ① 댐의 호수에 토사가 쌓여 쓸모없게 되고, ② 천연적으로 물을 머금고 있는 숲을 베어서 댐을 만드는 것이 반드시 효과적이라고 볼 수 없고, ③ 결국은 세금을 개발업자에게 투자하기 위한 공공사업이고 ④ 목적이 불명확하고 도중에 바뀌는 사업이 많았다는 점 등 다양한 비판이 쏟아져 나왔다. 그들의 사회적 경제적 평가와 더불어, 미국에서도 댐이 철거되기 시작했다. 그것은 댐이 자연의 생태계를 파괴하고 있다는 비판에 근거하고 있다(Hart et al.(2002)).

왜 홍수를 막아주고 수량을 일정하게 유지시켜 주는 댐이 자연을 파괴하는 것일까? 본 장에서는 그 이유를 설명하겠다. 그것은 생물의 절멸리스크를 평가하는 연습문제의 좋은 예가 되기도 한다. 또한, 본 장에서도 웹사이트에서 열람・입수할 수 있는 표계산 소프트 EXCEL(Microsoft 사)

파일을 이용해서 계산을 설명하겠다.

댐을 만들면 왜 생태계가 파괴되는 것일까? 먼저 ① 연어·송어류 같은 회유어는 댐에 의해 가장 영향을 많이 받는 자연이다. 많은 연어·송어류는 강(담수역)에서 산란해서, 바다로 내려가 성장한 다음, 강으로 되돌아온다. 이것을 회유(migration)라고 한다. 댐이 있으면 하류에서 상류로 거슬러 올라올 수 없어서 회유가 되지 않는다. 또한 ② 하류로 흐르는 수량, 토사의 양, 유기물질의 양이 변하여, 다음에서 설명하는 것과 같이 하류의 생태계에 영향을 준다. ③ 하류의 생태계 유지에 필요한 홍수나 수량 변화가 없어진다. 그리고 ④ 댐을 만들면 댐의 호수가 생겨, 원래 거기에 살고 있던 맹금류 등이 보금자리를 잃게 된다. 일본에서는 특히 이 ④점이 중요시되어, 댐건설 예정지에서 뿔매 등의 둥지가 발견되면 계획이 중단되어 버리는 경우도 있다.

하류에 주는 영향, 특히 홍수 방지의 마이너스 영향에 대해서, 조금 설명해 보자. 옛날 그리스의 역사학자 헤로도토스는 「이집트는 나일강의 선물」이라고 표현했다. 강이 범람해서 비옥하게 되어, 농업을 할 수 있게 되었다. 고대 이집트 사람은 태양력에 기초한 천문학을 발달시켜, 홍수가 도래하는 계절을 예언했다. 자연은 항상 변하는 것이다. 생물 다양성은 계절의 바뀜과 자연 교란이 조화를 이루는 불균일한 모자이크에 의해 유지되고 있다고 한다(마쯔다(2000)). 교란이란 산불, 토사붕괴, 태풍에 의해 나무가 쓰러지거나 홍수가 일어나는 것이다.

홍수는 유역을 침수한 것만을 말한 것이 아니고 유로 그 자체를 바꾼다. 계절변화의 초기단계에 생육해서, 범람에 의해 생겨난 빈터에 생육하는 식물을 방랑종이라 한다. 기누가와와 다마가와에 살아남은 가와라노기쿠(들국화의 일종)가 그 예인데, 절멸 직전에까지 내몰려 지금은 보전사업이 조성 되고 있다(종생물학회편(2002)).

최근에는 일부의 댐에서 인공방류를 시도하게 되었다. 다가타니(1998)

에 따르면, 이하에 소개하는 것처럼 1960년대에 콜로라도강에 건설되었던 미국그랜드케년 댐이 그 선구 역할을 했다는 것이다. 과거에 콜로라도강은 유량 변동이 극심한 강이었다. 댐에 의해 만들어진 파웰호의 연간 수위변화는 60 m까지 달했다고 한다. 댐이 생기면서부터 하류의 수량은 안정되었고, 수력발전을 하게 되었다. 그러나 댐의 하류에 있는 그랜드케년 국립공원의 생태계가 댐에 의해서 크게 변화하게 되었다. 예전에는 물주위에 일년초가 주로 자라고 있었으나, 댐이 생기면서 홍수가 없어져 외래종을 포함한 다년생식물이 증가했다. 상류에서 떠내려 온 토사가 줄어들어 사주(砂州)가 자라지 않아, 물고기의 서식장소였던 웅덩이가 소실되었다고 한다. 상류에서 댐의 하류로 운반되는 토사의 양은 예전에는 1일 평균 38만 톤이었으나, 댐이 생기면서부터는 1일 평균 4만 톤이 줄었다 한다. 댐의 호수 자체에는 토사가 쌓여, 이 상태로 가면 700년 후에는 토사에 파묻힐 것이라고 한다. 그 후, 계절적인 홍수가 그랜드케년의 건전한 생태계를 유지하기 위해서 아주 중요하다는 것을 인식하게 되어, 1992년에 그랜드케년보호법이 제정되었다. 하류의 생태계를 복원시키기 위해서는 제어된 방류가 필요하고, 순응적 관리(지속조사를 해나가면서, 제어방류 계획을 수정해 나감, 나중에 다시 설명)에 기초하여 방류가 이루어지고 있다.

자연보호의 관점과는 별도로, 댐이 본래 해야 할 기능을 꼭 다하는 것이 아니라는 비판도 있다. 본래 콜로라도강에 만들어졌던 후버댐은 역사교과서에도 등장하는 제2차대전 이전의 고용확대를 위한 뉴딜정책에 기초한 것이었다. 그러나 현재 미국에서 댐의 재평가가 이루어지게 된 배경은 이와 같은 사회적 경제적인 입장에서의 비판이라기보다는 오히려 자연보호 입장에서의 비판이다(Hart et al.(2002)).

이처럼 댐에 의한 치수정책은 오히려 생태계에 해를 입히는 것으로 폭넓게 인식되고 있다. 가장 큰 문제점 중의 하나는 댐에 의한 물고기 등의 이동경로의 차단, 서식지의 분단이다. 댐의 하류에 있는 물고기가 상류로 거슬러 올라갈 수 없게 되어, 각각의 개체군의 환경수용력이 떨어지고, 절멸리스크(절멸의 위험)가 높아진다. 또한, 이동에 손상을 입는 것으로 생존율・성숙률・번식률이 낮아지는 것도 절멸리스크를 높이게 된다.

이 장에서는 아래의 순서로 댐에 의한 환경리스크를 평가하겠다.

(1) 먼저, 생물이 자연 상태에서 절멸하는 리스크가 어느 정도인가를 계산하자.

(2) 환경수용력을 낮추거나, 사망률을 높이게 되면, 절멸리스크는 어떻게 변하는가를 계산해 보자

(3) 실제로 댐이 만들어지면 어느 정도로 곤들매기가 없어지는가를 조사해 보자.

(4) 위의 결과에서 어떠한 대책을 논해야 하는가를 생각해 보자.

10-2 댐건설에 의한 개체수 변동과 절멸리스크 영향

댐을 건설하면 제9장에서 계산했던 절멸리스크는 어떻게 바뀔까? 먼저 서식지가 분단되어, 환경수용력 K가 줄어드는 것으로 생각할 수 있다.

그림 10-1에서 100회의 계산실험에 의해, 100년 후까지의 절멸리스크를 나타냈다(BOX 1 참조). K = 100 일 때 100년 후의 절멸리스크는 15% 정도이나, K = 50 일 때는 6% 정도가 100년 이내에 절멸한다. 분단된 개체군이 2개 있다면, 양쪽 모두 절멸할 리스크는 그 자승으로 40%에 못 미친다. 그래도 하나로 모아져 있는 K = 100 쪽의 절멸리스크가 낮다. t년까지 절멸하는 리스크 p는 연 t의 관수이고, 적분 $\int_0^\infty 1-p(t)dt$는 절멸까지의 평균 대기시간(건강리스크에 따른 평균수명에 대응)을 나타낸다.

댐에 의한 영향은 K의 감소 뿐만이 아니다. 담수어는 일생 동안 같은 장소에만 있는 것이 아니라 치어와 성어 상태로 상하류를 왕래하는 일이

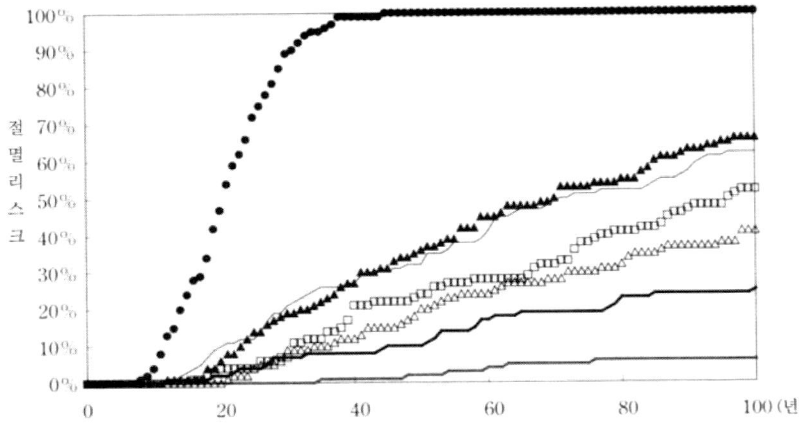

그림 10-1. 100년 후까지 절멸리스크. 100회의 계산기 실험으로 구하였다. 환경수용력 K를 100(굵은선)에서 50(가는선) 및 200(점선)으로 바꾼 경우, 초기 생존율을 5% 내린 경우(△)와 반감시킨 경우(●), 성어 년사망률을 5포인트 올린 경우(▲) 및 성숙률을 5% 내린 경우(□)를 표시하였다.

많다. 그 경우에는 하류로 간 치어는 댐을 거슬러 올라가지 못하게 되어, 상류의 개체군에게서는 생존율이 떨어지게 된다. 연어·송어류에는 종종 있는 일이지만 곤들매기의 일부도 바다로 내려간다. 생존율은 낮겠지만 다시 돌아왔을 때는 강에 머물러있는 개체와 비교해 훨씬 크게 자라있다. 곤들매기와 같은 종이지만, 이것을 비송어라는 것이 있는데, 특히 홋카이도의 곤들매기는 그 비율이 높다고 한다(모리타·야마모또(2004)).

성어의 연사망률을 겨우 5포인트 올렸을(S = 0.95에서 S = 0.90으로 했다) 뿐인데, 환경수용력 K를 100에서 50으로 반감시켰을 때에 근접한 영향이 나타났다(그림 10-1의 ▲와 가는선). 환경수용력이 50으로 내려가면, 개체수는 내려간 만큼「저공비행」을 계속하므로, 절멸리스크가 높아진다. 사망률을 5% 높였을 뿐인데 개체수가 증가할 때도 증가하는 모습이 둔해지고, 줄어들 때는 훨씬 심하게 줄어들기 때문에 효과는 그것에 필적

BOX 1 개체군 존속가능성 해석으로 절멸리스크를 계산해 보자

위의 EXCEL 파일의 워크시트「실험」 또는 「Fig 1」을 열어, 기능키 F9를 누르면, 난수를 빼면 다른 실험결과를 얻는다. 제9장의 BOX 2에서 설명한 것처럼, 워크시트「실험」의 A1에서 H1까지의 파라미터의 값을 바꾸면 다른 시나리오로 다시 실험이 된다.

파라미터의 값을 정하고 나면 워크시트 「마크로」을 열어, 콘트롤키와 “m”을 동시에 누른다(Cntl + m을 누른다). 다른 난수를 이용한 결과를 100회분 다시해서, 그 결과를 자동적으로 이 시트에 적어 넣는다. 계산이 끝났으면, 시트 「마크로」 A열을 선택해(아래 그림의 열 A를 클릭한다). 복사해서 워크시트 「표」의 A열 이외의 적당한 열에 형식을 선택해서 값만을 붙인다. 여기에는 Excel 화면 상단의 툴바에서 「편집」을 선택해, 꺼내어진 풀다운메뉴에서 「형식을 선택해서 붙임」을 선택하고, 여기서 또 문의를 위해 나타난 다이알로그 박스에서 「값만」을 선택해서 「OK」을 누르면 된다. 이렇게 해서 표와 같이 여러 가지 파라미터에서의 절멸리스크를 계산할 수 있다. 여기서 P_{30}과 P_{100}은 각각 30년 후와 100년 후의 절멸리스크를 나타낸다.

	A	B
1	K = 100	
2	S = 0.4	
3	초기생존율계수 = 1	
4	성숙 = 0.95	
5	P_{30} = 0.07	
6	P_{100} = 0.31	
7	λ평균치 = -0.014	
8	λ중앙치 = -0.0014	
9	고유치 = 0.0191	
10	증가열의 빈도 = 45%	
11	년	절멸리스크
12	0	0%
13	1	0%
14	2	0%

시트 「마크로」

	A	B
1	K = 100	
2	S = 0.4	
3	초기생존율계수 = 1	
4	성숙 = 0.95	
5	P_{30} = 0.07	
6	P_{100} = 0.31	
7	λ평균치 = -0.014	
8	λ중앙치 = -0.0014	
9	고유치 = 0.0191	
10	증가열의 빈도 = 45%	
11	년	절멸리스크
12	0	0%
13	1	0%
:	:	:

시트 「표」

하는 것이다. 댐의 악영향은 서식지 분단의 효과보다 일생 동안에 왕래하는 회유로를 막아버리는 것이 훨씬 크다고 말할 수 있을 것이다. 특히, 연어・송어류, 은어와 장어 등, 강의 상류에서 바다로 회유하는 물고기들에 주는 영향은 치명적이다.

댐에 의해 계절이동이 방해 받는다면, 위와 같이 연생존율이 낮아질 것이고, 하류로 내려갔던 물고기가 되돌아오지 않는다면 초기생존율의 대폭 저하와 실질적으로 같은 영향이 있을 것이다. 또한 초기생존율을 반감시킨 경우에는, 그림 10-1에 나타낸 것처럼, 40년 후에는 대부분 절멸하게 된다. 실제로 초기생존율이 대폭 줄었다고 한다면, 한시라도 빨리 물고기가 지나가는 어도를 만들어 주든지, 아예 댐을 허물어 버리든지 뭔가의 조치가 필요할지도 모르겠다.

개체수 증가율은 어떠할까. 먼저 초기생존율의 기하평균을 사용해 행렬의 고유치를 구했다. 계산기 시뮬레이션의 결과에서 직접 구하는 방법도 있다. 표 10-1에 환경수용력도 초기개체수도 충분히 많다고 가정해서 인구학적 확률성을 무시한 다음에, 10년 후와 100년 후의 어미 개체수의 비 N_{100} / N_{10}의 비 λ의 기하평균(표 10-1의 「증가율의 기하평균」)을 나타냈다. 이미 주의했던 것처럼 초기생존율의 기하평균에 의한 제9장 식 (10-1)의 레스리 행렬의 최대고유치(표 10-1의 「기하평균의 증가율」)와는 일치하지 않는 것을 알 수 있다. 따라서 기하평균이나 산술평균을 이용한 행렬에 의한 평가가 꼭 타당하지는 않다.

λ가 1보다 크고, 환경수용력 K가 충분히 크다면, 절멸리스크는 상당히 낮아진다. 단, 제9장 그림 9-1에서 표시했던 것처럼 λ가 1보다 크더라도, K가 작으면 절멸리스크는 무시할 수 없다. 아마도 제9장 표 9-1의 생명표데이터는 λ를 과소평가하고 있어서 실제로는 훨씬 더 높을 것이다.

몇 만 년이나 살아왔을 곤들매기 개체군의 절멸리스크가 이정도로 높을 리가 없다. 그러나 보다 큰 공간척도에서 생각하면, 국소 개체군의

표 10-1. 환경수용력, 부모 년생존율, 초기생존율, 성숙률을 바꿨을 때의 절멸리스크와 개체수 증가율의 변화

환경수용력 K =	100	50	250	200	100	100
어미생존율 S =	0.4	0.4	0.4	0.4	0.38	0.4
초기생존율계수	1	1	1	1	1	1
성숙률계수	1	1	1	1	1	0.95
30년후의 절멸리스크	2%	13%	0%	0%	7%	1%
100년후의 절멸리스크	15%	72%	0%	10%	64%	33%
증가율의 기하평균*	6.1%				2.2%	4.6%
기하평균 증가율**	2.0%				-1.8%	0.6%

*, **: 본문참조

절멸은 자연상태에서도 수세기 단위로는 빈번하게 일어나고 있고, 다른 곳에서의 이입에 의해 부활가능성이 높다. 또는 항상 소량이지만 이출입이 있는 것이 개체군의 존속을 지탱해주고 있는지도 모른다. 댐이 1000년 가깝게 없어지지 않는다면, 댐은 그 이동 가능성도 빼앗는 것이 될 것이다.

이와 같이 어느 정도 분리된 국소 개체군이 이출입과 재도입을 통해서 유지될 때, 그 전체(개체군 무리)를 메타개체군이라 한다. 많은 담수어의 경우, 지역 개체군이 하천마다 메타개체군으로 존재하고, 각 지류마다, 또는 폭포나 케스케이드(경사지) 등에 의해 아주 작은 국소 개체군으로 나뉘어 있다는 것을 생각할 수 있겠다. 하천을 넘는 이동이 있는 경우에는 그것을 포함한 메타개체군을 생각할 수도 있다. 실제의 생물을 어떻게 구분해서 이해하는가는 임의성이 있어서 지역 개체군의 정의도 다소 편의적인 것이다.

연어·송어류 등의 담수어를 메타개체군으로 간주해서 절멸리스크를 추정하는 연구도 진행되고 있다(Dunham and Rieman(1999)). 이론연구에

서는 서식지의 분단이 진행되는 만큼 절멸리스크가 연속적으로 늘어, 명확한 역치는 정할 수 없다고 지적되고 있다(Jager et al.(2001)). 어찌됐든, 모래 방지 제방인 사방언제(砂防堰堤)를 포함해 댐은 담수어와 그 외의 수생생물의 서식지를 분단하는 큰 절멸리스크 요인일 것이다.

또한 댐에 의해 격리된 개체군에서는 유전적 다양성이 없어져 가고 있는 것도 알려져 있다. 이것이 생존율이나 번식률에 어느 정도로 영향을 주는가는 아직 알려져 있지 않으나, 영향이 없다고도 할 수 없다(모리타 · 야마모토(2004)).

어도가 있으면 거슬러 올라갈 수 있을지도 모른다. 단, 연어 · 송어류, 은어, 새우류 모두를 거슬러 올라갈 수 있게 할 어도는 만들기 어렵다. 또한 일본 각지에 막대한 숫자로 지어져 있는 사방언제의 대부분은 어도가 없다. 일본의 하천은 천연물고기의 생명선을 빼앗아, 방류어로 유지하고 있다고 해도 과언이 아니다. 하천에 서식하는 패류 중에서도 유생 때 연어 · 송어류의 아가미나 지느러미에 기생해서 이동하는 종이 있다. 집주인인 연어 · 송어류가 없어지게 되면, 이들 패류도 절멸해 버릴 것이다(모리타 · 야마모토(2004)).

10-3 어떻게 하면 절멸을 피할 수 있는가 생각해 보자

여기서 문제를 하나 내보자. 사진 1과 같은 사방언제의 상류에서 회유어나 그 회유어에 기생하는 조개를 볼 수 있는 경우가 있다. 댐이 생기면 거슬러 올라가지 못하고 절멸하게 된다는 것은 맞는 말일까?

먼저 조개류는 수명이 길어 수십 년 이상 사는 것도 많다. 댐의 상류에서는 어리고 작은 조개가 보이지 않고 큰 조개만 남아있는 경우가 있다. 그것들이 태어났을 때에 댐은 없었기 때문에, 머지않아 절멸할 것이다(모

[사진] 홋카이도에 있는 사방언제 (촬영: 모리타 켄타로)

리타・야마모토(2004)). 다음으로 사방언제가 생기면 절대로 거슬러 올라 갈 수가 없다고 하는데, 꼭 그렇지만도 않다. 본래 회유어에는 작은 폭포를 뛰어 넘어 거슬러 올라 갈 수 있는 힘이 있으나 댐의 절벽은 넘을 수가 없다. 이 사진은 평상시의 수위 때에 찍은 것이다. 많은 비가 내려서 수위가 올라가면 거슬러 올라갈 가능성이 있다. 단, 거슬러 올라간 예가 있었다고 해서 괜찮다고 말할 수는 없다. 위의 계산기 실험에서도 알 수 있듯이, 생존율을 아주 조금 내리는 것만으로도 절멸리스크는 현저하게 올라가기 때문이다.

만약에 개체수의 자연증가율 λ가 1 이상으로 초기 개체수가 충분히 크면 절멸은 일어나지 않을 것이다. 그런데 환경 수용력 K 이상으로 개체수가 늘어나지 않기 때문에 개체수가 줄어드는 불운이 겹치면 절멸하게 된다. 그림 10-1에 나타낸 것처럼 100년 이내의 절멸리스크는 결코 낮지는 않다.

따라서 자연증가율을 1 이상(될 수 있으면 자연상태와 같은 정도)으로 확보해서 성숙 개체의 개체수로 본 환경수용력 K를 수백 정도 이상으로 유지할 필요가 있다. 그보다 K가 작은 경우, 인접하는 국소 개체군과의 이출입 회랑을 만들어야 하며, 적어도 장기적으로 계속 폐쇄하지 않는 것이 중요하다.

위의 계산을 체험해 보면, 생존율이나 번식률 등의 추정 정확도가 낮고, 그 값이 미묘하게 변하기만 해도 절멸리스크가 크게 달라지는 것을 실감할 것이다. 게다가 단기적인 생존율 추정과 개체수 변동에서 장기적인 증감 경향을 예측하기에는 변동폭이 크다. 이러한 곤란함을 극복하기 위해서 보전성태학에서는 계속 감시, 그것에 기초한 보전책의 유연한 변경(순응성), 불확실한 전제를 끊임없이 바로잡기 위해서 가설검증형의 사업계획 수립을 중요시하고 있다. 이것을 순응적 관리라고 한다.

생물은 유사 이전부터 여러 가지 천재지변을 뛰어넘어 존속, 진화해왔다. 자연 자체가 재생력을 가지고 있으며, 그들의 숨통을 끊는 것 같은 장해를 없앤다면, 자연의 축복을 후세에 지속적으로 남길 수가 있다. 그러기 위해서는 개체수나 분포조사, 식성조사 등의 생태학적 조사를 계속해서 시행하고, 장기적으로 보았을 때 개체수가 줄어들지 않는다는 것을 확인하는 것이 중요하다. 또한 고립된 개체군의 경우, 적어도 수백 정도의 개체수를 유지하고 그것이 곤란한 경우에는 인접하는 개체군과의 회랑을 확보하지 않으면 안 된다.

아울러 장기적으로 보아 그것이 충족되지 않는다고 판명되었을 경우, 문제해결을 위해 그 시점에서 정책을 수정할 필요가 있다. 안전이 증명되지 않은 것을 모두 금지하는 것은 현실적이지 않다. 안전생태학의 유명한 표어인 「행하는 것에서 배운다」라는 말 그대로이다. 그러나 정말로 안전한가 어떤가는 사업을 진행해 가면서 끊임없이 감시하여, 필요에 따라 정책을 고쳐나갈 필요가 있다.

10-4 담수어 절멸의 실태

실제로 댐이 생기면서 물고기가 사라진 모습을 회귀모델로 공부해 브자. 연어・송어의 종류는 회유한다고 했으나, 모든 것이 그렇지 않다. 많은 곤들매기는 일생을 강에서 보낸다. 그러나 일부는 바다로 내려가, 보통 곤들매기 보다 훨씬 커져서 강으로 돌아온다. 그러면 댐이 생기면 담수어가 사라진다는 말은 정말인가, 또한 그와 같은 증거는 있는 것인가.

직접적인 인과관계는 나타나지 않았지만, 홋카이도에 있는 52의 사방언제(국토교통성이 관할하는 것 중에 낙차 5 m 미만의 것을 상고공(床固工), 그 이상 되는 것을 사방댐이라 하고, 농림수산성이 관할하는 것을 치산댐이라 한다. 본 장에서는 이러한 것들을 총칭해서 「사방언제」라고 부른다)의 상류부에서 걸친 곤들매기의 절멸상황을 조사한 결과가 있다(Morita and Yamamoto(2002), 모리타・야마모토(2004)). 제방이나 댐이 생기면, 그 상류역은 격리되기 때문에, 격리후의 시간 *t*가 길수록, 또는 서식역(유역면적 *w*)이 좁을수록, 곤들매기가 절멸하기 쉬울 것이다. 그림 10-2를 보면, 이러한 경향을 확실히 알 수 있다. 참고로 주변에 댐이 없는 32군데에서는 모든 곤들매기가 서식하고 있었다고 한다(Morita and Yamamoto(2002)).

사방언제와 곤들매기의 유무의 관계를 로지스틱 회귀모델이라는 통계적 수법으로 생각해 보자(기시노(2001)). 이것은 어느 댐의 건설에서부터의 경과년수, 유역면적 등의 각지의 데이터가 있을 때, 댐 상류역에 곤들매기가 절멸할 확률 *p*를

$$\exp[\text{정수 a} + \text{b} \times \ln(t) - \text{c} \times \ln(w) - \text{d} \times \text{s}\cdots] \qquad (10.1)$$

로 표시하고, 정수 a나 비례정수 b, c, d, …를 구하는 것이다. 단, ln(*t*)

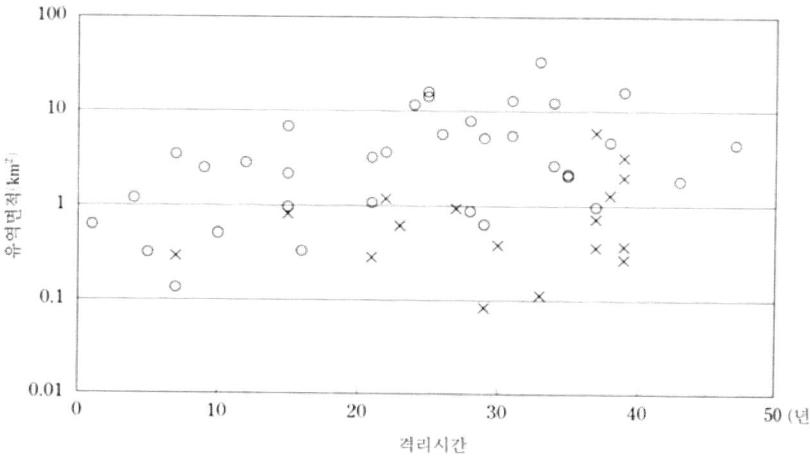

그림 10-2. 홋카이도의 52개 댐 상류 부근의 댐이 생겨서 서식지가 격리된 년수와 상류 부근 유역면적과 곤들매기 서식현황의 관계. X는 곤들매기가 절멸한 하천, o는서식하고 있는 하천을 나타냄(Morita and Yamamoto(2002)를 수정). 격리시간이 길어지면 절멸할 확률이 높아진다는 것을 알 수 있다.

는 격리시간 t의 대수, $\ln(w)$은 유역면적 w의 대수, s는 하천 기울기(경사)이다.

Morita and Yamamoto(2002)는 최충법이라는 통계적수법을 이용해서, 위의 지수관수에서 유역면적 w, 격리시간 t의 대수, 그리고 하천경사 s를 독립변수로 취하여, 현재의 곤들매기 서식상황과 가장 잘 맞아떨어지는 회귀식을 구했다. 최충법은 현대통계학의 필수과제의 하나로, 흥미 있는 독자는 기시노(2001)등의 교과서, 또는 위의 웹사이트에 있는 해설과 표계산 시트에서 그 기술을 공부하면 좋겠다.

지수관수는 멱지수가 실수일 경우, 0에서 무한대까지의 수치를 취하나, 절멸확률 p는 0에서 1까지의 수치 밖에 얻을 수 없다. 이와 같은 경우, 비$(1 - p)/p$, 또는 역수로 변환(로짓트변환)시켜, 위의 지수관수에 근

BOX 2 최소자승법에 따른 회귀모델

표계산 소프트 EXCEL에는 해찾기(Solver)라는 기능이 있다. 그것을 사용하면 위와 같은 격리시간, 유역면적 같은 설명변수가 많이 있을 법한 회귀식에도 바로 답이 나온다. 위의 사이트의 EXCEL 파일에 있는 워크시트 「그림 10-3」을 열면, 표와 같이 되어있다.

	A	B	C	D	E	F	G
1							t년 후 절멸확률과 t년 후 물고기가 없는 하천 수
2		9	0.273	1.797	3.228	5.963	16
3	P or A		경사%	유역면적(km^2)	격리시간	잔차제곱	0%
4	A	1	16.67	0.084	29	0.03	83%
5	A	1	11.43	0.114	33	0.003	95%
6	A	1	8.696	0.273	39	0.005	93%

셀 B2 : E2가 식(10.2)의 계수 값이다. 처음은 가정한 값으로, 모두 1을 넣어둔다. 셀 G4 : G55에는 각 댐의 절멸확률 p_i의 계산식 = 1-1(1+EXP(-B2-C2*$ C4-D2*LN($D4)+$E$2*LN($E4+G$3)))가 들어가 있다 (셀G4의 경우). 셀 B4 : B55는 실제의 곤들매기의 서식상황 q_i이다. 셀 F4 : F55에는 그들의 잔차제곱 = $(B4-G4)^2$이 들어가 있다 (셀 F4의 경우). 이 총계를 셀 F2로 = SUM(F4 : F55)로 계산한다.

이 값이 최소가 될 법한 계수(셀 B1 : E1)의 값을 구한다. 거기서는 해찾기 기능을 사용한다. 도구에서 「해찾기」을 선택해서 (해찾기를 선택하지 않을 때는 EXCEL 화면 상단의 도구 중에서 「도구」을 선택해서 나와 있는 풀다운메뉴에 있는 「아도인」으로, 이 기능을 미리 인스톨해 놓을 필요가 있다). 목적셀을 잔차제곱합 F2로 해서, 변화하는 셀을 계수 B2 : E2로 해서 목적셀이 최소가 되는 답을 「실행」하면, 위의 답을 얻을 수 있다.

사하게 한다. 여기서는 최소자승법으로 회귀법을 구한다. 즉, 모델에서 구한 i 번째의 댐의 절멸확률 p_i와 실제의 서식상황 q_i(댐 i의 위에 곤들매기가 있으면 0, 없으면 1)의 잔차의 자승$(q_i - p_i)^2$의 총계를 구한다. 이것을 최소가 되도록 위의 비례계수를 구하면, 아래의 식을 얻을 수 있다

(BOX 2).

$$(1 - p)/p = \exp[9.21 - 0.275 \times \text{공배} - 1.797 \times \text{유역면적대수} + 3.228 \times \text{격리시간대수}] \quad (10.2)$$

단, 대수는 자연대수를 취한다. 결과는 예측했던 p가 5할 미만인데 이미 없는 장소, 5할 이상인데 아직 있는 장소는 각각 4군데와 3군데가 있었다.

10-5 앞항에서 얻은 절멸리스크 회귀식에서 가까운 미래를 예측해보자

유역면적과 경사가 앞으로 변하지 않는다고 한다면, 격리시간 만을 늘리면, 회귀식 (10.2)의 (현재의)격리시간 t를 (Δt 년 후의)격리시간 $t + \Delta t$로 치환해서, Δt년 후의 각 댐 i에서의 절멸확률 p_i를 계산할 수 있다. 그림 10-3에 나타낸 것처럼 예측은 상당히 비관적이다. 또한 하천마다의 절멸확률이 예측되므로 추적조사에 의해 이 회귀식을 검토하는 것이 가능할 것이다.

또한 회귀식 (10.1)에서 그림 10-3의 0년(현재)을 보면 알 수 있듯이, 격리시간, 유역면적, 경사(기울기)만으로는 곤들매기의 있고 없음을 설명할 수 없는 댐도 몇 군데 있다. 본 장에서는 이 이상의 분석을 실행하지는 않지만, 각각의 예외에 대하여 그 이유를 생각해보는 것도 보다 좋은 회귀식을 얻는 비결이 될 수 있다. 리스크 평가는 계산만 하면 되는 것이 아니다. 항상 그 결과가 현실에 잘 맞는가 아닌가, 설령 현시점에서는 무리일지라도 미래에 어떻게 하면 검증할 수 있을 것인가를 생각해 볼 필요가 있다. 현시점에서 실증되어 있는 것만으로는 환경문제에 대처할 수 없지만 영구히 검증되지 않은 평가는 과학이 아니다. 또한 위의 회귀식 대신에 격리년에 대해서는 대수를 취하지 않고

$$(1 - p)/p = \exp[0.955 + 1.624 \log s + 2.143 \log w - 0.12t]$$

라는 회귀식을 이용해도 대수 충도의 합은 -17.97과 꼭 들어맞는다. 이 경우에는 절멸이 보다 급격하게 진행되어, 30년 후와 70년 후에는 각각 38개소, 52개소에서 곤들매기가 절멸한다고 예측할 수 있다. 앞의 회귀식

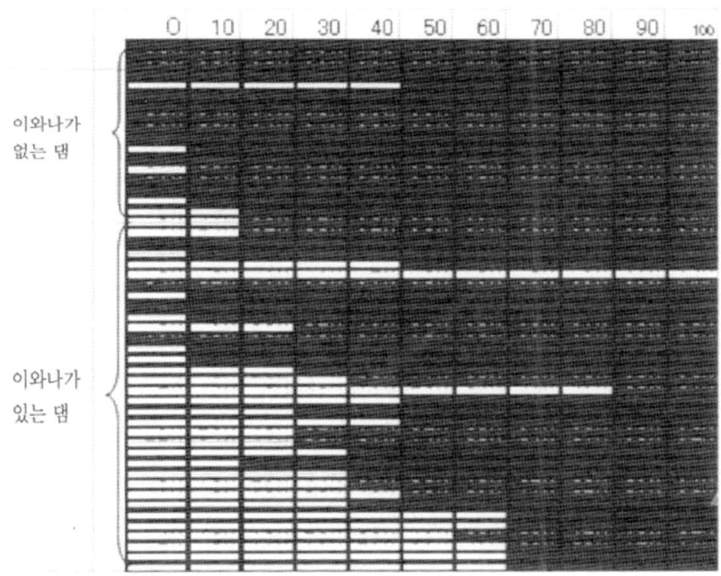

그림 10-3. 그림 10-2에 나타낸 52개소 댐 상류 부근의 곤들매기의 존속에 관한 미래예측. 각 행은 각 댐의 상류 부근을 나타내고, 왼쪽열에서부터, 현재, 10년후, •••, 90년후, 100년후의 절멸확률을 각 칸의 짙고 옅음으로 표시하였다. 위로부터 7개소는 현재 서식하고 있지 않은 장소, 하얀 부분은 회귀식(10.1)에 따른 절멸확률 5할 미만을 나타내며, 짙어질수록 절멸확률 50–75%, 75–99%, 99% 이상을 나타내고 있다. 30년후, 100년후, 400년후에는 각각 31개소, 46개소, 모든 댐에서 곤들매기의 절멸리스크가 5할 이상이 되리라 예측된다.

에서 t년까지 존속한 경우의 단위 시간당의 절멸확률 - (d/dt)log(1 - p)가 시간이 지남에 따라 떨어진데 비해, 이 회귀식에서는 일정치에 서서히 근접하고 있다. 어느 것이 타당한가는 그림 10-1만으로는 알 수 없다.

위의 회귀식은 홋카이도 와타리시마반도의 52개의 댐에 대한 것으로, 혼슈 등의, 다른 지역에 바로 적용할 수 있는 것은 아니다. 그러나 독자가 스스로 지역의 댐에 어떤 물고기가 있는가를 알아볼 수 있으면(모리타와 야마모또의 서식조사는 학술조사의 허가를 얻어 이루어지고 있다), 똑같은 회귀식을 만들 수 있을지도 모른다. 먼저, 댐의 건설연대는 댐에 쓰여 있다. 국토지리원(http://mapbrowse.gsi.go.jp/)에서 지형도를 관람할 수 있으니, 지형도에서 유역면적이나 경사를 구할 수가 있다.

사방언제 뿐만이 아니라 논의 수로공사, 또는 화학물질의 농도조사 등과 물고기의 서식조사를 합하면 비슷한 연구가 될 것이다. 이와 같은 데이터는 정확히 구할 수 있으면, 대단히 귀중한 기초정보가 될 것이다.

그런데 곤들매기는 다른 담수어 보다 더 산성화에 약하다고 한다. 노르웨이에서는 1960년 이후, 산성화에 의한 담수어의 영향이 심각하여, 그 중에서도 5666의 곤들매기 개체군 중에서, 190 개체군이 산성화로 절멸했다고 한다(Hesthagen and Sandlund(1995)). 지금 현재, 일본에서는 산성비가 담수어에 미치는 영향은 거의 알려져 있지 않아서 앞으로가 걱정이다.

[참고문헌]

(1) Dunham, J. B. and Rieman, B. E.(1999), Metapopulation structure of bull trout : influences of physical, biotic, and geometrical landscape characteristics. *Ecol. Appl.*, Vol. 9, pp. 642-655.

(2) Hart, D. D., Johnson, T. E., Bushaw-Newton, K. L., Horwitz, R. J., Bednarek, A. T., Charles, D. F., Kreeger, D. A. and Velinsky, D. J.(2002), Dam Removal : Challenges and Opportunities for Ecological Research and River Restoration, *BioScience* Vol. 52 No. 8, pp. 669-681.

(3) Hesthagen, T. and Sandlund, O. T.(1995), Current status and distribution of

Arctic char Salvelinus alpinus(L.) in Norway : The effects of acidification and introductions, *Nordic J. Freshw. Res.*, Vol. 71, pp. 275-295.

(4) Jager, H. I., Chandler, J. A., Lepla, K. B. and Van Winkle, W. (2001), A theoretical study of river fragmentation by dams and its effects on white sturgeon populations, *Environmental Biology of Fishes*, Vol. 60, pp. 347-361.

(5) 岸野洋久(2001), 生のデータを料理する：統計科学における調査とモデル化(増補版), 日本評論社, 1-245 頁.

(6) 松田裕之(2000), 環境生態学序説, 共立出版.

(7) 種生物学会編(矢原徹一・川窪伸光責任編集)(2002), 保全と復元の生物学ー野生生物を救う科学的思考, 文一総合出版, 19-36 頁.

(8) Morita, K. and Yamamoto, S. (2002), Effects of habitat fragmentation by damming on the persistence of stream-dwelling charr populations. *Cons. Biol.* Vol. 16 No. 5, pp. 1318-1323.

(9) 森田健太郎・山本祥一郎(2004 予定), ダム構築による河川分断化がもたらすもの ——川は森と海をつなぐ道——サケマスの生態と進化(前川光司編).

(10) 鷲谷いづみ・矢原徹一(1996), 保全生態学入門, 文一総合出版, 1-270 頁.

제11장 리사이클과 LCA

11-1 연습과제

최근 리사이클이 화제가 될 기회가 상당히 많아졌다. 처음에는 리사이클은 하면 할수록(환경에) 좋다고 받아들여졌으나, 최근에는 리사이클이 반드시 환경에 좋다고만은 할 수 없고, 오히려 좋지 않다는 주장도 나오고 있다. 리사이클을 위해 차를 계속 달리게 해서 대기오염을 일으킨다든가, 리사이클을 하면 도리어 쓰레기가 늘어난다든지, 리사이클을 위해 비용을 너무 과하게 쓰고 있다고 말하는 사람도 있다. 어느 쪽이 옳은 것일까?

이 장에서는 PET병의 리사이클을 예로해서, 다음의 과제에 대해 구체적으로 생각해 보자.

(1) PET병의 리사이클은 환경에 좋은가.

(2) PET병의 리사이클에 어느 정도의 비용이면 부담해도 좋은가.

수법으로는, 라이프사이클 인벤토리 분석(Life Cycle Inventory Analysis: LCI)과 경제적 분석 수법을 이용한다. LCI는 라이프사이클 어세스먼트(Life Cycle Assessment: LCA)의 기반이 되는 부분이다.

LCA란 제품을 사용할 때 환경에 미치는 영향뿐만 아니라, 그 제품의 평생에 걸친 환경영향을 평가해 보려는 도구이다. 예를 들면, 전기자동차는 사용하고 있을 때는 오염물질이 거의 나오지 않으나, 발전소에서는 대기오염 물질을 내뿜고 있고, 전지를 제조할 때도 오염물질을 내놓고 있다. 폐기할 때도 환경에 영향을 줄 것이다. LCA는 이러한 환경영향을 모두 고려하여 평가하려고 하는 도구이다.

또한 LCA는 환경영향을 포괄적으로 파악하려고 하는 점에서, 환경리스크 분석과 공통되는 부분이 상당히 많으니, 환경리스크 분석을 공부하려는 사람에게는, LCA에 관해 전반적인 기초 지식을 가지고 있는 편이 유익할 것이다. LCA는 ISO 14040 시리즈로 국제표준으로 발행되고 있다.

LCA는 단독으로 최종적인 결정을 할 수 있는 도구는 아니다. 환경에 관련된 것 밖에 평가하지 않기 때문이다. 「어느 정도의 비용이면 부감해도 좋은가」라는 과제에 답하기 위해서는 경제적 분석이 필요하다. 이 장에서는 LCI와 환경오염을 금액으로 평가하는 수법의 하나인 한계삭감 비용법을 만들어, 포괄적인 평가를 하는 수법에 대해 설명하고 구체적인 문제에 적용해 보자.

11-2 PET병의 리사이클

PET병의 원료는 폴리에틸렌텔레프타레이트 수지(PET수지)이다. 다른 플라스틱제품과 달리 PET병의 경우에는 다른 소재를 섞는다든가, 복합화되었다든가 하는 경우는 거의 없어서 소재로 재이용하기 쉽다는 특징이 있다.

회수된 PET병은 세척, 파쇄, 선별되어 수 mm 크기로 분쇄된 다음, 대부분은 가열해서 용해한 후, 수 mm 사이즈의 페렛으로 출하된다(리페렛 공정). 최근에는 화학적으로 분해해서 PET수지의 원료물질로 정제해 다시 PET수지를 제조하는 프로세스도 가동되기 시작했다. 이 방법에 의하면 일단 화학적으로 정제하기 때문에 다시 한 번 음료용 병을 제조할 수가 있다.

재생된 플레이크 또는 페렛은 주로 섬유(폴리에스텔), 시트(계란팩 등의 소재)로 이용되고 있다.

(a) LCI 분석

(1) 기능단위와 비교 케이스

비교를 하기 위해서, 기본이 되는 단위인 기능단위를 결정하자. 여기서는 쓰레기 처리방법을 비교하는 하는 것이 목적이므로, 기능단위로서는 다 사용한 PET병 1000개를 모아보자. 처리방법으로는 가장 간단한 매립처분과 머테리얼 리사이클을 비교해 보자. 또한 구체적인 마을을 대상으로 하는 것이 아니고 수법을 배우는 것이 목적이므로 전형적인 도시를 예로 해서 분석해 보자. 따라서 회수와 수송처럼 도시에 따라 다른 부분의 영향이 큰 항목에 관해서는 분석결과가 타 도시에도 반드시 들어맞는다는 보장은 없다. 또한 불연쓰레기의 조성이 서로 다른 경우에는 결과에 큰 차이가 난다. 특정도시의 경우에는 적절한 데이터로 바꿔 넣어 평가하는 것이 필요하다.

(2) 라이프사이클 흐름과 시스템 확장

표 11-1에 대상으로 한 PET병의 용도를 나타냈다.

표 11-2에는 비교 케이스의 공통사항, 표 11-3에는 비교케이스의 요점을 정리했다.

그림 11-1에 PET병을 쓰레기처리 또는 리사이클 하는 경우의 라이프사이클 흐름를 나타냈다. 원유채굴, 석유정제 · PET수지 제조, PET병 제조, 음료제조 판매, 음료소비, 쓰레기처리 또는 리사이클의 각 단계에서 각각 자원소비, 오염물질과 고형폐기물의 배출이 있다. 이들을 둘러싼 선이 시

스템 경계를 나타내고 있다. 이 경계에 들어오는 자원과 나가는 오염물질, 고형폐기물을 적산하면, 인벤토리분석이 된다. 각 단계의 사이에는 각각 수송이 있는데, 여기서도 자원의 소비와 오염물질, 고형폐기물의 배출이 있다.

PET병을 폐기물처리(여기서는 파쇄·매립)하는 경우와 리사이클해서 섬유의 원료로 이용하는 경우에서 다른 점은 폐기물처리·리사이클 공정만으로, 음료소비 보다 상류의 공정은 어느 것이든 같기 때문에 비교할 때에는 생략할 수 있다. 그러나 리사이클 공정에서는 재생 PET수지가 부산물로 생산되기 때문에, 그림 11-1에서 상류측을 생략한 시스템 경계에서 비교하는 것은 공평하지 않다. 리사이클의 경우에는 생산된 재생 PET수지가 석유에서 생산되는 섬유용 PET수지의 생산을 절약하고 있기 때문이다.

리사이클을 포함한 경우에는 반드시 이와 같은 유용한 재생제품이 생산되므로 같은 문제가 발생하나, 이 문제를 해결하기 위해 시스템확장이라는 생각을 적용한다. 시스템확장이란 비교하고 싶은 시스템 경계에서 나오는 부제품이 같아지도록, 부족한 측의 시스템에 부제품과 동일하게 간주할 수 있는 제품의 라이프사이클 흐름을 더해 주어서 시스템에서 나

표 11-1. PET병의 사양(정책과학연구소, 2003)

항목		내용
용량		1500 mL
용도		탄산음료용
중량	PET	49.66 g
	총중량	55.21 g
부속물	뚜껑(폴리프로필렌)	3.189 g
	라벨(저밀도 폴리에틸렌)	2.364 g

표 11-2. 비교 케이스의 공통사항

공통 사항	
인구밀도	20,000 인/㎢
PET병 배출량	55.7 g/(인 · 주)
타지 않는 쓰레기 배출량	630 g/(인 · 주)
수집차량	팍커차(4m^3)
팍커차 속의 PET병 밀도	180 kg/m^3
타지 않는 쓰레기 밀도	300 kg/m^3
파쇄후 타지 않는 쓰레기 밀도	500 kg/m^3
수집차 연료소비	7 km/L(경유)
수집차 CO_2 배출계수	0.404 kg/km
수집차 NO_x 배출계수	0.724 g/km
수집차 SO_x 배출계수	0.230 g/km
처리시설까지의 평균주행거리	15 km
수송차량 연료소비	3.5 km/L
수송차량 CO_2 배출계수	0.8079 kg/km
수송차량 NO_x 배출계수	5.329 g/km
수송차량 SO_x 배출계수	0.460 g/km
전력의 CO_2 배출계수	0.3520 kg/kWh
전력의 NO_x 배출계수	0.2900 g/kWh
전력의 SO_x 배출계수	0.2330 g/kWh

PET병 배출량은 2000년의 용기포장 리사이클법 대상 PET병의 소비량과 인구를 가지고 구했다. 타지 않는 쓰레기 배출량은 분쿄구(1999), 연료소비, 배출계수는 정책과학연구소(2003)를 참고했다.

오는 제품 · 서비스가 같아지도록 시스템을 확장하는 방법이다. 이 경우에는 쓰레기처리 하는 측에 재생 PET수지가 부족하기 때문에 이것과 동등하다고 생각되는 제품(이 경우는 섬유용의 PET수지)의 라이프사이클 흐름을 추가한다. 추가한 프로세스의 크기는 재생수지의 양과 같은 양의 섬유용 PET수지가 생산될 수 있도록 정한다. 결과는 그림 11-2에 나타냈다. 대응하는 리사이클의 경우는 그림 11-3이 된다.

그림 11-2와 그림 11-3은 시스템이 제공하는 기능은 사용이 끝난 PET병 1000개의 처리이며, 부제품으로서는 섬유용 PET수지가 같은 양 만들어지므로, 시스템이 제공하고 있는 편익은 동일하다.

표 11-3. 비교 케이스의 요점

항목	리사이클 케이스	매립 케이스
수집방식	분리수거된 쓰레기	타지 않는 쓰레기
수집빈도	2주에 1번	주 1회
처리	플레이크 제조+리페렛	파쇄
부제품	재생 PET 페렛	없음
확장시스템	없음	섬유용 PET 페렛
수집시스템 간격	50 m	20 m
처분장 · 재생시설까지의 수송거리	50 km	25 km
처분장 · 재생시설까지의 수송차량	10톤 트럭	10톤 트럭

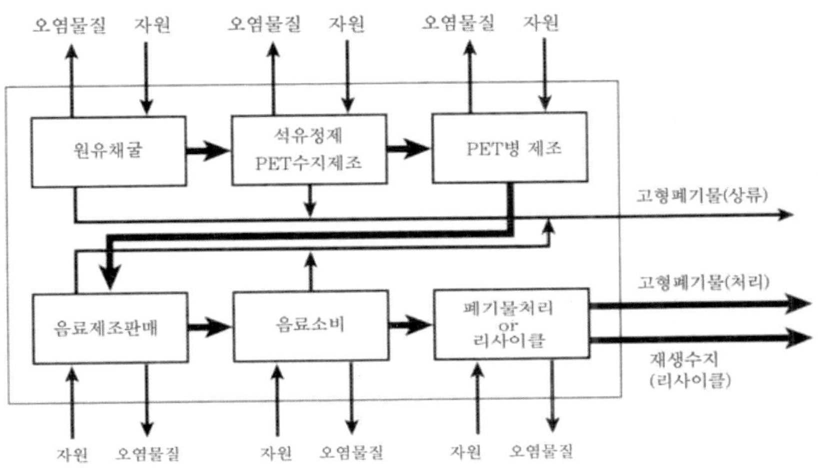

그림 11-1. PET병 처리 · 리사이클의 라이프사이클 흐름도

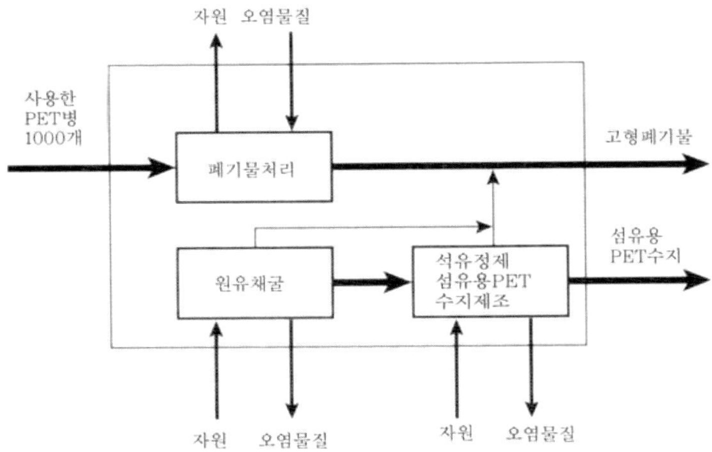

그림 11-2. 시스템 확장된 라이프사이클 흐름 부분

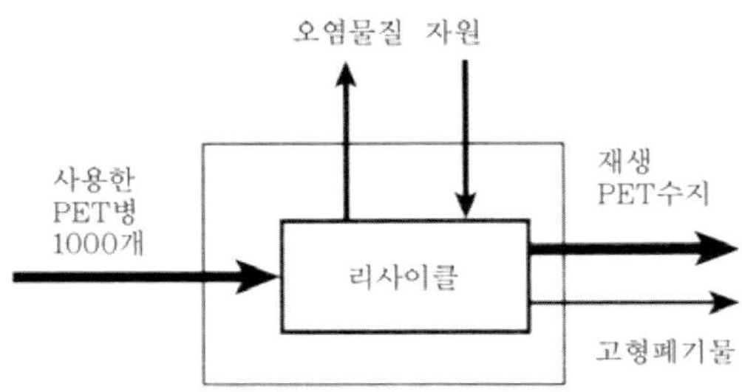

그림 11-3. 시스템 확장에 대응하는 리사이클 경우의 라이프사이클 흐름

(3) 머테리얼 프로

이상의 조건에서 머테리얼 프로(각각의 화살표가 나타내고 있는 흐름의 크기)를 계산해 보자. 기능단위는 1000개의 이미 사용한 PET병의 처리이므로, 그림 11-2의 폐기물처리 공정, 그림 11-3의 리사이클 공정에 들어가는 프로는 어느 것이든 55.21 kg(중에 PET수지는 49.66 kg).

먼저 리사이클의 케이스에 대해서 검토해 보자. 리사이클의 공정에 대해서는 PET병 협의회(2000)에 따르면, 재생플레이크 1000 kg을 생산하기 위해서는 회수 PET병이 1246 kg 필요하다(사용원료에 대한 제조품 비율 80.3%). 재생플레이크가 되지 않는 246 kg은 다른 사업자에 의해서 재자원화 되고 있으나, 그 처리내용, 에너지소비 등이 불분명하기 때문에 고형폐기물로 처리하였다. 이 의미에 따르면 고형폐기물의 발생량은 과대평가 되어 있다고 보아야 한다. 이 값에 따르면, 1000개의 회수 PET병에서는 55.21 kg × 0.803 = 44.3 kg의 재생 PET병 플레이크가 생산되고, 나머지 10.9 kg 중에 뚜껑에서 생산되는 폴리에틸렌 3.19 kg은 판매가 가능하기 때문에, 고형폐기물로는 7.7 kg이 배출된다. 이 폴리에틸렌은 제품으로의 가치도 낮고 양도 많지 않기 때문에, 방법을 배운다는 목적도 있고 이야기를 간단히 하기 위해서, 환경영향과 경제영향 둘 다 고려하지 않기로 하자. 정량적 결과 그 자체가 중요한 경우에는 여기서 설명한 방법으로 시스템에 포함시켜 고려하면 좋다.

플레이크에서 페렛을 생산하는 공정(리페렛 공정)에 대해서는 보고가 거의 없으나, 문헌(플라스틱 처리 촉진 협회(2001), p.97)에 인터뷰 결과가 있다. 그것에 따르면 재생플레이크 878 kg에서 재생페렛 861 kg이 생산된다고 한다. 따라서 사용원료에 대한 제조품 비율은 98.1%, 그림 11-2 중의 섬유용 PET수지의 머테리얼 프로는 43.5 kg이 된다.

(4) 수집 또는 주행거리

수집공정은 분별수집의 빈도, 수집 스테이션의 밀도, 시민의 협력률 등의 영향이 있기 때문에, 도시에 따라 달라 일률적으로 정할 수가 없다. Ishikawa(1996)에게 이론모델에 의한 분석이 있으나, 여기서는 전형적인 중규모 도시를 가정해서 아주 간단하게 계산해 보자.

먼저 리사이클케이스에 대해서 계산해 보자. 표 1-2, 표 1-3의 데이터에서, 1개소의 스테이션에 PET병을 배출하는 인구는 (20000 / 1000000) × 50 × 50 = 50 인/스테이션이므로, 1개소의 스테이션에 분별 배출되는

PET병의 양은 55.7 × 50 × 2 / 1000 = 5.57 kg이다. 이것은 5.57 × 1000 / 55.21 = 101개에 해당한다. 수집 차량내에서의 부피는 5.57 / 180 = 0.0309 세제곱미터이다. 따라서 수집차는 4 / 0.039 = 129개소 수집해서 가득차게 된다. 수집을 위한 주행거리는 129 × 50 / 1000 = 6.45 km. 따라서 처리시설까지의 왕복 주행거리를 고려해서 총주행거리는 15 × 2 + 6.45 = 36.5 km가 된다. 수집되는 PET병은 101 × 129 = 13029개 이므로, 1000개당 주행거리는 36.5 / (13029 / 1000) = 2.80 km가 된다. 전처리 후, 10톤 트럭에 5톤을 실어서 왕복 100 km 수송하므로, 1000개 정도의 수송거리는 100 × (55.21 × 1000 / 1000) / 5000 = 1.10 km가 된다.

매립처리 하는 케이스의 수집거리를 계산해 보자. 이 경우는 주민한테의 수집과 파쇄한 후의 매립처분장까지의 수송이 있다.

리사이클 케이스와 마찬가지로 계산해 보면 표 11-2, 표 11-3의 데이터에서 1개소의 스테이션 주위에 불연쓰레기를 배출하는 인구는 8명 / 스테이션, 배출되는 불연쓰레기양은 5.04 kg이다. 수집 차량내에서의 부피는 0.0168 세제곱미터가 되고, 238 스테이션에서 수집해서 가득찬다. 수집을 위한 주행거리는 4.76 km, 총주행거리는 34.8 km가 된다. 수집되는 PET병은 55.7 × 8 × 238 / 1000 = 106 kg. 이것은 수집차량 중에서 106 / 180 = 0.589 세제곱미터를 차지하고 있다. 불연쓰레기 수집을 위한 주행거리 내에 PET병에 할당해야 할 거리는 체적비율로 나누어 할당해야 하기 때문에, 34.8 × 0.589 / 4 = 5.12 km가 된다. PET병 1000개당으로는 5.12 × 55.21 / 106 = 2.67 km가 된다. 리사이클의 경우 2.80 km / 1000개와 거의 같은 정도이다.

파쇄후의 수송거리는 왕복 50 km, 적재량은 10 세제곱미터로 5000 kg이다. 따라서 1000개당 수송거리는 50 × 55.21 / 5000 = 0.552 km가 된다. 대형트럭과 밀도의 증가효과에 의해 수송효율은 큰 폭으로 향상되고 있다.

수집 수송거리 결과를 표 11-4에 정리했다.

표 11-4. PET병 1000개당 수집 수송거리(km/1000개)

	리사이클 케이스	매립 케이스
수집거리	2.80	2.67
수송거리	1.10	0.552
총 수집주행거리	3.90	3.22

유효숫자는 3자리까지 계산했음.

(5) 오염물질 배출량

수집・수송을 동반한 오염물질 배출량은 표 11-4의 결과와 표 11-2의 배출계수를 이용해서 간단히 평가할 수 있으므로 그 밖의 공정을 검토해 보자.

먼저, 리사이클케이스에 대해서는 PET병 협의회(2000)에 따르면, 회수 PET병에서 재생플레이크를 생산할 때의 오염물질 배출량으로 표 11-5의 값이 보고되고 있다. 이 표의 값을 이용해서, 1000개(55.21 kg에서 생산되는 재생플레이크 44.3 kg)당 배출량을 구할 수가 있다.

리페렛공정에서는 재생플레이크 878 kg에서 재생페렛 861 kg이 생산되어, 원료의 제품비율은 98.1%(플라스틱처리촉진협회, 2001)이다. 이때의 오염물질 배출량은 CO가 탄소로 22.648 kg, NOx는 0.069 kg, SOx는 0.055 kg이다. 그래서 43.5 kg의 재생페렛을 생산할 때의 오염물질 배출

표 11-5. 재생플레이크 생산시 오염물질 배출량

명칭	배출량(g/kg 플레이크)
CO_2	3.29
NO_x	0.789
SO_x	0.423

유효숫자 3자리까지 계산했음.
PET병협의회(2000).

량은 각각 CO_2, 22.648 / 12 × 44 / 861 × 43.5 = 4.20 kg, NOx, 0.069 / 861 × 43.5 × 1000 = 3.49 g, SOx, 0.055 / 861 × 43.5 × 1000 = 2.78 g이 된다.

매립처분의 경우 파쇄공정에 관해서는 설문조사(나고야시)로 불연쓰레기 1톤당 63 kWh의 전력을 소비한다는 것을 채택한다. 이 값과 표 11-2의 전력 배출계수를 이용해서 불연쓰레기 파쇄처리 공정의 오염물질 배출량을 구할 수가 있다. PET병에 대해서는 중량으로 할당한다.

총섬유 PET수지 페렛제조에 관해서는 정책과학연구소(2003)에 페렛 1 kg당, 고형폐기물 0.003 kg, CO, 1.434 kg, NOx, 2.522 g, SOx, 3.067 g의 값이 보고되고 있다.

지금까지의 결과를 표 11-6에 정리했다. 이 결과를 보면, 매립의 경우

표 11-6. 환경영향 비교

공정	고형폐기물(kg)	CO_2(kg)	NO_x(g)	SO_x(g)
분리수거	0.00	1.13	2.03	0.644
수송	0.00	0.889	5.86	0.506
플레이크 제조	7.70	14.6	35.0	18.7
리페렛	0.858	4.20	3.49	2.78
리사이클 합계	8.56	20.8	46.4	22.6
타지 않는 쓰레기 수집	0.00	1.08	1.93	0.614
파쇄	0.00	1.22	1.01	0.810
수송	0.00	0.446	2.94	0.254
타지 않는 쓰레기 소계	55.21	2.75	5.88	1.68
섬유용 PET 제조	0.131	62.4	110	133
매립 합계	55.3	65.1	116	135

유효숫자 3자리까지 계산했음. 리사이클 케이스에서 판매 가능한 뚜껑으로부터 제조되는 폴리에틸렌은 환경영향과 경제영향을 고려하지 않고 있지만 고형폐기물에서는 제외시켰다.

에 고형폐기물의 발생량이 많은 것은 당연하나, 오염물질의 배출량도 매립쪽이 확실히 크다는 것을 알게 된다. 그 원인은 섬유용 PET수지 페렛 제조 시스템에서의 오염물질의 배출이다. 이 차이는 상당히 크며, 또한 차이의 원인이 수집, 수송이 아니라 섬유용 PET 제조에 있기 때문에 수집, 수송공정의 계산에서 적용한 다양한 가정, 추계의 영향은 결과적으로 본질적인 영향을 끼치지 않는다고 생각해도 좋다. 리사이클을 위해서 수집차를 돌아다니게 하기 때문에 환경에 좋지 않다는 주장이 얼마나 잘못되어 있는가를 잘 알 수 있다.

이 장에서 조사한 환경오염 물질은 화석연료 유래의 대기오염 물질로만 한정되어 있기 때문에 일반적인 결론은 말할 수 없으나, 적어도 조사한 범위 내에서의 오염물질의 배출과 고형폐기물의 배출에 관해서는 PET병의 머테리얼 리사이클은 불연쓰레기로서의 매립보다는 환경면에서 우수하다고 결론내릴 수 있겠다.

(b) 경제적 영향

경제적 영향은 어떻게 평가해야 좋을 것인가? 규제 없는 시장에서의 거래로는 자발적 거래가 성립하고 있기 때문에, 그 거래에 따라 쌍방 모두에게 이익이 있을 것이다. 따라서 사회 전체로 거래 이전의 상태보다도 좋아질 것이다. 그러나 자발적으로가 아니라 규제에 의해 강제로 지불하는 비용은 어떠한가? 물론 규제에는 이유가 있을 것이기 때문에 규제에 의한 사회적 편익이 당연히 있을 것이다. 이 장의 예제에서는 PET병의 머테리얼 리사이클에 따른 환경오염물질 삭감, 고형폐기물 배출량 삭감 등의 메리트가 여기에 해당한다.

그러나 비용지불을 강요당하는 기업이나 사람에게 있어서는 편익보다 비용 쪽이 더 클 것이다. 환경오염 물질의 삭감 등의 메리트이다. 사회적 편익은 별도로 고려하기로 하면, 강제로 지불해야 할 비용은 사회적 비용으로 생각하지 않으면 안 된다. 용기포장 리사이클법에 따르면 수집된 PET병을 재생하기 위해서 필요한 비용은 사업자(음료제조기업 등)가 부담하도록 되어있다. 이 비용은 기업으로서는 비용일텐데, 장기적인 안목으로 보면 이 비용이 제품가격에 전가되어 소비자가 부담하게 된다. 이 비용은 용기포장 리사이클법이라는 규제가 없다면 발생하지 않을 비용이므로 누군가가 부담하더라도 부담해야 할 사회적 비용이다. 또한 같은 의미에서 자치단체가 세금으로 운영하고 있는 쓰레기처리 비용, 분별수집 비용은 사회적 비용이다. 강제적으로 징수되고 있는 세금 중에 리사이클을 위해 증가시킨 금액만큼, 세금으로 충당해 온 다른 공공서비스가 감소하기 때문이다.

CO에 의한 지구온난화와 같은 환경영향도 명확하게 사회적 비용으로 고려할 필요가 있다. 좋은 환경에는 분명히 가치가 있으나, 시장에서는 거래되지 않기 때문에 가격이 없어서, 결과적으로는 과잉으로 오염되기 때문이다. 이를 위한 사회적 비용의 평가는 한계삭감 비용법으로 행한다. 한계삭감 비용법에 대해서는 다음 부분에서 설명하기로 한다.

먼저 리사이클 경우의 분별수집을 위한 비용을 계산해 보자. 수집을 위한 비용을 가장 간단하게 추정하는 방법은 작업시간도 고려한 평균이동 속도를 가정해서, 주행거리에서 1000개당 차량 이동시간을 구해, 비용으로 환산하는 방법이다. 상세히 검토하고 싶은 경우에는 Ishikawa(1996)를 참조하자. 평균이동 속도를 수집차 20 km/h, 수송용 10톤 트럭 30 km/h로 가정하면 각각의 경우의 수집 작업시간은 표 11-7과 같이 된다.

작업시간 단가에 관해서는 분쿄구(1999)를 참고해서, 아래와 같이 구한다. 3명 승차, 인건비 20000엔/(일 · 인), 작업시간 4.5 h/일로 하면, 인건비는 실질작업 시간당 13333엔/h가 된다. 차량가격 800만엔으로 하고 5년에 다시 바꾼다고 한다면, 연간 차량설비 비용은 144만엔/대(단순상각, 스크랩가치 10%)가 된다. 연간 작업일수를 311일로 하면, 차량설비 비용은 1440000 / 311 / 4.5 = 1029엔/h이 된다. 이 외에도 차량의 유지관리 경비는 차량가격의 52%(분쿄구(1999))로 어림잡으면, 차량 관계의 경비는 1029 × 1.52 = 1564엔/h. 차량가격 1200만엔, 2명 승차, 실작업시간 6 h/일, 5년에 한번 차를 바꾸는 것으로 해서 마찬가지로 계산하면, 인건비는 실질작업시간당 6666엔/h, 차량관계 비용은 1759엔/h. 합계는 8425 엔/h이다.

이러한 값과 표 11-7의 1000개당 작업시간에서 회수, 수송작업 비용을 견적을 내보면 표 11-8과 같이 된다.

파쇄비용, 선별 등의 전처리 비용을 나고야시에서의 설문조사 결과를 가지고 추계하면, 1998년도의 나고야시에서 파쇄비용은 42000엔/톤(불연쓰레기가 80% 이상, 이 해에 플라스틱용기 포장은 불연쓰레기에 포함되어 있다)이다. 선별 등의 전처리 비용은 나고야시 사업개요 2002년도에 따르면, 52502엔/톤이었다. 이것을 가지고 1000개(55.21 kg)당의 처리경비를 계산해서 표 11-8에 표시했다.

고형폐기물 삭감효과의 경제적 영향을 견적내보자. 주의해야 할 점이 두 가지 있다. 하나는, 현재 매립처분장에서의 처분요금(또는 원가)이 현재의 한계삭감 비용을 반영하지 않고 있다는 점이다. 공공적으로 관리되고 있는 처분장은 건설비용, 유지관리 비용에서 처분요금을 정하고 있다. 따라서 처분장이 건설된 과거시점에서의 비용은 반영하고 있으나, 현재의 비용인 잔여용량의 가치는 반영하지 않고 있다. 사기업이 처분장을 운영하고 있는데, 신규 처분장의 건설비용이 폭등하고 있는 정세라면 처분요금을 당연히 올릴 것이다. 그러나 공공부문이 관리하고 있는 경우에는 이와 같은 메커니즘은 작동하지 않는데 이는 자기 쓰레기를 반입하고 있기 때문이다. 또 한 가지는 이와 같은 신규 처분장 건설의 어려운 점은 지역에 따라 커다란 차이가 있어, 개별 예를 들어 일반론을 말한다는 것이 어렵다는 것이다.

표 11-7. 1000개당 수집차·수송차 작업시간(h/1000개)

	리사이클 케이스	매립 케이스
수집작업시간	0.140	0.134
수송작업시간	0.037	0.0184

유효숫자는 3자리까지 계산했음.

표 11-8. 1000개당 수집차, 수송차, 처리경비(엔/1000개)

	리사이클 케이스	매립 케이스
수집경비	2085	1996
수송경비	(312)	(155)
수집·수송경비 소계	2085	1996
파쇄경비	0	2320
전처리경비	2900	0
전처리경비 소계	2900	2320
합계	4985	4316

이 추계치는 데이터가 입수되지 않은 몇몇 지방자치단체의 수치 및 임의로 가정한 수집조건을 전제로 하고 있으므로, 일반적으로 성립되는 값이 아니고, 계산법을 제시하기 위한 예제로서의 계산결과이므로, 해석할 때 주의할 필요가 있다. 또한 지방자치단체의 경비만을 다룰 뿐 사회적 경비를 나타내는 것은 아니다. 개별 케이스에 따라 값은 크게 달라질 가능성이 충분히 있다.

용기포장 리사이클법에서는 위탁요금에는 지방자치단체의 지정 보관장소로부터 앞의 수송비용은 위탁요금 속에 들어있으므로 괄호 안에 넣어서 나타냈으며 합계에는 포함시키지 않았다. 사례로 참고한 나고야시의 원가계산에서는 매립지까지의 수송비용은 매립원가에 포함시켰으므로 괄호 안에 넣어서 나타냈고 합계에는 넣지 않았다.

이상의 주의점을 염두에 두고, 여기서는 고형폐기물의 삭감효과에 대해서는 매립비용을 파라미터로 다루어 해석하기로 한다. 즉, 아주 크게 다른 값이 있을 수도 있으므로 큰 폭을 갖는 값으로 해서 계산해 보자.

참고 데이터로는 나고야시 환경국사업개요(2002)에 따르면, 1996년에 9481엔/톤이었던 처분원가가 2000년에 22207엔/톤까지 급등하고 있다고 보고되고 있다. 앞서 기술했던 것과 모순된 것 같지만 실제는 모순되지 않는다. 나고야시의 경우에는 시내에 처분장이 없고 인접지역에 처분지를 보유하고 있어, 요금은 들지 않으나 비용을 계산해서 처분원가로 공개하고 있다. 이 원가는 매립처분에 관계되는 모든 제경비의 합계를 그 해의 매립량으로 나누어 구하고 있다. 제경비 중에는 매립량과 관계없이 결정되는 고정적인 경비의 비율이 높고, 매립량이 줄어들면 매립원가가 상승하는 결과가 된다. 고정적인 경비로는 대규모설비, 설비의 정비비용의 감가상각비와, 보존관리를 위한 인건비가 있다. 나고야시에서 쓰레기 감량화 시행 결과 2001년에는 1998년 대비에서 52%의 매립량 감량화를 달성하고 있어, 매립원가 상승은 이것을 반영한 것이다.

또 다른 견적방법으로 나고야시가 쓰레기 비상사태 선언을 해서 리사이클 프로그램을 철저히 시행해, 매립량을 삭감한 결과, 매립량을 13만톤 삭감했으나 시의 쓰레기처리 경비가 32억엔 증가했다고 보고하고 있다(나고야시(2001)). 이 결과를 가지고 단순 계산을 하면 26700엔/톤이 나고야시의 매립량 삭감비용이었다는 것이 된다.

이들 데이터를 가지고 일단 25000엔/톤의 매립경비로 계산해보면 표 11-9와 같이 된다.

리사이클협회 위탁비용은 앞에서 말했던 것처럼 법제도상 의무적으로 지불하고 있는 비용이므로 외부비용이다. 용기포장리사이클 협회에 다르면 2003년도 PET병의 위탁 단가는 64엔/kg이므로 이 비용은 1000개당

표 11-9. 매립 처분비용 참고치(엔/1000개)

	리사이클 케이스	매립케이스
매립처분경비	214	1380

이 표의 경비는 나고야시의 처분요금을 참고로 계산하고 있기 때문에 다른 지역에는 맞지 않다.
유효숫자 3행에서 계산했다.

3630엔이 된다.

환경영향을 줄이는 대책의 유효성을 평가하는 수단으로 한계삭감 비용법을 이용해 보자. 이 방법은 오까에 의해 이론적 기초가 개발되어 후지이, 이시가와 등이 오까와 함께 LCA와 환경회계, 환경관리에의 이용을 제안하고 있는 방법이다. 특징은 환경영향을 직접 평가하는 것이 아니라 대책비용을 기존의 가장 대책비용이 높은 대책과 비교함으로써 대상이 되는 대책의 유효성을 평가하는 것이다.

경제학의 관점에서 보면 환경이란 시장에서 거래되지 않고 가격이 없는 재산이다. 예를 들면 조용한 환경이라는 재산은 규제가 없으면 과잉으로 소비되어 버린다. 바꿔 말하면 규제가 없는데도 소음 방지설비를 설치해서 소음을 줄이는 기업은 비용이 늘어나 시장경쟁력을 잃어버리기 때문에 규제가 없으면 어떤 기업도 소음 방지설비를 설치하지 않는다.

그러나 조용한 환경은 시장에서 직접 거래되는 경우는 없지만, 확실히 가치가 있다. 근방 주민 중에는 조용한 환경을 얻기 위해서 창을 방음구조의 이중창으로 하는 주민도 있을 것이다. 이것은 조용한 환경이 주민에게 있어서 부담하는 비용 이상의 가치를 가지고 있다는 것을 나타내고 있다. 한계삭감 비용법은 현실사회에서 실제로 일어나고 있는 오염물질 배출 삭감비용에서 오염물질 1단위당의 삭감비용을 계산해서 그 중에 가장 높은 비용을 한계삭감 비용이라고 정의한다. 어떤 환경영향 경감대책이 다른 대책과 비교해서 유효성이 있다고 평가하기 위해서는 같은 효과

표 11-10. 환경부하의 한계삭감 비용(엔/kg)

항목	CO_2	NO_x	SO_x	SPM	BTOD	TCE PCE	중금속	DXN	CFC
한계 삭감비용	7.0	2500	43	6700	1600	1500만	2만	190억	2.4만

오까 외(2003)

표 11-11. PET병 1000개의 처리법별 한계대책 비용

	CO_2	NO_x	SO_x	합계
리사이클	146	116	0.972	263
매립	412	260	5.29	677

이 표에서는 일부 환경오염 물질만을 평가하고 있기 때문에 합계치는 한계대책 비용 전체를 나타내고 있는 것은 아니다. 유효숫자 3자리에서 계산했다.

를 얻기 위해서 필요한 비용을 비교해 보면 좋다. 같은 효과라는 조건에서 비교하면 배출량이 같으면 좋고, 복잡한 환경영향 모델은 필요가 없다. 비교기준으로 현재 상태의 대책으로 가장 높은 대책을 취하면 복수의 오염물질의 영향을 통합 평가할 수 있다.

한계삭감 비용법의 장점은 현실에서 채택되고 있는 기술로 값이 정해지는 비용이므로 정부, 지역, 소득의 차이에 따른 값의 편차가 높다는 점, 시간적으로도 안정된 값을 얻을 수 있다는 점, 방법의 투명성이 높은 점이다. 이런 의미에서 사회적 규범으로 받아들여지기 쉬울 수 있다.

오까 외(2003)에 따르면, 오염물질의 한계삭감 비용은 표 11-10과 같이 보고되고 있다.

이 값에서 표 11-6의 오염물질 배출량의 차이를 대책의 유효성이라는 관점에서 금액으로 평가할 수가 있다(표 11-11).

이 결과를 보면 여기서 조사한 대기오염 물질 중에는 대책으로서의 유효성에 커다란 영향을 가진 오염물질은 CO와 NOx이고 SOx는 거의 기여하지 않는다는 것을 알 수 있다.

이제까지 계산한 비용과 함께 표 11-12에 정리하였다.

리사이클 쪽이 매립 쪽 보다도 환경외부 비용을 고려해도 비용이 높은 결과가 된다. 리사이클케이스에서 비용의 큰 부분을 차지하고 있는 것은 수집·수송비용과 리사이클 위탁비용, 처리비용(자치단체의 전처리비용)이다.

표 11-12. PET병 1000개당 처리방식별 비용내역(엔/1000개)

	라시이클 케이스	매립 케이스
수집비용	2085(수송 미포함)	1996(수송 미포함)
처리비용	2900	2320
매립처분비용	214	1380(수송 포함)
리사이클위탁비용	3630(수송 포함)	0
오염의 한계대책비용	263	677
합　계	9092	6373

리사이클 케이스의 재생설비까지의 수송은 위탁요금에 포함되어 있다. 매립 케이스의 매립지까지의 수송경비는 매립처분 비용에 포함된다. 유효숫자 3자리에서 계산하고 있다.

11-3 평가

표 11-12에 정리한 비용을 비교하면, PET병의 머테리얼 리사이클은 매립처분보다도 검토한 범위의 비용이 높다는 결과가 나왔다. 이 결과는 PET병의 머테리얼 리사이클을 그만두고 매립해야만 한다는 것을 의미하겠다. 일단 이런 단순한 결론에 흥분하기 전에 생각해야할 점이 몇 가지 있다.

- 이 결과는 어느 정도나 신뢰할 수 있는 것인가
- 이 분석에서 고려하지 않은 중요한 요인은 없는가
- 비용이 높기 때문에 그만둬야 한다는 결론을 이끌어내도 괜찮은가

(a) 결과의 신뢰성

결과의 신뢰성에 대해 생각해보자. 수집·수송비용은 직영, 위탁, 지역의 교통사정, 노동관행, 주민 협력 등 여러 요인에 영향을 받기 때문에, 자치단체에 따라 큰 차이가 있다고 생각하는 것이 좋다. 오히려 비용이

높고, 효율화 의식이 부족한 자치단체가 총비용 중에서 많은 부분을 차지하는 수집과 전처리를 부담하고 있기 때문에 리사이클 비용이 높은 근본적인 요인임을 알았다. 자치단체의 수집과 전처리 공정이 개선된다면 리사이클 프로그램 비용은 크게 삭감될 것으로 해석해야 할 것이다.

수집비용만을 비교하면 양쪽 케이스에서 거의 같은 결과가 된다. 이 결과를 의외로 느끼는 사람도 많을 것이다. 많은 자치단체에서 분별수집 비용이 쓰레기수집 비용보다도 상당히 높다고 보고하고 있기 때문이다. 포인트는 2가지 있다.

1. 분별수집 비용과 혼합수집한 경우의 1톤당 쓰레기수집 비용을 비교할 것.
2. 현실에서 분별수집 비용과 쓰레기처리 비용의 합계가 증가하는 원인.

제1포인트는 이론적인 생각의 문제다. 많은 경우, 분별수집 비용을 1톤당 쓰레기수집 비용과 비교하고 있으나 이 장에서는 수집차 내에서 차지하는 체적에서 수집비용을 할당하고 있기 때문에 결과가 다르게 되어있다. 일반폐기물의 수집 경우는 수집차의 최대 적재량은 체적으로 정해지며, 중량은 관계가 없다. 혼합수집의 경우에도 체적으로 비용을 할당하면, PET병과 같이 부피가 큰 것은 지금 말하고 있는 중량으로 평균한 수집비용 이상으로 든다고 간주해야 한다. 이와 같이 평가하면, 혼합수집이든 분별수집이든 이론적으로 드는 비용의 차이는 그다지 크지 않다.

제2포인트는 관찰사실에 기초한 것이다. 분별수집 비용과 쓰레기수집 비용의 합계액이 분별수집을 시작하기 전과 비교해서 상당히 증가하고 있는 사실로부터, 분별수집 비용은 혼합수집보다도 높다는 결론이다. 제1포인트의 고찰에서 알 수 있듯이, 혼합쓰레기 수집 때의 PET병은 쓰레기 수집차 내에서 큰 비율을 차지하고 있어, 이것이 분별수집에 의해 알 수 있다면 나머지 쓰레기의 수집차는 보다 많은 스테이션에서 쓰레기를 수집할 수가 있고, 이것이 실행된다면 이 장에서 계산했던 것처럼 분별수집에 의한 수집비용 총액의 증가는 그렇게 큰 것은 아니다. 실제로는 이것은 일어나지 않는다. 또는 일어나지 않기 때문에 총수집 비용이 증가하고 있다고 생각되어진다. PET병은 부피가 커진다 해도 쓰레기의 일부에 지나지 않기 때문에 규모가 작은 자치단체에서는 감소량에 맞춘 수집계획의 변경이 어렵다. 수집차 2대를 가진 자치단체에서 쓰레기양이 10% 줄어들어도 1대를 삭감할 수는 없는 일이다. 물론 수집빈도를 달리 하거나, 광역에서 공공 수집을 하는 식으로 합리화할 수 있다.

이 분석에서 장기적으로는 수집작업 합리화가 가능하다고 생각했다.
처리비용은 리사이클, 매립 모두 큰 부분을 차지하고 있으나 크기 자체는 거의 같다. 매립 처리는 파쇄를 대상으로 하고 있기 때문에 기술적으로 완성도가 높고, 비용의 폭은 상대적으로 좁다고 생각된다. 리사이클 처리는 자치단체에서 소위 말하는 전처리, 구체적으로는 회수되어 온 PET병을 품질기준을 만족시키기 위해 또다시 선별하는 공정의 비용이다. 이 비용은 품질기준 그 자체에 의존할 뿐만 아니라 주민의 분별 정확도에도 크게 의존한다. 이런 의미로 기술적으로 정해지는 파쇄비용보다는 폭넓게 생각해야 할 값일 것이다.

매립비용은 비용 중에서도 가장 근거가 빈약하고 지역 사정에 따라 큰 차이가 있는 값일 것이다. 시험적으로 매립비용 이외의 비용 합계의 차이는 3885엔/1000개이고, 고형폐기물 발생량의 차이는 46.8 kg/1000개이므로, 이 계산의 전제조건에서는 매립비용이 8.3만엔/톤 정도이고 양 케이스의 합계 비용은 같아진다. 이 8.3만엔/톤 수치 자체도 여기서 기술했던 것처럼 다른 조건에 따라 상당히 바뀔 수 있는 값이라는 점과 수집, 처리 등에서 리사이클 프로그램의 개선이 이루어져 경비삭감을 추진하면, 양쪽 케이스의 합계 비용이 동등해지고 매립처분 요금은 더욱더 낮아질 것이다.

리사이클 위탁비용은 PET병에 관해서는 해마다 저하되고 있으며, 1997

년도의 102엔/kg에서 비교하면 약 40% 정도로 저하하고 있다. 특히 최근에는 점점 더 저하하고 있어, 2004년도의 입찰가격은 50엔/kg을 밑돌 것이라고 한다. 그 원인은 양이 증가해서 대규모 시설이 가동되고 있는 점, 화학적으로 분해하는 프로세스와 같은 대규모의 신규기술이 도입되고 있기 때문이다. 환경오염의 외부비용은 리사이클케이스는 플레이크 제조공정이 큰 부분을 차지하고 있어, 이 점이 개선 포인트이다. 매립케이스에서는 섬유용 PET페렛 제조 프로세스가 큰 부분을 차지하고 있기 때문에 데이터 자체의 차이는 작고 그다지 개선의 여지가 없을 것이다.

수집비용의 대부분은 인건비가 차지하고 있다. 여기 계산에서는 자치단체가 직영해서 수집하는 것을 염두에 두고 계산했으나 민간 사업자에 위탁하면 큰 폭으로 비용을 삭감할 수도 있을 것이다.

비용의 많은 부분을 차지하는 자치단체에 의한 수집, 전처리, 신규 매립처분지의 확보비용이 불투명해서, 개선의 여지가 크기 때문에 표 11-12에 나와 있는 숫자의 신뢰성이 높다고는 말할 수 없다.

(b) 고려하지 않았던 요인

이 예제에서 고려한 환경영향은 오히려 극히 일부에 한정되어 있어, 그 밖에 중요한 환경영향이 있고 불충분한 가능성이 있다. 특히 자원의 소비를 고려하지 않은 점이 문제일지도 모른다. 자원, 특히 이 예제의 경우에는 화석연료 자원(석유 등)이 완전히 경쟁적인 시장에서 거래되고 있을 때는 다량으로 소비해서 자원량이 줄어들면 가격이 올라가고, 소비도 그것에 따라 줄어든다고 생각하고 있다. 규제가 없는 거래이므로 외부비용으로 고려할 필요는 없지만 현실에서는 에너지 안전보장의 의미에서 고액의 보조금이 투입되므로, 이 가정은 엄밀히는 성립하지 않는다. 이 점은 향후의 검토과제일 것이다.

다른 요인으로써 신뢰성 면에서 설명했던 점과 관련이 있지만 이 분석은 개선의 가능성을 고려하지 않았다. 리사이클시스템은 사회시스템이므로 자치단체에 의한 수집을 데포지트시스템으로 바꾸거나, 주민에 편리성이 높은 지참 장소(현재의 상설집단 회수장소와 같은 설비)를 도입하거나 하면, 비용구조는 아주 달라질 가능성까지도 있다. 실제로 해외에서는 그와 같은 예도 있다.

또한 리사이클을 통해서 시회참가가 촉진되어, 커뮤니티 활동이 활발해질 것을 기대하는 의견도 있지만 그와 같은 측면은 고려하지 않았다.

(c) 비용이 높으니까 중지하자는 결론은 옳은가

먼저 이 예제는, 특정 케이스의 분석은 목적이 아니고 방법을 공부하는 것에 목적이었기 때문에, 가상적인 조건을 설정해서 계산하고 있다. 그런 의미에서 정량적으로는 이 결론이 딱 맞아 떨어지는 도시는 없다.

또한 이 장의 예제의 결과는 신뢰성, 생각하지 못했던 요인에서 기술했던 것처럼 많은 규제조건이 있다. 특히 신규 처분장을 확보하는 비용과 같이 불확실한 비용을 포함하고, 동시에 확실하게 개선 가능성이 있는 부분을 그대로 두어서, 현재의 비용추계 결과가 높기 때문에 리사이클을 중지해야만 한다고 결론내리는 것은 논리적이지 않다. 오히려 비용이 높음에도 불구하고 리사이클을 수행하는 이유에 눈을 돌려야 한다. 실제로는 이 계산에서 비용으로 고려하지 않았던 요인이 큰 영향을 가지고 있을지도 모른다. 이와 같은 비용의 예로는 신규매립지를 입지시키기 위한 주변 주민 등 관계자의 합의를 이끌어내는데 들어가는 비용을 들 수 있다.

이 계산 결과를 가지고 PET병의 머테리얼 사이클을 그만두고 매립해야 한다고 결론을 내리는 것은 너무 성급한 생각이다.

11-4 더 공부해야 할 과제

본 장에서 설명했던 예를 토대로 리사이클 평가에 대해서 더 깊게 이해하기 위해 정리한 것을 연습의 형태로 열거해 보겠다.

- 이 분석모델에서는 사회적 비용의 대소는 매립비용과 리사이클협회 위탁비용으로 결정된다. 다른 조건이 일정할 때에 리사이클케이스와 매립케이스의 사회적비용이 같아지는 조건을 구한다.
- 위에서 구한 조건을 그래프에 나타내고 기울기와 절편이 어떤 것에 의해서 정해지는가를 고찰한다.
- 소각하는 경우와 비교하기 위해서는 어떻게 해야 좋은가. 프로(flow)와 시스템경계를 표시한다.
- PET병 이외의 용기포장 리사이클의 평가는 어떻게 하면 좋은가.
- 리터너블시스템을 평가하려면 어떻게 하면 좋을까, 프로(flow)와 시스템경계를 나타내 보아라.

  마지막으로 다음과 같은 문제는 어떻게 생각해야 할까, 부디 많이 논의해주길 바란다.
- 머테리얼 리사이클을 중지할지 말지는 어떻게 결정하면 좋을까
- 폐가전제품이나 수명이 10년 이상 된 자동차 등은 국내에서 리사이클되기도 하지만, 상당한 양이 수출되고 있다. 수출된 곳에서 수명이 다 됐을 때 사용된 후 폐기되지만, 이 때 환경에 큰 영향을 끼칠 수 있다. 국내에서는 이 문제를 해결하기 위해서 용기포장과 마찬가지로 제조자에게 쓰레기처리의 책임을 지도록 하는 방법(EPR: Extended Producer Responsibility: 확대 제조자 책임)에 따라 리사이클시스템이 법적으로 정비되어 있다. 국내에서 EPR을 철저히 하면 해외 소비자 또는 해외의 재생품 유통사업자의 편익은 줄어들게 되는데 이 문제는 어떤 식으로 해결하면 좋은가.

[참고문헌]

(1) 文京区(1999), モノ・プラン2000文京実態調査報告書, 文京区資源環境部リサイクル・清掃対策室.

(2) 財団法人政策科学研究所(2003), 平成13年度容器包装ライフサイクル・アセスメントに関わる調査事業報告書――飲料容器を対象としたLCA基礎調査――, 財団法人政策科学研究所.

(3) Ishikawa(1996), A Logistics Model for Post-Consumer Waste Recycling, Journal of Packaging Science and Technology, Japan, Vol. 5, No. 2, 119-130

(4) PETボトル協議会(2000), PETボトルのLCIデータ調査報告書, PETボトル協議会.

(5) プラスチック処理促進協会(2001), プラスチック廃棄物の処理・処分に関するLCA調査報告書, 社団法人プラスチック処理促進協会.

(6) 名古屋市環境局(2002), 名古屋市環境局事業概要, 名古屋市環境局.

(7) 岡敏弘 et. al.(2002), 環境影響物質の限界削減費用を用いた環境配慮商品の社会的効果の測定, 岡敏弘, 藤井美文, 石川雅紀, 須佐美周, 加藤悟, 松野裕, 平成14年度環境経済政策学会講演予稿集および, Discussion paper.

제12장 리스크를 비교하자

12-1 각종 리스크

지금까지 몇 가지 리스크 계산법에 대해 설명해왔다. 일상적으로 보이는 리스크까지 포함해서, 서로 다른 종류의 리스크를 비교하는 방법에도 도전했으면 한다. 단, 이 과제는 너무 어렵고, 방법도 아직 완성되어 있지 않기 때문에 후반부는 연습이라기보다는 해설에 가까운 내용이 되리라는 점 미리 양해를 구하고 싶다.

(1) 먼저, 사망률 통계에서 여러 가지 일들의 사망리스크를 조사해 보자.
(2) 일본인이 받고 있는 화학물질 리스크의 크기를 산출해서 순위를 정해 보자.
(3) 자연의 리스크와 인공 화학물질의 리스크를 비교해 보자.
(4) 환경정책과 의료정책 중에 어느 것이 인간의 건강리스크를 효율 좋게 삭감해줄 수 있는지 비교해 보자.
(5) 생태리스크와 에너지 소비와의 비교는 가능한 것일까?

12-2 사망통계에서

(a) 죽음을 엔드포인트로 한 리스크 평가

사망률은 리스크의 의미를 생각할 때에 가장 기본적인 데이터이다. 왜냐하면 이것은 죽음을 엔드포인트로 한 확률, 즉, 리스크이기 때문이다.

표 12-1에 「일본에서의 사망률」 통계를 나타냈다[1]. 사인 중에서 질병으로는 사망률 최고치가 악성 신생물(암)으로 10만명당 240명(매년: 이하이 각주를 생략한다), 이어서 심장질환이 10만분의 120, 뇌혈관질환이 10만분의 100, 폐렴, 노쇠, 신부전, 간질환, 당뇨병, 고혈압성 질환, 천식으로 이어진다. 여기서 사망률이란 그 해에 어느 요인으로의 사망자수를

표 12-1. 일본에서의 사망률

분류	사망요인	통계를 낸 연도	사망률(10만명당)
병	암(악성 신생물)	2000	240
	심질환(고혈압을 빼고)	2000	120
	뇌혈관질환	2000	100
	폐렴	2000	68
	자살	2000	23
자연	노쇠	2000	18
노동재해	광업	1999	240
	임업	1999	79
	어업	1999	40
	건설업	1999	17
사고	생각하지도 못한 사고	2000	31
	교통사고 (사고후 24시간 이내 사망)	2000	7.1

그해의 총 인구수로 나눈 수치이다. 10만명 중 100명보다 큰 사망률인 질병은 앞에서 열거한 것 중에 위에서 세 가지이다. 사망률은 우리들이 산출하는 리스크와 비교하기 위한 기본적 데이터이지만, 예측으로서의 리스크 크기는 일반적으로는 "안전측 추정"이라는 입장에서 다소 크게 추정된 값이 많기 때문에 현실의 사망률과 비교할 때는 주의가 필요하다.

표 12-1로 돌아가서, 노동재해에 의한 사망률이 상당히 높은 것이 눈에 띈다. 1999년 광업의 사망률은 암으로 인한 사망률과 같다. 이것은 연변동이 큰데, 1998년에는 약 4분의 1이었다. 광업보다는 조금 작지만, 임업, 어업 등에서의 재해 사망률도 높다.

그 뒤를 이어서, 불의의 사고가 10만명 중에 31명이었다. 불의의 사고에는 교통사고, 낙상·추락, 물에 빠짐, 화재, 질식, 중독 등이 포함된다. 그 중에서 가장 큰 것은 교통사고로 사고 후 24시간 이내에 사망한 수에 기초한 사망률은 1999년도가 10만명 중 8.2명, 2000년도가 7.1명이다. 화재나 화염에 의한 사망률은 2000년도에 10만명 중 1.1명이지만, 일본에서의 수치는 다른 국가에 비교하면 높다.

(b) 손실여명

이와 같은 사망률로 리스크 크기를 재는 것은 알기는 쉽지만, 사망률이 정말로 리스크 크기를 나타내고 있는 것일까 하는 의문도 있다. 왜냐하면 모든 사람의 사망률은 오랜 시간을 측정하면 100%가 되고, 아무것도 안 했는데도 사람은 죽기 때문이다. 다시 말해, 빨리 죽는 일이야말로 리스크 일 것이다. 그러한 일이 없다면 끝까지 다한 수명이 어느 정도로 짧아졌는가, 그것이 보다 더 현실상태를 표현한 리스크의 척도로 생각해도 좋다. 그것을 손실여명이라 한다.

후생노동성의 「일본인의 평균여명」이라는 사이트에는 남녀별로 연령당 평균여명의 수치가 게재되어 있다[2]. 예를 들면 2000년에 0세아의 남자

평균여명은 77.72년, 여성은 84.6년, 40세에서는 남성은 39.13년이고, 여성은 45.52년이다. 특정 원인에 의한 (어느 연령에서의 사망수) × (그 연령에서의 평균여명)을 모든 연령에 대해서 합산해 가면, 그 원인에 의한 모든 손실여명(연)을 얻을 수 있다.

후생노동성의 위의 사이트에는「특정 사인을 제거한 경우의 평균여명의 연장」이라는 데이터가 있다. 2000년도의 데이터에는「암」이 없다고 한 경우의 평균여명의 연장은 0세 남자에서 4.08년, 0세 여자에서 3.03년, 교통사고는 0.34년, 0.13년으로 되어 있다. 이 수치가 크면 클수록 수명에 미치는 영향이 커서 리스크가 높다는 것이 된다. 0세 남자의 경우, 암에 대해서 교통사고의 영향은 12분의 1이다. 정확한 숫자는 아니나 남성의 약 3분의 1이 암으로 사망한다고 하면 4.08년에 3배가 되어 약 12년이 암의 1 사망에 의한 손실여명이라는 것이 된다. 다음 절 항(b)에서 소개되어 있는 복잡한 계산의 결과로 얻어진 12.6년이라는 손실여명과 아주 근접한 수치인 것이 재미있다.

12-3 화학물질에 의한 리스크 순위

(a) 다른 종의 리스크를 비교한다

가모마사시 외(1995)는 이 손실여명이라는 척도를 이용해서, 다양한 화학물질의 노출에 의한 리스크를 비교하는 방법을 제안했다[3]. 먼저 서로 다른 종의 엔드포인트의 건강리스크를 확률로 평가해서, 그 엔드포인트 현상이 1회 일어나는데 따른 손실여명을 구해서, 여기에 확률로 표현된 리스크를 곱함으로써 리스크를 구하는 방법이다. 그들은 12종의 화학물질에 대해서 일본인이 받고 있는 리스크 크기를 산출해서 순위그래프를 만들었다[4]. 여기서는 디젤 배기가스와 흡연리스크를 추가해서 14종의 물질에 대한 리스크의 순위를 나타냈다(그림 12-1).

여기서 흡연에 의한 리스크는 흡연자의 평균 리스크, 즉, 총 리스크를 흡연자수로 나눈 수치, 간접흡연에 의한 리스크도, 간접흡연의 영향을 받는 사람 수(전인구의 35%)로 나눈 수치이다. 또한 흰개미 방제제의 클로로피리호스에 의한 리스크는 클로로피리호스 처리가 된 집에 사는 사람 1인당 평균 리스크의 크기이다. 그 외 11개 화학물질에 의한 리스크는 일본인이 받는 리스크의 총합을 총인구로 나눈 수치이다. 리스크 크기는 손실여명(일)의 척도로 평가되었다.

여기서 비교되고 있는 리스크는 많은 부분이 발암리스크이지만, 그 외에 신경영향이나 신장장해에 대한 영향도 포함되어 있다. 일반적으로 리스크 평가에서는 서로 다른 종의 영향(엔드포인트)을 이와 같이 하나의

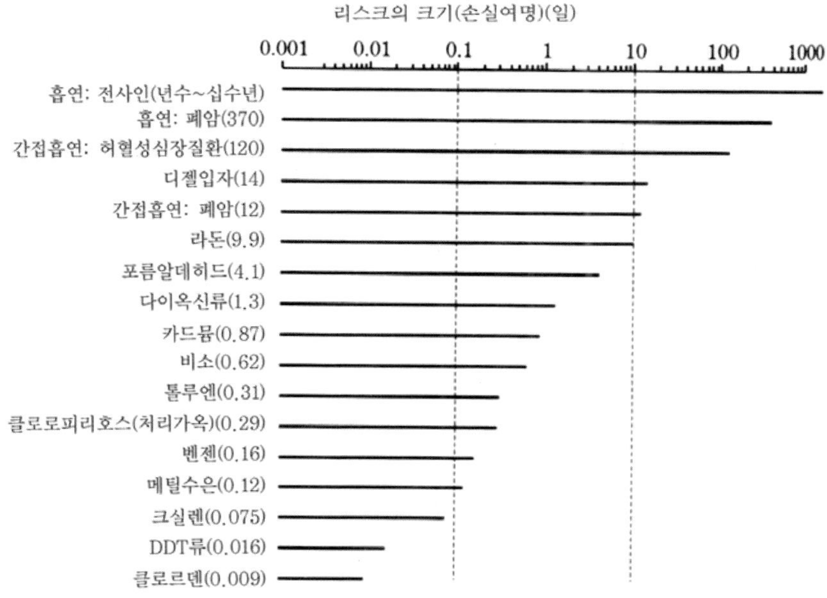

그림 12-1. 일본의 화학물질의 리스크 순위

축상에서 비교하는 것은 불가능하다. 그런데 그것을 비교할 수 있도록 해 준 사람이 가모 등의 연구성과이다. 일반적인 방법으로 서로 다른 종의 영향에 따른 리스크 크기를 비교할 수 없는 것은 두 가지 이유 때문이다. 한 가지는 발암리스크의 0.1과 신경장해 리스크 0.1중, 어느 쪽이 어느 정도로 큰 리스크인가를 비교할 수 없기 때문이다. 또 다른 한 가지는 발암리스크는 확률로 표현되고 있으나 암 이외의 리스크는 위험비(=(노출량) / (허용량))가 1보다 크면 「리스크 있음」, 1보다 작으면 「리스크 없음」이라는 형태로 밖에 표현되지 않기 때문이다.

그들은 암을 포함한 다양한 엔드포인트 영향의 크기(심각도)를, 1 영향당 손실여명으로 평가해서 비교할 수 있도록 했다. 그리고 일본에서 암에 의한 1 사강의 손실여명은 12.6년이라고 산출했다.

암 이외의 영향에 관한 리스크를 위험비가 아닌 확률로 평가했다. "역치 있는 모델'의 경우도, 리스크를 확률로 평가하는 방법에 대해서는 이미 4장과 5장에 설명했지만, 그 방법을 사용함으로써 서로 다른 종의 리스크를 비교할 수 있게 하였다.

(b) 벤젠에 의한 리스크

1997년 후생성의 조사 결과를 가지고 벤젠의 개인노출량은 대수정규분포라는 가정 하에서 해석하면, 그 중앙치(기하평균치)는 3.3 $\mu g/m^3$이고, 그 기하표준편차는 3.37이라고 추정되었다. 또한 벤젠에 의한 발암성의 대기 유닛리스크 값으로 제1장 BOX 2에 표시했던 중앙치 $5 \times 10^{-6}/(\mu g/m^3)$을 이용하면, 노출량의 중앙치에 대응하는 생애 발암리스크는 1.65×10^{-5}(= $3.3 \times 5 \times 10^{-6}$)이 된다.

대수정규분포의 경우, 이 집단의 산술평균치는 기하평균치의 2.1배가 되므로(이하의 식 참고), 이 집단의 인구가중 평균치는 3.5×10^{-5}가 된다.

$$\frac{\text{산술평균치}}{\text{기하평균치}} = \exp\left\{\frac{1}{2}(\ln(\text{기하표준편차}))^2\right\} = 2.1$$

이것을 손실여명으로 표현하면 암에 의한 1 사망의 손실여명은 12.6년이기 때문에 0.16일(= $3.5 \times 10^{-5} \times 12.6 \times 365$ = 0.16일)이 된다. 이 수치를 그림 12-1에 나타냈는데, 이 그림의 가로축은 손실여명(일)의 대수이나, 벤젠의 리스크는 상당히 낮은 편이다.

(c) 클로로피리호스에 의한 리스크

(1) 개인차의 합성

클로로피리호스는 농약의 일종이나, 일본에서는 농약용으로 보다 목재의 흰개미 방제제로 사용하여 왔다. 클로로피리호스의 발암성은 확인되고 있지 않으나 코린에스테라제 활성을 낮춰 신경계에 영향을 끼치는 유기인제 특유의 유해성이 있다고 알려져 있다. 벤젠에 의한 발암의 경우는 직선적인 용량반응 관계를 가정하고 있기 때문에, 노출량에 유닛리스크치를 곱하면 발암리스크를 구할 수 있었으나, 클로로피리호스에 의한 신경증상 경우에는 역치가 존재하고, 뿐만 아니라 역치를 넘으면 노출량의 증가와 더불어 증상이 심해지므로 아주 복잡해진다. 이러한 경우의 리스크는 어떻게 계산할 수 있을까를 생각해 보자. 다음의 계산에서 사용되는 수치의 근거는 가모 등(1995)[3)]에 의해 기술되었다.

1990년대 초기의 일본에서 이루어진 조사에서 흰개미 방제처리를 한 가옥 내의 클로로피리호스 농도는 대수정규분포로 중앙치는 0.15 $\mu g/m^3$, 기하표준편차는 3.8로 정리할 수 있다.

클로로피리호스의 체내에서의 대사속도는 빠르므로 대사산물인 TCP (3,5,9-trichloro-2-pyridinol)로 체내에 존재한다고 하고, 그 체내 부하량을 원컴파트먼트 모델을 이용해서 계산하면 TCP의 체내 부하량의 중앙치는

0.02920 ㎍/kg bw(bw는 체중)이 된다. 노출량의 기하표준편차는 3.8이지만, 사람의 약물 대사능의 개인차는 일반적으로 대수정규분포를 이루고 있어, 그 기하표준편차는 1.4라고 Masuyama(1977)[5)]는 보고하고 있다. 이것을 이용해서 두 개의 분포를 합쳤다. 노출량의 기하표준편차(*Ge*)와 대사능의 기하표준편차(*Gm*)가 각각 독립적이라고 가정하면, 다음과 같은 식으로 통일할 수 있다.

$$(\ln G)^2 = (\ln Ge)^2 + (\ln Gm)^2 \tag{12.1}$$

식(12.1)에 따라서, TCP 체내 부하량의 개인차는 기하표준편차 4.0으로 분포하게 된다. 약물 대사능의 개인차는 체내 반감기의 개인차로 바꿔 말할 수도 있다.

이어서, 개인의 감수성 분포를 고려하지 않으면 안 된다. 이 기하표준편차를 다른 사례에서 2.7로 했다. 원래는 TCP의 체내농도 분포의 기하표준편차는 4.0이고, 체내농도에 대한 감수성 분포의 기하표준편차가 2.7이나, 계산을 간단하게 하기 위해서 2.7의 기하표준편차로, 그리고 TCP가 격차가 있는 것으로 계산했다(계산결과는 같으나, 그렇게 생각하면 계산이 편하다). 그 같은 경우의 TCP 체내부하량은 평균치 0.0292 ㎍/kg로, 기하표준편차는 5.46이 된다. 이 경우도,

$$(\ln G)^2 = (\ln 3.8)^2 + (\ln 1.4)^2 + (\ln 2.7)^2$$

로 계산할 수 있다.

(2) 용량반응 관계

TCP의 체내 부하량(*C*, mg/kg)과 코린에스테라제 활성 잔존율(*V*)과의 사이에는 이하의 관계가 얻어진다.

$$V = \frac{1}{1 + 0.0927 \times C^{1.06}} \times 100 \tag{12.2}$$

또한, 코린에스테라제 활성잔존율과 코넬메디칼인덱스(CMI) 점수와의 사이에는 의사의 문진 등으로부터 식(12.3)의 관계가 얻어졌다. CMI는 200 항목에서 나온 문진표로 해당하는 항목 수가 CMI 점수이다. 유기인 중독의 비교적 가벼운 증상은 CMI에 들어 있는 항목에 해당한다고 생각했다.

CMI 점수 = -1.43V + 71.6 (12.3)

단, V 〉 50%의 경우에는 점수가 제로이다.

이 관계는 아주 적은 증상의 예로 얻어진 것으로 만약 이것을 엄밀한 의미로 사용하는 경우라면 또 다시 조사하기를 바란다.

또한, Louge et al.(1986)[6]는 제지공장에서 근무하는 노동자에 대해서 24시간 추적조사를 행하여, CMI 점수와 사망률과의 관계를 얻고 있기 때문에 그것을 이용해서 CMI 점수를 손실여명과 관계지었다. CMI 점수가 낮은 범위에서 그것은 다음과 같은 관계식이 된다.

LLE(손실여명) = CMI × 49.3(일) (12.4)

(3) 분포의 생각과 리스크

이것으로 모든 도구가 갖추어졌다. 일본에서 클로로피리호스에 의한 흰개미 방제 처리된 주택 거주자의 리스크를 계산해 보자.

먼저 평균적인 사람의 경우의 리스크를 계산해 보자. TCP의 체내부하량 중앙치는 0.0292 ㎍/kg bw이므로, *V*는 한없이 100%에 근사해 가서, 코린에스테라제 활성장해는 거의 보이지 않는다. 그러나 노출이나 대사능, 감수성에 개인차가 있고 격차가 생기기 때문에, 그 말단에서는, 코린에스테라제 활성이 50% 이하인 사람도 나오고, 이 부분이 집단리스크를 구성한다.

대수정규분포 누적밀도관수(EXCEL이면, LOGNORMDIST)에서 평균치로써 -3.5339(0.0292의 자연대수)를 표준편차에 1.6974(5.46의 자연대수치)를 입력해서, 9.43 이상의 *C*의 값에 대해서 누적밀도를 계산한다. 9.43 이하 *C*에 대해서는 CMI 점수가 제로로 리스크도 제로다.

표 12-2에 계산과정의 표를 나타냈다. A열째는 TCP의 체내 부하량(*C*, μg/kg), B열째는 그 체내 부하량의 인구에 대한 누적확률밀도이다. C열째에 *C*(체내부하량)의 값의 구간중앙치, D열째에 그들 구간의 인구비율을 나타냈다. E열째에서는 구간 평균치의 *C*에 대한 코린에스테라제 잔존율(*V*), F열째에는 CMI 점수, G열째에 손실여명, H열째에 손실여명(G열째의 수치)과 인구비율(D열째의 수치)과의 곱을 나타냈다. 이것을 *C*의 상당히 큰 범위까지 더한 값이 그 인구 집단의 리스크가 된다. 여기서 얻어진 값

표 12-2. 클로로피리호스에 의한 리스크 계산

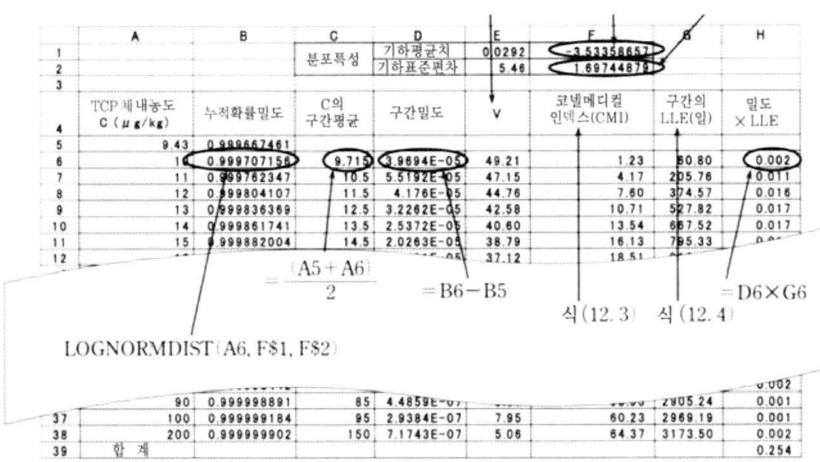

	A	B	C	D	E	F	G	H
1			분포특성	기하평균치	0.0292	-3.53358657		
2				기하표준편차	5.46	1.69744879		
3								
4	TCP 체내농도 C (μg/kg)	누적확률밀도	C의 구간평균	구간밀도	V	코넬메디컬 인덱스(CMI)	구간의 LLE(일)	밀도 ×LLE
5	9.43	0.999667461						
6	10	0.999707156	9.715	3.9694E-05	49.21	1.23	60.80	0.002
7	11	0.999762347	10.5	5.5192E-05	47.15	4.17	205.76	0.011
8	12	0.999804107	11.5	4.176E-05	44.76	7.60	374.57	0.016
9	13	0.999836369	12.5	3.2262E-05	42.58	10.71	527.82	0.017
10	14	0.999861741	13.5	2.5372E-05	40.60	13.54	667.52	0.017
11	15	0.999882004	14.5	2.0263E-05	38.79	16.13	795.33	[illegible]
12	[illegible]	[illegible]	[illegible]	[illegible]E-05	37.12	18.51	[illegible]	[illegible]
								0.002
	90	0.999998891	85	4.4859E-07	[illegible]	[illegible]	2905.24	0.001
37	100	0.999999184	95	2.9384E-07	7.95	60.23	2969.19	0.001
38	200	0.999999902	150	7.1743E-07	5.06	64.37	3173.50	0.002
39	합 계							0.254

은 0.25일이다.

이 계산대로라면 클로로피리호스에 의한 리스크는 99.96%의 사람에겐 영향이 없으나 나머지 0.04%에 영향이 있다는 뜻이 된다. 0.04%의 사람은 노출량이 높고, 체내에서의 대사능이 낮아, 감수성이 높은 등의 이유가 겹친 사람이라고 말할 수 있겠다. 그림 12-1에서의 결과는 0.29일로 되어 있다. 마지막의 값이 다소 다르지만 가모 등(2003)의 계산에서는 손실여명의 값을, 다른 방법으로 구한 것과 관계가 있는 것 같다. 표 12-2의 계산에서는 TCP 체내농도의 구간 구분 방법에 특별한 배려는 하고 있지 않으나 독자가 스스로 계산해 볼 때에는 좀 더 궁리해 보아도 좋을 것 같다. 이 구분법은 계산결과에 다소 영향을 줄 수 있기 때문이다.

12-4 기타 리스크

(a) 자연방사능에 의한 리스크

그림 12-1의 리스크 순위에서 가장 높은 것은 흡연, 다음이 디젤 배기가스이고, 그 다음이 라돈이다. 라돈은 토양에 함유된 방사성 핵종의 붕괴 과정에서 생성되어 대기 중으로 날아간다. 라돈은 반감기 3.7일로 붕괴되어 가지만, 붕괴 생성물(딸핵종)에도 방사성이 있는 원소가 있어, 그들 영향까지 통합해서 라돈 농도로 리스크를 평가하고 있다. 외기 보다는 실내에서의 농도가 높아, 실내에서 흡입에 의한 폐의 피폭이 가장 큰 노출경로이다.

일본에서 라돈의 실내농도 산술평균치는 15.5 Bq/m^{3}이라고 보고되고 있는데[7)], 그림 12-1의 계산에서도 이 값이 사용되고 있다(Bq는 베크렐의 약호). 자연방사능・자연방사선으로부터의 전 피폭량의 거의 절반 정도가 라돈에 의한 것이다. 일본은 세계 평균의 절반 이하로 미국의 평균 1/3~1/4이다. 라돈 가스의 실내 유입경로에 대해서 미국에서 조사된 케이스에서는 토양가스의 직접 확산과 건축 재료로부터의 확산 기여가 크고, 토양가스의 수송과 지하수로부터의 방산은 비교적 적었다. 일본에 있어서 평균적인 라돈 레벨에 의한 폐암리스크는 10^{-3}의 발암리스크(손실여명에서 4.6일)보다 크고, 10^{-2}(손실여명에서 46일)보다는 적다.

우리들은 거개의 물질에 의한 10^{-5}～10^{-6}의 생애 발암리스크 레벨을 거의 수용할 수 있다고 생각하게 되었다. 일본에서는 그러한 것에 대해서 충분한 논의가 이루어지지 않았으나, 국제기관 등의 의향을 받아들여 그러한 분위기가 조성되고 있다. 이 종의 합의는 기본적으로 미국에서의 장기간의 논의, 특히 행정에 의한 결정과 법정에의 논쟁과 재판으로 조금씩 형성된 것이다.

원자력 시설의 가동으로 동반되는 방사선 허용선량을 논의하기 시작했을 때, 대부분의 사람들은 자연방사선에 의한 리스크 레벨을 허용 레벨로 생각하면 된다고 했다[8]. 그래서 미국의 자연방사선에 의한 피폭 레벨이 조사되었다. 그 평균치는 56 미리렘/년으로, 그것에 따른 생애 발암리스크는 4.2×10^{-4}로 계산되었다. 그런데 그것은 당초의 예측보다 상당히 큰 것이었다(이 수치는 당시의 계산치).

다음으로는 자연방사선의 지역차야말로 허용 레벨이 되지 않을까 하는 생각들이 나왔다. 왜냐하면, 이 지역이 자연방사선에 의한 리스크가 크기 때문에 살지 않겠다는 사람이 거의 없다는 것은 그 차이를 수용하고 있다고 생각했던 것이다. 주(州) 마다의 평균치를 그림에 나타냈을 때의 표준편차는 9～20미리렘/년이었다. 가장 작은 수치를 내봐도 그것에 의한 생애 발암리스크는 7.0×10^{-5}로, 상당히 큰 수치였다. 현재 정해져 있는 인위활동에 의한 방사선량 허용치는 이 수치보다는 상당히 낮지만, 우리들이 허용 리스크 레벨을 생각한 경우, 그 출발점은 자연에 의한 리스크의 레벨인 것이다.

(b) 자연식품에 의한 리스크

자연에 의한 리스크 중에서 빼놓을 수 없는 것은 식품에 의한 리스크이다.

이것에 대해서는 캘리포니아대학 버클레이교의 불스 N. 에임스 교수가 연구하고 있다. 그는 에임스법이라는 변이원성의 간단한 시험법을 알아내서 변이원성과 발암성과는 깊은 관계가 있다는 것을 보여주었다. 이 일은 발암성 물질 탐색에 크게 공헌했다. 1970년대, 그는 환경보호주의의 영웅으로, 화학물질 트리스(Tris, 어린이용 잠옷에 사용되던 난연제) 사용을 금지하게 한 계기를 만들었다. 그 후, 자연물질에 대한 발암성시험도 이루어져, 화학물질과 자연물질의 밸런스를 강조하게 되었다. 그는 90년대에 캘리포니아에서 행하여진 화학물질에 대한 규제에 강력히 반대했다.

그는 인간이 섭취하는 농약의 99.99%는 식물로부터 얻는 자연농약이라고 주장 한다[9]. 그리고 양배추 속에 함유되어 있는 49종의 자연농약을 열거하고 있다. 식물은 도망갈 수 없기 때문에 자기 몸을 보호하기 위해서 체내에 많은 독성을 담고 있다. 벌레를 타겟으로 하고 있기 때문에 그들 대부분은 신경독이지만 발암성이나 변이원성을 가지고 있는 자연농약도 적지 않다. 에임스는 식물 속에 포함되어 있어, 농약과 유사한 작용을 하는 유해물질을 자연농약이라 부르고 있다. 1987년의 Science지에 그는 "발암성이 의심되는 물질 순위"라는 제목의 논문을 게재해, 인공 화학물질의 리스크 보다 자연농약의 리스크 쪽이 더 크다는 것을 누구나가 알 수 있게 보여주었다[10]. 표 12-3에 그 일부를 나타냈다.

$$HERP = \frac{\text{사람의 일일 섭취량}(mg/kgbw/\text{일})}{\text{실험동물의 반수 발암 일용량}(mg/kgbw/\text{일})} \times 100(\%)$$

* 유전자 손상 없음

** 자연의 물질

표 12-3. 발암 영향 순위(미국, 1980년대 후반)

발암 영향의 강도 (HERP, %)	담체의 Q일 섭취량	발암성 물질의 1일섭취량(체중70kg)	발암포텐시: 반수 발암용량 TD_{50}(mg/kg)	
			Rat	Mouse
0.001*	음료수, 1 L	클로로포름, 83 μg (전 미국평균)	(119)	90
0.004*	샘물, 1 L(실리콘벨리에서 최악)	트리클로로에틸렌, 2800 μg	(－)	941
0.008*	풀장에서 수영, 1시간(어린이)	클로로포름, 250 μg(평균)	(119)	90
0.6	일반가정(14시간/일)	포름알데히드 598 μg	1.5	(44)
0.004		벤젠 155 μg	(157)	53
2.1	모빌홈(14시간)	포름알데히드 2.2 mg	1.5	(44)
0.0002*	일상식	PCBs, 0.2 μg(전미국평균)	1.7	(9.6)
0.0003*	일상식	DDE, 2.2 μg(전미국평균)	(－)	13
0.0004*	일상식(곡류와 곡류제품)	EDB, 0.42 μg(전미국평균)	1.5	(5.1)
0.003**	베이컨(조리된 것, 100 g)	디메틸니트로소아민 0.3 μg	0.2	0.2
0.006**		디에틸니트로소아민 0.1 μg	0.02	(＋)
0.03**	콘후리허브차, 1컵	신후틴, 38 μg	1.9	(?)
0.03**	피너츠버터(32 g)	아후라톡신, 64 ng	0.003	(＋)
0.07**	브라운마스타드(5 g)	아리르이소티오시아네이트, 4.6 mg	96	(－)
0.1**	바질([illegible] g의 건조 잎)	에스트라골, 3.8 mg	(?)	52
0.1**	버섯, 생것 1개(15 g) (아가리구스비스포라스)	히드라딘의 혼합물	(?)	20,300
2.8*,**	맥주(354 mL)	에틸알코올, 18 mL	9110	(?)
4.7*,**	와인(250 mL)	에틸알코올, 30 mL	9110	(?)
6.2*,**	콘프리・펩신정제(매일 9정)	콘프리의 뿌리, 2700 mg	626	(?)
16*	페노바르비타아르 (알약으로 된 수면약)	페노바르비타아르, 60 mg	(＋)	5.5
5.8	포름알데히드: 노동성의 일평균섭취량	포름알데히드, 6.1 mg	1.5	(44)
140	EDB: 노동성의 일평균섭취량 (고노출)	EDB, 150 mg	1.5	(5.1)

그들은 발암성 위험도 지표라고도 할 수 있는 HERP(Human Exposure/Rodent Potency Index)를 정의했다. HERP(%)의 자세한 설명은 나중에 하겠으나, 그 값이 클수록 발암 영향이 크다. 예를 들면 실리콘밸리에서 트리클로로에틸렌에 의한 지하수 오염으로 우물이 사용정지 되었다. 이것은 최악의 경우였으나, HERP의 수치는 0.004로 작다. 또한 PCB, DDT(DDE), 이취화에틸렌(EDB, 정확하게는 이취화메탄) 등은 농약이나, 그 HERP는 0.0002~0.0004로 한자리 수가 더 적다. EDB는 곡류의 살균제로 사용되고 있으나 발암성이 있다는 이유로 1984년에 사용이 금지되었다. 이 값은 사용금지가 되기 직전의 값이다.

땅콩버터의 HERP 값은 0.03이나 이것은 곡류에 붙는 아프라톡신이라는 곰팡이균이 만들어내는 독물에 의한 것이다. 컨프리허브차(0.03), 브라운머스타드(0.07), 버섯(0.1) 등은 식물에 함유되어 있는 성분 그 자체에 의한 리스크이다. 이미 잘 알려져 있는데 에틸알콜(술)에 의한 HERP도 상당히 크다. 페노발비탈은 수면제, 마지막 두 개는 직장에서의 노출에 의한 HERP이다.

또한 실내공기 중의 포름알데히드에 의한 HERP는 0.6보다 크다. 이것은 실내농도 51 μg/m^3에 해당한다.

그러면 이것은 어떻게 계산된 것일까?

HERP는 사람의 체중당 일일섭취량(mg/kg)을 생쥐의 TD_{50}치(mg/kg)(반수가 암이 되는 용량)로 나눈 수치에 100%를 곱한 값이다. 즉, 100%란 사람의 체중당의 섭취량이 생쥐의 TD_{50}치와 같다는 것을 의미한다. 생쥐의 TD_{50}치는 표 12-3의 마지막 란에 표시했다. HERP의 계산에서는 두 개의 값 중 보다 작은 값이 사용되었다. 사용되지 않은 쪽의 값은 ( )에 집어넣었다.

땅콩버터를 예로 해서 계산해 보자. 땅콩버터 중에 아프라톡신의 농도가 전 미국 평균으로 2 ng/g, 1인 1일당 평균 약 32 g의 땅콩버터를 먹기 때문에 아프라톡신 섭취량은 64 ng이 된다. 체중 당으로 환산하면 $64 \times 10^{-6} / 70$ (mg/kg)이 되고, 생쥐의 TD_{50}(0.003 mg/kg)에 대한 비율이 0.03%가 된다. 이것이 HERP의 수치이다.

그러면 왜 에임스는 리스크로서 확률로 표현하지 않는 것일까. 실은 에임스는 리스크로 계산하는 것에 반대하고 있었다. 리스크를 계산하기 위해서는 용량반응 관계가 필요하고, 발암리스크 평가의 경우에 종종 이용되는 역치 없는 모델이 옳다고도 보증할 수 없어서 그는 실험적으로 확실히 확인시켜 주는 TD_{50}치와의 비교를 통해 리스크의 크기를 간접적으로 보여주었다. 특히 에임스는 변이원성이 없는 발암성 물질(프로모터 등)에 대해서 역치 없는 모델을 사용하는 것에 강하게 반대하는데 지금은 이 주장을 미국이나 타국에서도 대부분 인정하고 있다.

표 12-3에서 HERP치의 오른쪽 위에 *를 붙인 물질은 변이원성이 없는 물질이다. 저자인 에임스는 좋아하지 않으나, 어찌되었든 발암리스크와 비교하고 싶은 독자도 있을 것이다. 미국 환경보호국의 IRIS 데이터베이스에 화학농약의 EDB에 대한 발암성 데이터가 있으니 이것을 사용해서 비교해보자. IRIS에 따르면 EDB는 생쥐에게서 발암성이 인정되었고 변이원성도 있지만, 사람에게 발암성이 있나 없나에 대해서는 불확실한 증거밖에 없다고 되어 있다. IRIS에 표시되어 있는 동물실험의 결과에서 산출된 발암 스로프 팩터 값을 이용하면, 1일 1.42 ㎍의 EDB를 일생 동안 섭취했을 경우의 생애리스크는 5.1×10^{-4}가 된다. HERP의 0.0004(%)가 생애 발암리스크의 0.0005에 해당한 것이 된다.

아울러, 국제연합식량농업기관(FAO)의 자료를 이용해서, 앞에서 언급한 땅콩버터의 아프라톡신에 의한 HERP = 0.003%의 수치는 2.2×10^{-4}의 발암리스크에 해당한다. 용량반응 관계가 달라 리스크와 HERP와는 반드시 비례하진 않으나, 대략 어느 정도인지 알 수 있을 것이다. 아프라톡신은 곡류나 견과류에는 많든 적든간에 들어있다. 자연식품에 함유된 아프라톡신의 미국에서의 허용기준치는 HERP로 0.3%이다.

인간은 오랜 기간 동안에 자연의 물질에는 익숙해져 대사할 수 있도록 되어 있다는 설명을 가끔 듣지만, 한편 그렇지 않다고 에임스는 그의 논문에서 설명하고 있다. 만약에 그렇다면, 이 정도로 많고 강한 독성물질이 자연에서 나는 식물에 함유되어 있다고 한다면, 어떻게 하면 좋을까 하고 고민하는 독자도 많을 것이다. 유해물을 포함한 야채의 대부분은 비타민C도 풍부하고 많은 항암작용을 하는 물질도 함유되어 있다. 우리들은 균형 있게 먹는 방법 밖에 없다.

앞으로의 화학물질의 리스크 관리에서는 화학물질에도 좋은 점 나쁜 점이 있기 때문에 균형 있게 이용해 가는 것이 필요하다 . 그러기 위해서는 어느 정도의 리스크가 있고 또한 어는 정도 좋은 점이 있는가를 아는 것이 출발점이다. 이 책에서는 어느 정도 좋은가를 평가해서 비교할 수 없어서 그 점이 애석한 점이다.

12-5 의료대책과 환경대책의 효율 비교

지금까지 리스크의 크기를 비교해 왔는데, 이제 리스크 삭감 대책의 효율을 비교하는 이야기로 옮겨가 보자.

하버드대학 공중위생학부 부속의 리스크해석센터는 리스크 삭감 정책의 효율평가를 20년 넘게 연구해오고 있다. 이 리스크 해석 연구센터의 공적은 의료, 교통안전, 노동환경, 주거환경, 환경을 위해 미국에서 시행된 몇 백 개의 정책과 대책의 효율을 하나의 척도로 평가해서 횡단적으로 비교한 것이다. 이 놀라운 일도 리스크 평가의 수법 개발로 가능하게 되었다.

그들은 다양한 정책목표가 사람의 목숨을 구한다는 공통의 목적을 가지고 있는 것에 착안하였다. 즉, 어느 정책이든 사람의 목숨을 위협하는 리

표 12-4. 리스크 삭감 대책의 효율평가(Tengs et al.)[11]

분야	대책	리스크삭감비용(CPLYS,$)
교통	주간의 점등	〈0
의료	어린이 면역처치	〈0
교통	안전벨트 장착 의무화	69
교통	무작위 차검사	1,500
위생	수돗물의 염소처리와 여과	4,200
교통	에어백 장착 의무화	6,700
의료	35~49세 여성을 대상으로 만모그래피와 검진(매년)	10,000
교통	정기적인 차 검사	21,000~1,300,000
유해	브레이크블록의 석면 금지	29,000
주거	4p Ci/L 이상의 주택 라돈 대책	140,000
환경	벤젠의 휘산 제어(기존)	240,000
환경	음료수 중 TCE 농도를 2.7 ㎍/L로 규제(현재 11 ㎍/L)	34,000,000
환경	절연테이프의 석면 금지	49,000,000

CPLYS = Cost per Life-year Saved, 1인년의 수명획득을 위한비용(단위는 1993년의 달러),
TCE = 트리클로로에틸렌

스크의 삭감을 목표로 하고 있다. 그렇다면 그 리스크를 같은 척도로 평가할 수 있다면, 단위 리스크 삭감을 위한 비용을 구함으로써 대책의 효율을 비교할 수가 있게 된다. 그리고 그들은 리스크를 손실여명의 단위로 평가해서, 리스크 삭감 대책의 효율을 1인년(1인이 1년 사는 것)의 여명손실을 막기 위한 비용(CPLYS: Cost per life-year saved, 1인년의 수명획득을 위한 비용이라고 바꾸어 말할 수 있다)을 가지고 비교했다.

1995년에 나온 논문은 사람의 목숨을 구하는 587 정책의 효율평가 결과이다(Tengs et al.)[11]. 그 내역은 의료 310, 주거가 30, 교통 87, 직장 36,

환경 124로 되어 있다. 그러한 CPLYS치는 실로 엄청난 격차를 보여주어, 가장 낮은 수치는 마이너스치(리스크 삭감책을 강구함으로써 오히려 이익이 생겨난다)부터, 위로는 100억 달러 이상 필요한 것까지 있었다. Tengs 등은 가장 높은 대책을 한 가지 중지해서 아직 실행되지 못한 효율 좋은 대책으로 자금을 돌려주면 훨씬 많은 생명을 구할 수 있다고 주장하고 있다.

결과 몇 가지를 선출하여 표 12-4에 나타냈다.

교통안전 대책 중에서 주간의 점등, 안전벨트 의무화, 정기 차검사 등은 상당히 효율 좋은 정책임을 알 수 있다. 또한 유방암을 위한 맘모그래피(X선 검사)도 효율적으로 되어 있다. 환경대책에서도 물론 효율적인 것도 있지만, 여기서 언급한 것은 효율이 좋지 않다. 순서는 그만두더라도 어디까지 대책을 세울 것인가 하는 의문을 가지는 독자도 있을 것이다. 그것은 리스크 매니지먼트의 재미있는 과제이기도 하나 또한 여기서는 거기까지 이야기를 다룰 수는 없으니 다른 기회를 기다려주기 바란다. 여기서는 리스크 평가를 함으로써, 이처럼 분야가 서로 다른 정책의 효율 비교가 가능할 것이라는 전망을 나타내는 것만으로 만족하고 싶다.

특히 의료와 환경 분야에서는 대책의 대상자도 다르고, 환경대책에는 인간의 생명을 구하는 것뿐만 아니라, 생물에의 영향도 없애 주는 효과도 있다. 이 숫자는 그러한 것까지 생각해서 사용해야 하는 것은 말할 필요도 없다.

그러한 개별문제나 주의해야 할 점은 있지만, 그것을 충분히 고려한다면 이 방법으로 서로 다른 분야에서의 정책의 효율 비교가 가능해진다. 즉, 자금의 효율적인 배분의 기초 자료가 된다. 지금까지 이와 같이 서로 다른 분야까지 들여다 볼 수 있는 과학적인 방법이 있었을까? 없었다고 생각한다. 리스크 평가를 함으로써 여기까지 들여다볼 수가 있게 되었다. 만약 이것이 위험한가, 안전한가만을 생각한다면, 여기까지 들여다보는 것은 불가능하다. 그것을 리스크로 평가해서 서로 다른 종의 리스크를 하나의 척도로 평가할 수 있는 방법을 찾아냄으로써 더 넓은 세계를 볼 수가 있게 된다. 리스크 평가를 공부함으로써 얼마나 세계가 넓어지는가를 실감하게 된다면 더 없이 기쁜 일이라 하겠다. 공부하는 것은 세계가 넓어지는 것을 의미한다.

12-6 다른 종의 생태리스크 비교

본 장에서는 지금까지 인간의 건강리스크 비교에 대해서 설명해 왔다. 당연히 생태리스크에 대해서도 다종의 리스크를 비교하는 방법이 필요하다. 생태리스크를 수치로 평가하는 것 자체가 이제 시작에 불과하기 때문에 그 방면의 연구는 그렇게 많지는 않으나 유망한 싹들이 나오고 있다고 볼 수 있다.

나까마루마유꼬 등은 DDT에 의한 조류(鳥類) 리스크를 어느 정도의 서식지 소실이 있었을 경우와 동등한가(서식지 손실 리스크 당량)하는 형태로 평가할 수 있는 것을 나타냈다[12]. 이 방법은 화학물질에 의한 생태리스크와 댐 건설 등에 의한 생태리스크를 비교할 수 있는 가능성을 나타내고 있다.

여기서는 한 가지 예를 소개하고자 한다. 이것은 절멸위기종의 절멸리스크를 계산하여 없어져 가는 식물의 중요성을 가미해서 무게 있게 부각시켜 간다는 생각이다. 이렇게 함으로써 서로 다른 종의 식물리스크를 비교할 수 있다.

오까토시히로 등은 당시 개발계획이 있었던 후쿠이현 나까이께미 습지가 개발로 없어져 갈 식물의 생태리스크를 평가했다[13].

오까씨는 다음과 같이 평가의 방침을 세웠다.

(1) 나까이께미 습지의 소실은 생물종의 서식지 하나를 소실하는 것이

며, 종이 절멸할 확률을 높인다.

(2) 종의 절멸은 지구 전체종의 다양성을 감소시킨다. 그 감소분은 계통분류학적 다양성에 종의 기여분으로 측정될 수 있다. 다양성에의 종의 기여분은 계통수 상에서 그 종의 고유한 가지의 길이에 의해서 측정된다.

(3) 나까이께미 개발로 소실될 다양한 생물종의 절멸확률의 증가분에 각각의 종의 다양성 기여분을 곱해서 합친 것이 개발에 의한 생태계 리스크이다. 그것을 기대 다양성 손실(ELB: expected loss of biodiversity)라고 부른다.

ELB의 산출근거가 되는 각 식물의 다양성지수는 계통수 상에 그 종 고유의 가지 길이의 지표로서 주어지는데, 오까씨 등은 계통수의 뿌리에서 그 종까지의 가지가 나뉘는 수의 역수까지 지수를 산출하는 방법을 제안했다. 계통분류 또는 계통수의 정보에 기초한 다양성지표를 만드는 것을 최초로 제안한 것은 영국의 곤충학자들이었다. 그 후 몇 가지의 제안이 계속 나왔는데, 토지의 개발 등에 의한 생태리스크 평가에 사용될 수 있을까 하는 점에서 개량한 것이 오까씨의 제안, 즉「계통수의 뿌리에서 그 종까지의 가지 수의 역수」이었다.

후쿠이현 나까이께미의 습지에는 500종 이상의 유관속 식물이 존재하고 있으나, 평가의 대상으로 했던 것은 절멸위기종 및 준절멸위기종에 포함된 15종이다. 그들에 대한 절멸확률과 기대 다양성 손실을 산출했다. 결과는 표 12-5와 같다.

제3열째와 4열째가 다양성지수이다. B는 가지수의 기대치이고, Y는 유관속 식물의 최초의 분화가 4억년 전에 일어난 것으로 해서, Y = B × 4 × 108로 산출하였다. 연단위로 표현된 다양성 지표, 즉, 그 종이 생겨나서부터 지금까지의 연수이다. 기대 다양성 지표의 합계는 9200년으로 되어 있지만, 이것은 9200년분의 진화의 역사가 없어지는 것을 의미한다.

표 12-5. 나까이께미의 절멸위기식물과 절멸확률, 기대다양성손실

종(種)	절멸확률ΔP	다양성지수		다양성 손실(ELB)=Y·ΔP(년)
		가지가 나눠진 수의 역수B	계통수의 가지 길이 지표 Y(1000년)	
물부추	8.9×10^{-6}	0.07332	29,329	261
네가래	6.43×10^{-5}	0.04879	19,514	1,254
산초모	5.71×10^{-6}	0.07070	28,279	161
오오아까우끼쿠사	4.10×10^{-5}	0.07720	30,881	1,267
야나기누카보	4.26×10^{-5}	0.01775	7,102	303
히메비시	1.42×10^{-4}	0.03085	12,341	1,755
꿀풀	3.56×10^{-4}	0.00852	3,407	1,214
오오니가나	5.10×10^{-5}	0.00531	2,125	108
아기나시	4.38×10^{-6}	0.02771	11,086	49
이토토리게모	1.53×10^{-4}	0.02905	11,619	1,782
물옥잠	6.68×10^{-5}	0.03003	12,011	802
제비붓꽃	6.32×10^{-6}	0.01574	6,298	40
미쿠리	1.90×10^{-6}	0.03147	12,588	24
긴흑삼릉	1.10×10^{-5}	0.03147	12,588	139
미즈톰보	1.49×10^{-6}	0.00557	2,226	3
합계				9,163

이러한 생각은 식물에만 국한되지 않고, 생물 전반으로 확장시켜 적용할 수 있다.

12-7 에너지 소비와 리스크의 비교

11장에서 언급했던 LCA(Life cycle assessment)는 어느 상품의 원료채취, 제조, 사용, 폐기의 전 과정에서 필요로 하는 에너지, 원료, 환경부하를

정량적으로 평가하는 수법이다. 각 단계에서 영향을 평가하는 것뿐만 아니라 라이프사이클에서 평가하는 것은 앞으로 더 더욱 중요해질 것이다. 11장에서는 인건비, 원료, 에너지소비량, 오염물질에 따른 환경영향을 최종적으로 하나의 지표, 금전으로 평가해서 시스템의 차이를 비교했다. 특히 여기서는 오염물질의 영향을 직접제거 비용으로 평가했으나 그것과는 별개로 오염물질에 의한 리스크를 산출해서, 그것을 금전으로 평가하는 방법도 개발되고 있다. 어찌되었든 넓게 보고자 한다면 서로 다른 종의 리스크나 관련인자를 하나의 지표로 평가하는 방법이 필요해진다. 개개의 리스크를 정밀하게 평가하는 수법과 그것을 폭넓게 보기 위한 평가수법의 개발은 리스크 평가와 리스크 매니지먼트 쪽으로 이끌어 가는데 있어서 자동차의 양바퀴와 같은 것이다.

12-8 산출된 리스크 값의 의미와 불확실성

지금까지 다양한 리스크 계산의 실례를 제시해왔다. 리스크 값은 지금까지 사용한 적이 없는 작은 단위, 10^{-6}이라든가, 10^{-5} 정도의 수치가 많았다. 이 계산과정을 보면 그 작은 리스크는 개인차 분포의 끝에서 끝까지 일어나 발암성 용량반응 관계의 직선 근처까지 일어난다. 이 말은 이 분포형과 용량반응 관계가 다르면 결과가 달라진다는 것을 의미한다.

이러한 배경에서 나온 수치를 볼 때, 독자 여러분은 다음과 같은 완전히 다른 두 가지 느낌을 받지 않을까 싶다. 하나는 이렇게까지 극단적인 가정을 쌓아올려 나온 10^{-5}의 리스크라는 것이 실제로는 제로가 아닐까 하는 느낌이다. 또 다른 하나는 더 더욱 극단적인 가정을 해야 한다거나, 정말로 훨씬 더 큰 리스크가 있는게 아닐까 하는 느낌이다. 이처럼 추측하고 고찰하는 이유는 필자 스스로도 종종 그러한 생각을 하고 있기 때문이다.

이 계산이 어디까지가 진짜일까 하는 점을 증명할 수 있다면, 이 두 가지의 의문에 답할 수가 있을 것이다. 리스크 평가 연구자는 그것을 증명하고 싶어하고 항상 증명하려고 노력하고 있다. 그러나 그들 대부분은 간접적인 증명에 지나지 않는다. 농도가 높은 곳에서 실험한다든가, 사고 등 극단적인 조건에서 현상을 추적하여, 다시 수십 년에 걸쳐 추적조사를 한다. 그러나 그러한 것들은 10^{-6} 만큼 작은 리스크의 크기가 정말로 타당한가를 증명하고 있는가라고 한다면 그렇지 못한 경우가 많다.

과거에는 실측되지 않으면 안전하다고 생각했다. 그 경우에는 역으로 말하면 위험은 증명할 수 있었다. 그러나 10^{-5}나 10^{-6}의 낮은 레벨로 일어날 리스크를 관리하려고 하면, 그 실증은 대단히 어려워진다. 부분 부분은 실증 가능한 것도 있겠지만 전체의 실증은 어렵다. 그러나 이러한 추계의 과학을 포기한다면 리스크 레벨이 높은 곳에서 관리하든지, 아니면 알게 된 부분만 리스크 제로를 목표로 관리 하든가 해서 관리가 자의적이 되어 버린다. 그래서 가능한 한 현실에 뿌리를 내리고 증명 가능한 부분은 증명하지만 나머지는 어떤 약속에서 계산한다는 것이 지금의 리스크 계산방법이다.

그렇게 해서 나온 값이므로 사용법에 대해서는 두 가지의 의미에서 주의를 하는 것이 좋겠다. 하나는 계산된 리스크 값이 항상 절대적으로 옳은 값이라고 생각해서는 안 된다는 것이다. 어느 종의 약속 중에서 나온 숫자이므로 그 약속의 한계를 감안하고 사용해야 한다. 어떻게 사용하느냐에 따라 그 불확실성을 낮출 수도 있고, 목적에 따라서는 그 정도의 불확실성이 문제가 되지 않는 경우도 있다. Tengs씨[11)] 등의 CPLYS(1인년의 수명획득을 위한 비용)과 11장의 LCA 등은 광범위한 문제를 하나의 척도로 계산하고 있으므로 당연히 평가수치의 불확실성은 크지만, 큰 경향을 본다는 목적에서 보면 충분히 의미가 있다.

한편 가정이 많으니까, 또는 불확실성이 크니까, 값이 뭐가 되든 좋지 않은가 하는 식으로 생각해서도 안 된다. 그렇게 되면 실증하기 어려운 정도의 낮은 레벨의 리스크 관리는 불가능해진다. 두 쪽 중 어느 쪽에도 치우치지 않고 리스크 평가 결과가 리스크 관리에 쓰일 수 있기를 바란다.

칼럼▶································ 쪼아 먹힌 과실

새가 쪼아 먹고, 벌레가 붙어있는 것은 과실이 맛있다는 증거라는 말은 어렸을 때부터 들어왔으나 이것은 맞지 않은 것 같다.

켈리포니아대학 버클리교의 생화학・분자생물학 교실의 B.N. Ames 교수는 식물은 외부의 적에게 공격받으면 그것에 대항하기 위해서 자기 체내에 가지고 있는 독물을 증가시킨다고 했다. Ames교수는 암 연구에서 뛰어난 업적을 쌓아 올려, 이 분야에서는 세계에서 열 손가락 안에 든다. 유전자에 돌연변이를 일으키는 성질을 검출하기 위한 시험법, 즉, Ames 시험법의 발명으로 특히 유명하다.

셀로리에는 빛으로 활성화해서 피부장해를 일으키는 솔라렌이 함유되어 있으나, 외부의 적과 만나면 그것이 100배나 증가해서, 수확하는 노동자 등에게 직업병을 일으킬 정도가 된다는 것을 그는 Science지에 게재했다. 식물은 독물을 가지지 않고서는 살아남을 수가 없는 것으로, 이러한 성질은 모든 식물에게 공통된 점이다. 그는 이것을 자연농약이라고 부른다. 자연농약의 암을 일으키는 힘은 발암성이 있다고 해서 금지된 합성농약의 그것보다 훨씬 큰 경우가 있어, 합성농약을 금지하는 것이 인간의 암을 낮추는 데에 기여하지 않는다고 그는 강력하게 주장하고 있다. 그러면 식물을 먹는 것은 인체에 좋지 않은가 하면 그것이 아니라, 암과 싸우기 위해서는 야채와 과일을 매일 먹을 것을 권장하고 있다. 아주 작은 독물의 피해보다는 효용 면에서 훨씬 더 크기 때문이다.

우리는 자연에서 나는 것은 무해하고 합성 화학물질만이 유해하다고 생각하기 쉽다. 그러나 그렇지 않다. 자연물의 유해성을 잘 알지 못하면 유효한 리스크 삭감 대책을 세울 수 없음을 Ames교수는 가르쳐준다. 이것은 유전자조작 도입식물의 리스크 평가에서도 하나의 포인트가 될 것이라 생각한다. 유전자조작 식물에서 자연농약이 늘어나지 않을까 해서 나는 심각하게 걱정이 된다. (일본경제신문 2001.11.06)

[참고문헌]

(1) 厚生労働省放射線審議会基本部会報告「規制免除について」(2002. 10. 17)の資料，付録5からの抜粋．(財)体質研究会，武田篤彦による資料を基に作成されたという記述がある(http://www.taishitsu.or.jp)．

(2) http://www.mhlw.go.jp/toukei/saikin/hw/life/

(3) Gamo, M., Oka, T., Nakanishi, J.(1995), Method evaluating population risks from chemical exposure : a case study concerning prohibition of chlordane use in Japan, *Regulatory Toxicology and Pharmacology*, Vol. 21, No. 1, pp. 151-157. 蒲生昌志(1995)，「環境汚染物質の健康リスク評価に関する研究」(東京大学博士論文，0021—甲第11785号)

(4) Gamo, M., Oka, T., Nakanishi, J.(2003), Ranking the risks of 12 major environmental pollutants that occur in Japan, *Chemosphere*, Vol. 53, pp. 277-284.

(5) Masuyama, M.(1977), Individual variability of ages of onsets of intractable diseases and incubation period of infectious diseases, *Rep. Stat. Appl. Res.*, Vol. 24, pp. 200-206.

(6) Logue, E. E., Aubert, R. E., Knowels, M. G.and Tyroler, H. A.(1986), Symptom reports and mortality in an occupational cohort, *J. Occup. Med.*, Vol. 28, pp. 849-854.

(7) Sanada, T. et al.(1999), Measurement of nationwide indoor Rn concentration in Japan, *Journal of Environmental Radioactivity*, Vol. 45, pp. 129-137.

(8) Travis, C. C. and Richter, S. A.(1987), On Defining a De Minimis Risk Level for Carcinogens, in Whipple, C. ed., De Minimis Risk, Plenum Press, pp. 61-73.

(9) Ames, B. N., Profet, M. and Gold, L. S.(1990), Dietary pesticides(99.99% all natural), *Proc. Nat. Acad. Sci.*, Vol. 87, pp. 7777-7781.

(10) Ames, B. N., Magaw, R., and Gold, L. S. (1987), Ranking Possible Carcinogenic Hazards, *Science*, Vol. 236, No. 17 April, pp. 271-277.

(11) Tengs, T. O., Adams, M. E., Pliskin, J. S., Safran, D. G., Siegel, J. E., Weinstein, M. C., Graham, J. D.(1995), Five-Hundred Life-Saving Interventions and Their Cost-Effectiveness, *Risk Analysis*, Vol. 15, No. 3, pp. 369-390.

(12) 中丸麻由子，巌佐庸，中西準子(2001)，DDTの生態リスク評価：生物濃縮がもたらすセグロカモメ集団の絶滅リスクの試算，環境科学会誌，14巻1号，61-77頁．

(13) 岡敏弘(1999)，環境政策論，岩波書店，187-219頁．

색인

ㄹ

ㅁ

ㅂ

ㅅ

ㅇ

ㅈ

ㅊ

ㅋ

역자일람

김윤석

[학위] 일본Nihon대학 이학박사

[현재] K-water연구원 수돗물분석센터 박사

[주요경력] 일본요코하마국립대학 연구교수, 일본농림수산성농업환경기술연구소 특별연구원, 일본JSPS외국인 특별연구원, 일본Nihon대학 연구원

[연구분야] 수질 중 환경호르몬 분석법 개발, 잔류성 유기오염물질 환경동태 분석 및 위해성 평가, 신규 및 미규명 유해유기오염 물질 분석법 개발, 탄소와 질소 안정동위체를 이용한 환경동태학적 평가 등

[저서 및 역서] Water Quality (Oxford출판부, 영국), Progress in Environmental Research (Nova 출판부, 미국), 환경호르몬의 최신동향과 측정 분석기기 개발 (CMC출판부, 일본)

김종호

[학위] 일본동경공업대학 이학박사

[현재] 전남대학교 응용화학공학부 교수, (주)빛과환경 대표이사

[주요경력] 일본동경공업대학 조수, 일본통산성물질공학공업기술연구소 특별연구원, 일본돗토리대학 조교수

[연구분야] 환경촉매, 폐고분자자원화, 광촉매제조 및 응용 등

[저서 및 역서] 환경안전과학(전남대학교출판부), 환경호르몬과 다이옥신(전남대학교출판부), 무기공업화학(한국공업화학회), 알기쉬운 광촉매이야기(전남대학교출판부), 촉매첫걸음(전남대학교출판부), 에너지와 나노테크놀로지(전남대학교출판부), 바이오에탄올 제조기술 및 활용(전남대학교출판부), 광촉매기술 사업화 최전선(전남대학교출판부), 탄소배출권사업 실천요령(전남대학교출판부), 일상에서 과학을 보다Ⅰ, Ⅱ(한티미디어), 바이오디젤의 최전선(전남대학교출판부) 등

최재원

[학위] 일본에히메국립대학 이학박사

[현재] K-water연구원 수돗물분석연구센터 책임연구원

[주요경력] 일본국립환경연구소 연구원, 한양대학교 대학원 강사, 한국수자원공사 수돗물분석연구센터 책임연구원

[연구분야] 다이옥신등 미량유기오염물질의 분석화학과 위해성 평가 등

김건중

[학위] 인하대학교 공학박사
[현재] 인하대학교 생명화학공학부 교수
[주요경력] 일본동경공업대학 박사후연구원, 한국공업화학회 이사, 한국화학공학회 이사, (주)빛과환경 이사
[연구분야] 키랄 유도체 합성 및 다공성 무기재료 합성과 응용 등
[저서 및 역서] 무기공업화학(한국공업화학회), 무기재료(동화기술), 알기쉬운 광촉매이야기(전남대학교 출판부), 에너지와 나노테크놀로지(전남대학교 출판부), 바이오에탄올 제조기술 및 활용(전남대학교 출판부), 광촉매기술 사업화 최전선(전남대학교 출판부), 탄소배출권사업 실천요령(전남대학교 출판부), 일상에서 과학을 보다Ⅰ, Ⅱ(한티미디어), 바이오디젤의 최전선(전남대학교출판부) 등

류재용

[학위] 미국 조지아공대 환경공학박사
[현재] 한국환경산업기술원 전문위원
[주요경력] 대구경북연구원 책임연구원, 일본산업기술종합연구소 특별연구원
[연구분야] 열공정에서의 다이옥신 저감 및 생성 메커니즘 규명
[역서 및 저서] 대기오염 제어설계 등

이부귀

[학위] 일본동경공업대학 공학박사
[현재] 호남매일신문사 편집논설위원
[주요경력] 전남대학교 사회교육과 강사, 전라남도 도시교통정책 및 교통영향평가 심의위원, 광산구 지역발전 자문위원, 호주UTS 객원연구원, 호주Lindfield Korean School 교사
[연구분야] 도시 및 지역계획, 환경계획
[역서 및 저서] 영국의 도시기본계획(전남대학교출판부), 환경호르몬과 다이옥신(전남대학교출판부), 자치시대의 지역정책(전남대학교출판부), 문화와 권력으로 본 도시탐구(한울아카데미), 에너지와 나노테크놀로지(전남대학교출판부), 바이오에탄올 제조기술 및 활용(전남대학교출판부), 광촉대기술 사업화 최전선(전남대학교출판부), 탄소배출권사업 실천요령(전남대학교출판부), 일상에서 과학을 보다Ⅰ, Ⅱ(한티미디어), 바이오디젤의 최전선(전남대학교출판부) 등

생활 속 환경리스크를 검증한다

인쇄 | 2010년 8월 1일
발행 | 2010년 8월 10일

저자 | 나까니시 준코 · 마스나가 시게키 · 마쓰다 유지
역자 | 김윤석 · 김종호 · 최재원 · 김건중 · 류재용 · 이부귀
발행 | 김윤수
발행처 | 전남대학교출판부

등록 | 1981. 5. 21. 제53호
주소 | 500-757 광주광역시 북구 용봉로 77
전화 | (062) 530-0571~3
팩스 | (062) 530-0579
홈페이지 | http://altair.chonnam.ac.kr/~cnup

값 15,000원

ISBN 978-89-7598-844-8 (93570)

이 도서의 국립중앙도서관 출판시도서목록(CIP)은 e-CIP홈페이지
(http://www.nl.go.kr/cip.php)에서 이용하실 수 있습니다.
(CIP제어번호: CIP2010002894)